돌봄과
인권

돌봄으로
새로 쓴
인권의 문법

돌봄과
인권

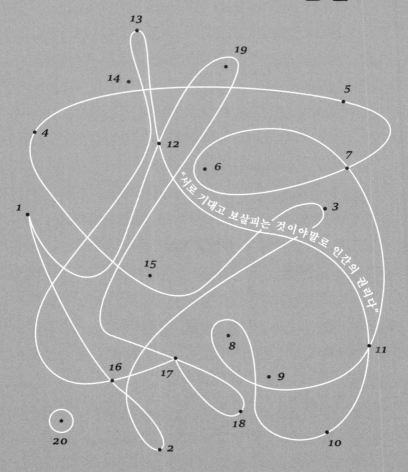

"서로 기대고 보살피는 것이야말로 인간의 권리다"

코난북스

김영옥
류은숙
지음

국가인권위원회
기획

차례

3부   돌봄권

일러두기

· 돌봄 현장의 당사자를 돌봄자와 돌봄의존자로 부른다.

· 노인과 노년: 한국 사회에서 나이 든 사람을 가리키는 '노인'이라는 말을 당사자는 혐오와 배제, 차별이 깃든 용어로 이해한다. 그래서 매우 꺼려한다. 이에 대해 노년학자들은 '노년'을 대안으로 제안한다. 그러나 노인과 관련된 정책과 행정 프로그램은 모두 '노인'이란 용어를 쓴다. 그래서 이 책에서는 두 용어를 문맥에 따라 혼용해서 쓴다.

· 치매와 인지저하증: 어리석다는 의미를 가진 한자어의 조합인 '치매'가 인지장애와 인지장애가 있는 사람에 대한 부정적인 낙인을 강화한다는 비판이 계속되고 있다. 필자들은 새로운 용어를 사용함으로써 인지장애가 있는 사람에 대한 인식을 바꿔야 한다는 필요성에 전적으로 동의한다. 그러나 '치매'라는 용어가 대중적으로 사용되는 문화적 맥락을 환기하는 것도 당분간은 필요하다는 판단하에 이 책에서는 치매와 인지장애를 맥락에 따라 같이 사용한다.

1부

돌봄의 토대

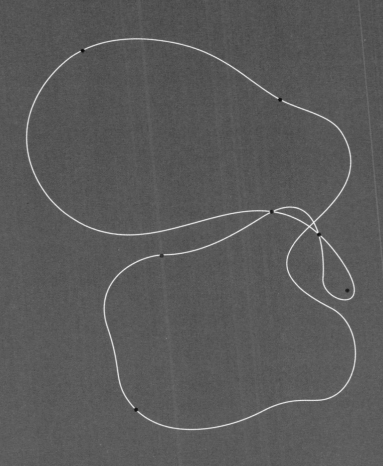

1장 들어가며

왜 돌봄과 인권인가

카프카의 소설 『변신』은 어느 날 아침 깨어나니 벌레로 변해버린 청년의 이야기다. 그런데 '웃픈' 것은 벌레가 된 청년이 맨 처음 한 생각이 '회사에 지각하지 않을까' 하는 걱정이었다는 점이다. 이 소설 주인공처럼 우리 또한 '아파서 죽을 것 같아도 일단 출근해라. 출근해서 아파라'라는 요구를 거절할 수 없다. 우리가 살아가는 세상의 질서이고 명령이다.

그런데 출근하는 사람들을 뒤에서 바라보는 노동 밖의 사람들에게는 이 광경이 어떻게 보일까? 장애, 노화, 질병 등으로 노동할 수 없는 몸으로 이 세계를 바라보면 '그렇게 계속할 수 있겠니?' 하는 걱정부터 앞설 것 같다. 쌩쌩 돌아가는 기계처럼 움직이는 몸을 표준으로 삼고 있으니 말이다. 그런 몸을 인간의 표준으로 삼을수록 다른 이의 돌봄에 의존해야 하는 몸들은 예외적이고 비정상적인 위치를 배정 받는다. 돌봄의존자에게만 해당되는 문제가 아니다. '출근의 세계'에서 장애, 노화, 질병 같

은 인간의 취약성은 티 내서는 안 되는 것이니 두 세계에 적용
되는 규칙은 매한가지다. 출근의 세계가 중심이고 그 밖의 세계
는 주변이고 부차적이란 이분법적 감각은 인간다운 삶에 대한
자격을 통제한다. 『변신』의 청년처럼 느닷없이 노동 밖, 이쪽
세계에 떨어진다고 할 때 여전히 인간이고 인간다운 삶이 가능
하다고 말할 수 있는가?

한편 집으로 '출근'하는 노동도 있다. 누군가의 '무조건 출
근'이 가능하려면 잠자리, 빨래, 식사를 준비하는 노동이 필수
다. 양육, 간병, 활동지원, 공부 돌봄 등 상황에 따라 필수적인
노동의 목록은 더 길어진다. 유급이든 무급이든 이 노동이 있어
야 세상이 돌아간다. 이러한 노동을 재생산노동이라고 부른다.
생산노동의 근저에는 이미 재생산노동이 자리 잡고 있다. 재생
산노동은 개별적인 노동 능력을 재생산할 뿐 아니라 우리의 존
재를 세대를 이어 가능케 하고 사회를 재생산한다. 어린아이를
키우고 환자나 노약자를 돌보는 일을 하지 않는다면 사회는 지
속가능하지 않다.

그런데 무조건 출근을 명령하는 체계는 재생산노동에 대
한 대가를 지급하지 않아왔다. '집밥', '엄마 손'으로 일컬어진
그 일들은 '집 안의 여자가 공짜로 하는 일'로 치부돼왔다. 사회
가 변화하고 이윤을 창출하려는 새로운 자본주의 전략에 따라
재생산노동이 상당 부분 유료 서비스로 바뀌고 유급노동이 되
었지만 '집 안에서 여자가 하는 공짜일'로 여기는 가치 평가는

여전하기에 인식과 처우 또한 여전히 낮다.

출근의 세계와 출근 뒤에 남겨진 세계는 따로가 아니라 긴밀히 연결돼 있다. 그 상호연결성과 상호의존성을 무시해온 것이 돌봄 위기를 불렀다. 코로나19 재난을 겪으면서 돌봄 위기에 대한 말들이 넘쳐났다. 돌봄이 위기에 빠졌다는데 도대체 누구에게 위기라는 것일까? 재난 시기에 돌봄 공백과 고립에 빠진 아동, 노년, 장애인의 위기인가, 그들을 돌보는 부모, 보호자, 노동자 등의 위기인가, 더 넓은 차원에서 사회의 재생산이 불가능해졌다는 것을 가리키는 말인가?

이 중 하나를 고를 수는 없다. 모두 긴밀하게 연결된 관계이기 때문이다. 돌봄은 근본적으로 관계 안에서 관계를 갱신하고 새로운 관계를 만드는 일이기에 돌봄 위기라는 건 사회가 재생되지 않는다는 걸 의미한다. 가장 작은 범위로는 아동, 장애인, 노년 등 당사자 개인의 위기, 돌보느라 자기를 지키지 못하는 사람(대개는 여성이다)의 위기이고, 넓게 보면 사람들이 서로 협력해서 만든 관계라는 의미의 사회가 재생산되지 못하는 위기다.

돌봄에 정당한 가치를 부여하고 돌봄을 둘러싼 사회적 관계를 바꾸자는 요구는 오래된 이야기다. 지금 그 얘기가 새삼스럽게 들린다면 그것이야말로 위기를 부른 배경일 것이다. 이반 일리치는 임금노동에 필수보완물이라는 의미에서 무급의 재생산노동을 '그림자 노동'으로 부르면서 "이 노동은 경제 성장에 대한 기여에도 불구하고, 사회적으로 가장 만연해 있으면서도 가장 문제시되지 않는 억압적 차별의 중심을 이루고 있다"고 강조했다. 1970년대 이탈리아를 중심으로 가사노동 임금 투쟁을 벌였던 실비아 페데리치는 가사노동을 둘러싼 부정의(injustice)를 해결하려면 개별 가부장(남편)뿐 아니라 자본주의와 견고한 동맹 관계에 있는 국가를 상대해야 함을 명백히 밝혔다.

> 인간의 재생산은 모든 경제 및 정치 시스템의 기초이며, 여성들이 집에서 하고 있는 막대한 양의 유급가사노동과 부불가사노동이 이 세상을 돌아가게 만든다. (…) 우리는 남편이 아닌 집합적 자본의 대표체로서 국가에 이 가사노동에 대한 임금지불을 요구했다. 국가는 가사노동을 통해 이윤을 획득하는 진정한 "남성(Man)"이기 때문이다.**

마찬가지로 돌봄을 둘러싼 부정의를 해결하려면, 가부장적 국가와 성별화된 돌봄의 문제를 우회할 수 없다.

돌봄은 '관계와 연결' 그 자체

인간의 탄생과 죽음, 죽음 이후의 과정까지 관여하는 것이 돌봄이다. 한 사람이 존재한다는 것은 다른 존재들과의 연결

---

*   이반 일리치 (2015), 『그림자 노동』, 노승영 옮김, 사월의책, 176쪽.

**   실비아 페데리치 (2018), 『혁명의 영점』, 황성원 옮김, 갈무리, 27쪽.

과 관계 속에서만 가능하다. 타자의 필요와 고통의 호소에 반응을 보이는 것, 그런 상호반응을 통해 사회를 지속시키고 재생산하기 위해 인간이 행하는 모든 활동이 돌봄이다. 이렇게 광의의 차원에서 얘기를 시작하는 것은 돌봄이 특수한 상황에 처한 사람에게만 해당하는 사안이 아니라 누구나와 연루된 문제임을 강조하기 위함이다.

물론 이렇게 돌봄을 광의로 정의하면 자칫 구체적인 사람과 상황에 대한 집중을 놓칠 우려가 있다. 인간의 일반적인 활동의 윤리적 토대로서 돌봄을 생각하면 너도나도 자기가 하는 게 돌봄이라고 주장할 수 있다. 반면 돌봄을 특정 분야의 노동으로 생각하면 나는 '그런 돌봄'을 하는 사람이 아니라고 부인할 수도 있다. 정치도 의료도 교육도 복지도 죄다 돌봄이라고 할 수 있는 동시에, 육아·간병·가사노동은 나와 관계없다고 하는 게 가능하다.

나라를 '돌본다'는 말과 아이를 '돌본다'는 말은 그 의미와 영향력이 매우 다르다. 돌봄이라는 이름으로 저마다 경험하고 행하는 바도 다양하다. 같은 범주의 돌봄 내에서도 그 위계와 편차는 아주 크다. 구매자 또는 이용자로서, 돌봄노동자 또는 서비스 제공자로서, 돌봄의존자 또는 돌봄자로서, 돌봄에서의 위치와 관계는 다양하다. 이런 구체적인 맥락을 떠나 돌봄 자체가 무조건 선하고 올바른 것이라 단정 지을 수 없다.

4장 '돌봄의 윤리'에서 더 상세한 개념들을 살펴보겠지만

이 책에서 집중하려는 돌봄은 우선 인간의 '의존성'과 관계된다. 날 때부터 이성적이고 독립적이고 자율적인 삶이 가능한 인간은 없다. 인간은 처음부터 관계적인 존재이며 누구나 의존 속에서 살아간다. 의존의 정도와 내용은 구체적이고 특수한 존재인 개인의 맥락에 따라 다르다. 추상적 존재인 인간에게 보편적 원칙을 적용하는 것이 아니라 구체적 존재인 인간의 상황과 요청에 응답하는 것이 돌봄의 핵심이다.

영어로 '케어(care)'라는 말은 의존성을 둘러싼 관계가 어떻게 맺어지는가를 보여준다. 케어는 '직접 몸으로 접촉하며 돌보는 것', '정서적 관심을 기울이고 마음을 쓰는 것', '민주주의의 문제로서 구성원들이 함께 돌보는 것'을 포괄한다. 특히 세 번째 것은 돌봄자를 돌봐야 할 시민 모두가 공유하는 책임을 말한다.

한국 사회에서 케어에 해당하는 말은 '돌봄'이다. 그런데 케어에 비해 돌봄이란 말의 범위와 쓰임새는 참 빈약하다. 세 가지 의미 중에서 첫 번째에만 집중되곤 한다. 돌봄'노동', 그중에서도 육아·간병·가사노동 등을 먼저 떠올린다. 돌봄의존자의 특성에 따라 필요한 돌봄의 내용 또한 다양하지만 의존하는 정도가 심할수록 집중의 강도도 세진다. 그래서 돌봄/노동은 무엇보다 직접 손으로 하는 일, 그중에서도 식사, 목욕, 배변 등 개인의 필수 역량을 유지하거나 개선하는 행위에 집중해 논의된다.

'생산적인 노동에 비해 부차적인 가치를 가진 일' 또는 '여성이 늘 해왔고 또 가장 잘하는 일'이라는 식의 성별화된 저평가가 돌봄의 가치를 부식시켜왔다. 손쓰는 일과 정서적인 유대의 안정성, 그리고 지속가능성을 동시에 보장하려면 믿을 만한 제도와 정책, 섬세한 전달 체계 등이 필수다. 이런 것들이 '함께 돌보는' 사회적 유대와 연대에 해당한다. 돌봄에 대한 공유된 책임이 가능하려면 돌봄의 가치에 대한 존중과 함께 자신과 연루된 일이자 공적으로 다뤄져야 할 일이라는 의미의 연쇄작용이 필요한데, 협소한 돌봄의 이미지와 돌봄에 대한 저평가는 이런 의미화 작업을 방해한다.

권리를 꺼리는 돌봄?

돌봄과 인권을 함께 사유한다는 건 무슨 의미일까? 그리고 어떻게 하면 가능할까? 돌봄을 인권과 만나도록 하려면 우선 돌봄을 '권리'의 관점에서 이해해야 한다. 그러나 앞에서도 말했듯이 그림자 노동으로서 경제적으로도 사회적으로도 제대로 가치를 인정받지 못한 채 주로 여성이 해온 돌봄을 권리 차원에서 논하는 건 말처럼 쉬운 일이 아니다. 돌봄에 관여하는 사람의 입장과 위치, 돌봄이 수행되는 장소에 따라 '돌봄**과** 권리'를 이해하는 태도는 다르기 때문이다.

돌봄이 무조건 선하고 좋은 것이 아니라 맥락을 따져야 하는 것이듯 권리 또한 그렇다. 권리를 오해하고 권리가 오남용되는 현실이 분명 존재한다. 돌봄 현장에서도 권리의 관점에서 접근하는 것을 환영하기보다는 거부감을 보이는 경우가 적지 않다. 우선 권리는 이기적인 자기 이해를 추구하기에 대결에 휘말릴 수밖에 없다는 대중적 인식이 있다. 돌봄은 애정, 헌신, 신뢰의 관계인데 이기성이 대결하는 구도를 끌어들이기 싫다는 것이다. 권리를 끌어들이면 돌봄이라는 숭고한 행위가 강제적인 의무나 책무 같은 것으로 격하된다는 감정도 있다.

권리가 돌봄 현장에 들어오면 돌봄 수행자들이 운신할 폭이 좁아진다는 우려도 있다. 위기 상황마다 정말 중요한 결정을 내려야 하기에 돌봄자의 통제력과 결단력이 중요한데 '존엄성 내지 자율성에 대한 존중' 같은 권리의 추상적인 기준은 현실과 맞지 않는다는 우려다. 특히 시설화된 돌봄 현장에서는 '서비스 이용자(당사자나 보호자)의 권리만 중요하고 돌봄노동자의 권리는 중요하지 않냐', '우리를 학대나 방임 같은 인권 침해의 잠재적 가해자 취급하는 것 같아 불쾌하다'고 토로한다. '권리가 강조될수록 수동적이고 방어적인 돌봄을 하게 되고, 사고만 안 나게 하려는 분위기를 조성하기에 돌봄이용자에게 오히려 불리하고 돌봄의 질만 나빠진다'는 지적도 있다.

돌봄과 관련된 권리의 핵심 문제는 '고유한 존엄성과 양도할 수 없는 권리를 가진 개인'이라는 개인의 성격이다. '개인'의 강조는 특히 자유주의적 개인주의에서 두드러지는데 이 개인은 자립적인 존재로 의존을 모른다. 자립적인 성년의 몸을 기준으로 삼기에 늙고 병들고 장애가 깃든 사람들을 '정상성'에서 이탈된 '나머지 존재들'로 여긴다.

한편 자유주의적 개인주의에서 강조하는 자유는 '타인 또는 국가의 방해가 없는 상태'를 핵심으로 여긴다. 여기서 자유는 자의적인 권력의 횡포를 막는 역할이 핵심이다. 따라서 소위 '적극적' 권리로 분류되는 주거, 보건의료, 돌봄 등 사회권적 권리들을 강화하기 위해 국가가 개입하고 자원 분배에 나서면 자율성을 침해하는 개입에 해당한다. 자유주의의 형식적인 평등주의로는 돌봄 부정의를 고칠 수가 없으니 권리 체계는 돌봄 배제적일 수밖에 없다.*

자유주의적 개인주의와 그 핵심인 권리 체계에 대한 비판은 오래전부터 제기되어왔다. 마르크스는 '동료 인간 및 공동체로부터 분리된 이기적인 인간의 권리(『유대인 문제에 관하여』, 1843)'라고 비판했으며, 페미니즘은 자유주의적 개인주의가 권리 대 권리의 대결 구도를 만든다고 비판적으로 분석하면서 책임 대 책임의 상호조율과 순환을 제안해왔다.

그러나 권리론은 고정불변의 하나가 아니다. 권리에 관한 논의에는 자유주의적 개인주의뿐 아니라 다양한 관점이 경합하고 있다. 권리 관계는 역동적이며 사회적으로 새롭게 구성될 수 있다. 돌봄을 받아들이도록 권리 체계를 재구성하고 확장하는 길은 없을까? 돌봄의 가치를 더 드러내고 더 나은 돌봄을 활

---

* West, Robin (2003), "The Right to Care" in Kittay , Eva Feder and Feder, Ellen K., *The Subject of Care: Feminist Perspectives on Dependency*, Rowman and Littlefield, pp. 88-114.

성화하는 실질적인 자유와 평등을 강화하도록, 돌봄은 인권으로 인권은 돌봄으로 재구성되는 길을 모색해보자.

권리는 의무를 부과하는 정당한 힘

돌봄과 권리를 연결하려면 먼저 권리 주장에 여러 결이 있음을 짚어봐야 한다. '권' 자를 붙인다고 해서 당연히 정당해지는 권리는 없다. '권' 자가 붙은 모든 주장을 같은 것으로 취급할 수도 없다. 이 책에서 돌봄과 연결하려는 권리는 '인권'이다. 인권의 주장과 구별되는 권리 주장을 뒤섞으면 곤란하다. 권리는 소중하지만 모든 경우에 절대적이지는 않다. 내게 소중한 권리는 타자에게도 마찬가지이기에 그 관계 속에서 고려해야 한다. 아무리 당연한 권리라도 그 권리를 모두 즉시 누릴 수 있는 것도 아니다. 가령 누구든 아플 때 치료 받을 권리가 있다. 그런데 다리가 부러져서 간 병원 응급실에 마침 경각을 다투는 심근경색 환자가 실려 왔다면 나는 그보다 나중에 치료를 받게 될 것이다. 응급실은 선착순이 아니다. 내가 먼저 왔는데 왜 나부터 치료해주지 않느냐고 소란을 피우는 식으로 무조건 자기 권리의 절대성과 우선성을 내세울 때 그것은 타자와의 관계성을 부정하는 것이며, 그 결과 응급실은 제 기능을 할 수 없을 것이다.

권리의 세계는 1인칭과 2인칭뿐 아니라 무수한 3인칭으로 구성돼 있다. 나와 너뿐만 아니라 수많은 그(것)들 역시 관계 속에 포함시켜야 한다는 의미다. 자기 권리의 '절대성'을 고집

하면 타자의 권리와 내 권리가 서로 관계되고 의존한다는 것을 거부하기에 이기면 된다는 승패 게임으로 권리 관계를 다루게 된다. 이분법적 대립 구도를 설정해 충돌을 야기하고 관심 끄는 걸 즐기게 된다. 이 과정에서 맥락 없이 아무데나 '권' 자를 붙이는 화법을 남용한다. '억울하면 소송하든지', '법정에서 보자구' 도 즐겨 쓰는 말이다. 인권의 보루로서 사법적 구제를 추구한다는 취지가 아니라 자신이 법을 이용할 만한 자원이 있다는 것을 과시하는 말이다.

글렌던은 이런 행태의 권리 주장을 '입만 열면 권리 타령 (Rights Talk)'으로 명명하고 그런 권리 담론의 확산이 '정치적 논쟁의 빈곤화'를 부른다고 지적했다.* 이기고 지는 게임에 몰두하는 개인들만 넘칠 때, 권리를 실현할 사회적 조건을 함께 궁리하는 정치는 사라진다는 것이다.

정치의 실종은 곧 시민의 실종이다. 시민이자 인간의 자리에서 권리를 추구하려면 모두에게 영향을 미치는 사안에 대해 논쟁하고 최선의 안을 구하려고 노력해야 한다. 그러나 정치가 실종된 곳에서는 시민은 사라지고 소비자가 자리를 차지한다. 자기가 원하는 재화, 서비스를 더 많이 더 좋게 누릴 수 있는 것을 권리로 착각한다. 소속, 혈통, 사회적 · 경제적 지위 등을 따져서 권리의 자격을 등급화하고 위계화하려 든다. 결과적으로

---

*   Glendon, Mary Ann (1999), *Rights Talk: The Impoverishment of Political discourse*, New York: Free Press.

이런 권리 주장은 특권을 일반적인 권리처럼 위장하고 특권을 지속하려는 것일 때가 많다.

'인권'에서의 권리는 이러한 '권' 자를 붙이기만 한 주장과 무엇이 다를까? 권리에는 크게 두 가지의 의미가 있다. 올바르고 마땅한 것이라는 의미 그리고 요구하고 주장할 수 있는 권한이란 의미다. 권리라는 단어의 유래를 따져보면 영어의 right와 그와 유사한 언어들이 예로부터 '옳고 정의로운 어떤 상태'를 뜻했다. 변화무쌍한 권리 투쟁의 역사를 거치면서 '마땅하고 올바른 것을 요구할 수 있는 개인의 권한'이란 의미가 합쳐졌다. 권리가 있다는 것은 그렇게 하는 것이 마땅하고 당연하다는 의미다.

같은 것이라도 권리라고 할 때와 아닐 때 발생하는 효과와 힘에는 차이가 있다. 가령 화장실을 생각해보자. 배설의 필요와 욕구가 인간에게 기본적이라는 데 따로 설명은 필요 없다. 그런데 그냥 '화장실이 급해요'가 아닌 '배설권을 보장하라'고 말하는 상황이 있다. 화장실을 이용하는 횟수나 시간에 제약이 가해질 때, 화장실이 위생적으로 불결하거나 설계상 또는 사회문화적인 이유로 접근성에 문제가 있을 때 '권리'에 대한 요구가 터진다. 똑같은 배설을 두고 필요나 욕구라는 말을 쓰는 경우와 권리라는 말을 쓰는 경우의 차이는 무엇일까?

필요나 욕구는 누가 그 필요와 욕구를 채워줘야 하는지가 불분명하다. 반면 권리라 할 때는 그 권리에 해당하는 내용을 실현할 의무자가 있어야 한다. 즉 권리는 그것을 실현해야 할 의무자를 지정하고 '해야 할 것'과 '하지 말아야 할 것'을 요구할 수 있는 힘이다. 권리의 주체는 타자의 자비나 허용을 기다리지 않는다. 타자에게서 이래라 저래라 간섭받지도 않는다. 인간이라면 누구나 품위를 지킬 수 있을 만한 환경을 갖춘 화장실에 언제든 원하는 만큼 갈 수 있어야 한다. 그러나 어떤 노동자들은 작업장에서 굴욕감을 느낄 만큼 비위생적인 화장실을 어쩔 수 없이 사용해야 한다. 그마저도 갈 때마다 허락을 받거나 아예 사용 시간과 횟수에 제한을 당하기도 한다. 화장실 이용 빈도를 줄이도록 '물 좀 적당히 마시라'고 단속하는 곳도 있다.

타자에게 의무를 부과할 수 있는 힘이 권리라 했다. 그럴 수 있으려면 그 내용이 올바르고 마땅해야 한다. 남의 집 문 앞에 배설할 권리, 성적인 위협을 목적으로 성기를 드러내고 배설할 권리 같은 건 아무리 자신의 필요와 욕구라고 우겨도 정당화될 수 없다. 또 아무리 개인적으로 이익이 된다고 계산하더라도 곧장 권리로 인정될 수는 없다. 건설 현장에서 노동자가 쓸 화장실을 만들지 않으면 비용이 줄어 사업주에게 이익을 준다 해도 노동자에게 화장실을 제공하지 않는 것이 사업주의 권리라고 정당화할 수는 없다. 그 내용이 정당하고 마땅한지를 따져서 의무를 부과할 만하다고 판명된 것이 권리의 자격을 가진다.

인류는 역사적 경험을 거쳐 '정당성 심사'를 통과한 것들을 권리로 채택해왔다. 기본적인 생존의 유지나 정치적 자유 같은 것이 위협받을 때 인간이 서로에게 극악해지거나 전쟁에 빠질 수 있음을 경험해왔다. 피부색, 성별, 종교, 장애 등을 이유로 특정 집단이나 그 집단에 속한다고 여겨지는 개인들을 배제하고 차별할 때 극심한 고통과 불의에 빠진다는 경험 또한 지속형이다. 이런 경험에서 뽑아낸 요소들, 인간다움을 지키기에 근본적이고 필수적인 필요나 이익 들을 권리로 전환해온 것이 인류의 역사이자 인권의 역사다.

물론 경험적 사실만으로는 부족하다. 정당성과 실효성을 갖기 위해서는 규범적 가치를 기준으로 삼아 권리에 담을 내용을 선별해야 한다. 개인마다 중요한 가치는 아주 다르다. 사회적으로도 다양한 가치들이 늘 경합한다. 인간이 겪는 고통과 불의에 대한 해석과 판단마저도 달라질 수 있다. 이때 단순한 고집, 독단에 의한 확신, 약자를 배제하는 발언의 영향력, 경제력 등이 압도적인 힘을 발휘한다고 해서 규범이 될 수는 없다.

누구에게나 적용할 수 있고 누구나 마땅히 따라야 할 규범이 되려면 그 영향을 받는 모든 사람의 존엄한 가치를 인정한다는 조건이 필요하다. 누구나 인간이라는 지위에 있으며 인간이라면 마땅히 받아야 할 대우를 체계적으로 규정한 바를 권리로 삼을 때 인권이라는 권리가 정당화된다.

따라서 권리는 약한 쪽과 소수자의 권리를 우선으로 고려할 수밖에 없다. 정당성 심사라는 것 자체가 사회적 위치와 권력 관계의 부정의·불평등을 따져서 불리함을 강요당한 쪽, 약자나 소수자의 정당한 권리를 우선으로 고려한다. 인간이기에 인정하지 않을 수 없는 필요를 권리로서 옹호한다면 그중에서도 특히 긴급하고 우선으로 권리를 보호할 필요가 있는 사람에게 먼저 빠르게 손을 내미는 게 당연하다. 가령 재난시에 보호받고 구조되는 것은 인간의 생명을 지키기 위해 마땅한 권리의 내용이기에 어린이, 노년, 장애인 등을 우선순위에 두는 것이 맞다.

권리를 논할 언어 체계를 갖춘 사람, 전문가의 권위를 빌릴 수 있는 사람, 동질의 필요와 이익을 공유하는 세력을 동원할 수 있는 사람은 자신의 필요나 이익을 권리로 인정하라며 공론장에 수월하게 등장할 수 있다. 그러나 스스로 필요를 인식조차 하지 못하거나 정당성을 주창할 힘이 없는 경우에는? 그때도 권리는 체계이자 시스템으로서 작동할 수 있다. 스스로 할 수 없다고 해서 권리가 아닌 것은 아니다. 가령 자력으로 여기에서 저기로 걸어갈 수는 없더라도 그럼에도 저기로 이동할 권리는 있다. 이동을 지원하는 법제도적, 물리적, 사회적 환경이 뒷받침되면 말이다.

권리는 올바르고 마땅한 가치에서 멈추지 않고 그것을 실현할 제도에 대한 권리까지를 포함한다. 아무리 좋은 가치에 빛나더라도, 엄숙한 도덕성을 갖더라도, 현실에서 체감할 수 있는 권리가 아니면 공허하다. 권리를 실현할 수 있는 법제도, 그에 따른 정책과 담당 기관, 재정 등이 투입되어야 한다.

가령 '그래, 모든 사람의 생명은 소중하지'라고 고개만 끄덕인다고 생명권이 지켜지지는 않는다. 폭우로 생명을 잃게 되는 위험한 주거 조건을 방치하지 않는 기준을 수립하고 공공주택을 제공하는 주거 정책, 감염병 예방이나 대처에서 최약자를 우선시하는 의료 정책, 물가가 폭등해도 기본 식량에 대한 접근을 확보하는 식량 정책 등이 없다면 사람은 죽는다. 주거, 의료, 식량과 관련된 법제도와 정책, 그 책무를 실행하는 기관이 있어야 한다. 결국 인권은 도덕적 정당성을 획득한 권리 그리고 이 권리를 실행하는 제도를 함께 가리킨다.

특별한 권리, 인권

인권이 권리로서 가지는 성격에 대해 살펴봤다. 권리 중에서도 인권이 특별한 이유를 한 번 더 간추려보자.

우선 인권은 권리 주체나 권리 관계의 상대방 등 모든 사람을 포괄한다. 권리의 내용을 이루는 필요나 이익은 일부 사람에게만 유리한 것이 아니라 인간에게 보편적으로 공통된 것이다. 인간이라면 누구나 인류 전체를 향해 외칠 수 있는 최소한의 합당한 요구들이 인권의 내용이다. 인간다움을 지키는 데 긴급하고 최우선적인 것들을 가려 뽑았다.

따라서 인권은 여타 권리들의 정당성을 심사하는 잣대가될 수 있다. 인권을 가리키는 말 중에 특히 기본적인 도덕적 권리(basic moral rights), 기본 인권(fundamental human rights)이라는 말에 주목해보자. 아직 법제화되지 않았을지라도 인간에게 없으면 안 될 근본적인 필요라고 간주되는 대상을 우리는 인권으로 주장할 수 있다. 반대로 합법적인 법체계라도 인간성에 반하는 부정의한 것이라면 도덕적 권리로서 인권은 그것이 부당하다 지적하고 저항할 수 있다. 기준으로서 멈추라고 할 수 있는 힘이 인권에 있는 것이다. 히틀러의 '합법적' 체제, 미국과 남아공의 '합법적' 인종차별 체제, 여성에 대한 세계 곳곳의 숱한 '합법적' 권리 박탈 체제에 맞설 수 있었던 힘은 그런 불의한 체제를 평가하는 기준인 인권에 기반한 것이었다. 뒤에 올 논의를 앞당겨 말하자면 돌봄의존자와 돌봄자를 빈곤과 고립, 단절, 극도의 소진 등 위험한 상황으로 내몰고 방치하는 체제에 맞서는 동력 역시 기본적인 도덕적 권리로서 인권에서 얻을 수 있다.

헌법에 보장된 기본권(fundamental human rights)이라 할 때, 'fund-'는 어원상 기초, 기반, 바탕이란 의미다. 그것이 없으면 우리를 인간이라 칭할 수 없는 그 무엇에 해당하는 것에만 '기본적' 권리라는 특별한 표시를 했다.

인권은 실정법 이전에 도덕적 권리로서 권위를 갖지만 국제인권법, 헌법 등으로 상당 부분 법제화된 권리이기도 하다. 인권이 실현되려면 단순히 도덕적 권리에 머무는 것이 아니라 제도화되고 국가에 청구할 수 있어야 하기 때문이다. 인권은 권리 주체, 권리 대상(의무자), 권리 내용이라는 도식에 해당하는 개별적 권리를 넘어 인권이 실현될 수 있는 구조와 질서에 관한 것이다. 이런 점에서 인권은 운동이자 정치이기도 하다.

　인권의 운동과 정치는 일국적 차원을 넘어 지구적 차원을 아우른다. 인권은 인권을 실현하고 보호할 수 있는 국내 및 국제적 질서를 요구할 권리까지를 포괄한다. 가령 한 나라 안에서 발생한 돌봄 위기를 국가 경쟁력이 낮은 다른 나라의 여성에게 돌봄노동을 전가함으로써 해결하는 지구적 차원의 돌봄 부정의에 맞서는 정치적 움직임도 포함한다. 글로컬(glocal) 연대를 통해, 한 국가 내에서의 돌봄 부정의뿐 아니라 부유한 북반구와 가난한 남반구 나라들 사이에서 발생하는 정의롭지 못한 돌봄노동의 착취에도 강력한 이의를 제기하고, 해결 마련에 주력할 수 있어야 한다.

돌봄을 인권으로 연결하면

　한 번 더 강조하자. 필요나 욕구가 권리가 될 수 있다. 흔히 쓰는 말이라도 그 말이 누구와 함께 쓰이느냐에 따라 의미가 달라진다. 사람이 살아가는 데 필수적인 것에 대해서도 그러하다. 필요나 욕구라는 말은 곤궁에 처한 사람들에 국한해서 쓰이는 경향이 있다. '요보호' 아동 '요보호' 노년이라 할 때 '요보호'라는 말이 그러하다. 요보호는 영어 'in need'의 번역어로 '어려움에 부닥친', '궁핍한'이라는 뜻이다. 사람이라면 누구에게나 불가결한 필요나 욕구가 요보호에 해당하는 사람의 것이 되면 사회적으로 특별하게 더 해줘야 하는 것, 성가시고 군더더기인 것으로 받아들여진다. 그에 따라 요보호 대상자가 필요나 욕구를 충족하는 데 어려움을 겪을 뿐 아니라 낙인과 배제가 쉽게 따라 붙는다. 반면 같은 것이라도 '권리'로 받아들여지면 의미가 달라진다. 그에게 충족되어야 할 필요나 욕구가 사람이면 누구에게든 당연한 권리라면 낙인의 꼬리표를 지울 수 있다.

누구에게나 필수적인 필요나 욕구로 인정된다고 해서 모두에게 똑같은 것을 제공해야 한다는 것으로 연결되어서는 안 된다. 그 권리는 동등한 지위에서 다른 내용물, 다른 방식으로 충족돼야 한다. 영유아, 씹고 소화하는 데 어려움이 있는 환자, 건강한 성인 모두 같은 '밥 먹을 권리'가 있다. 그렇다면 아기에게는 분유를, 환자에게는 죽을, 건강한 성인에게는 밥을 주어야 한다. 아기에게는 젖병을 물려주고, 환자에게는 식사를 보조해 주고, 건강한 성인에게는 스스로 차려 먹도록 할 수 있다.

돌봄 윤리가 인권에 들어오면 취약성에 대한 고려가 달라질 수 있다. '요보호'라는 말은 '취약성'과도 흔히 연결된다. 취약성이 일부 사람에게만 부착된 성질이라 생각하면 요보호자로 분류하고 대우할 때와 비슷한 일이 벌어진다. 낙인과 배제의 꼬리표가 붙거니와 우대 또는 불리함을 가르는 성질이 될 수 있다. 영유아의 취약성에는 우호적이라면 만성질환 또는 치매 상태로 사는 노년의 취약성 등에는 상당히 상투적이고 편협한 태도를 보이기 쉽다. 어떤 취약성은 귀엽고 사랑스러운데 어떤 취약성은 혐오와 거리 두기를 부른다. 본인의 잘잘못과 상관이 없는 취약성일 때는 관용과 배려의 대상이 되지만 본인의 불행과 고통에 대한 귀책사유로 삼기 쉬운 취약성일 때는 징벌적으로 대하는 근거가 될 수 있다. 좋은 대우든 불리한 대우든, 모든 사람에게 똑같이 해당하는 것이 아니라 차별적으로 접근되는 것이다.

만약 취약성이 보편적 권리의 근거라고 여긴다면 어떻게 될까? 모든 사람은 취약하다는 것을 인간의 기본 조건으로 놓고 출발하면 특수한 취약성에 관해 판단하고 평가하기 전에 그 사람의 취약성이 무엇 때문이건 필수불가결한 것이라면 당연한 보장을 요구할 수 있다. 집중적이고 복합적이며 세심한 돌봄이 필요한 취약계층에 다가갈 때 권리에 기반한 접근은 무엇보다 그들이 존엄성을 유지하고 비차별적인 권리를 보장받을 수 있도록 한다.

또한 취약성을 인권의 근거에 놓는 것은 인권의 원천을 다시 생각하게 한다. 인권은 한마디로 '사람을 사람으로서, 사람답게 대하는 것'이라 할 수 있다. 이때 사람의 조건을 무엇으로 보느냐에 따라 '사람으로서 사람답게'의 기준이 달라진다. 생물학적으로 유전자를 공유하니까, 사회적으로 중요한 소속 집단을 공유하니까, 자기 삶의 목적을 설정하고 추구할 수 있는 행위 주체 능력이 있으니까, 또는 공통된 역사적 경험과 기억을 공유하니까…. 역사적으로 인권을 정당화해온 근거들은 다양하며 서로 경합해왔다. 큰 갈래로는 인간에 내재된 자연적 본성이 있다고 여기거나 특정한 공동체의 구성원들끼리 합의한 약속이라고 여기는 것이다. 본성, 소속, 자격 등을 따지게 되는 모순에 빠진 어떤 설명도 모든 인간을 수용하지 못하는 한계에 부닥치곤 했다. 말로는 '모든 인간'의 권리지만, 특정한 속성이나 행위 능력을 가진, 특정한 성원권을 가진 사람이어야만 접근할 수 있는 권리가 된다. 사람으로서 사람답게 대해야 할 존재가 누구인가에 대한 논쟁은 현재진행형이다.

그간 법적·정치적 윤리에 치우쳤던 인권은 돌봄 윤리와 만나면서 인간의 보편적인 취약성과 그에 따른 상호의존성에 주목하게 됐다. 그 배경 조건은 사람 '사이', 다른 말로 '관계'다. 개인은 자기의 고유한 삶을 살지만, 그것은 어디까지나 중첩되고 교차되는 사회적 관계망 속에서 가능하다. 인권에 대한 관계에 기반한 접근은 다른 무엇 때문이 아닌 인간의 관계 때문에 사람을 사람으로서 대한다는 것이다. 모욕하고 멸시하고 착취하는 관계에서 벗어날 뿐 아니라 다른 방식의 관계, 더 나은 의존 관계를 만드는 것이 적극적인 인권 실현이다. 인간 누구나 관계속에 깃들여 살며, 서로의 취약성을 돌아보고 응답할 보편적 책임이 발생한다. 취약성은 질문한다. 누군가를 배제하는 관계는 꼿꼿이 서 있는 인간 주체를 표준으로 삼았기 때문이 아닐까?

사람이 서로 기댄 모습을 형상화한 것이 사람 인(人)이라 하는데, 의문이 든다. 자립하는 인간끼리 필요에 따라 서로 기대는 것이라면, 서로 동등하게 기울인 모습이거나 꼿꼿이 선 상태에서 서로 손 잡은 모습일 수도 있을 텐데, 人은 한 사람이 다른 사람에게 몸을 기울여서 돌보는 모습을 하고 있다. 서로 기대고 있지만, 비대칭적으로 몸을 기울여서 취약성을 돌보는 것이 인간임을 표현하고 있다. 서로의 취약성으로 몸을 기울여서 돌보는 관계, 이 관계는 누구에게나 필수적이다.[*]

취약성에 근거하게 되면 누가 인권의 담지자인지 제한이 없다. 소속이나 권리 행사 능력을 자격으로서 요구하지도 않는다. 취약한 모든 사람은 서로 의지할 수밖에 없다. 그 의존성이 부끄럽거나 잘못인 게 아니라 당연하고 떳떳한 것이 되고, 취약성을 돌보는 사람 또한 중첩된 관계의 망 속에서는 의존하는 존재라는 걸 알 수 있다. 인권은 모든 사람의 보편적인 취약성과 의존성이 그것에 대한 상호책임으로 해석되고 지지될 수 있도록 하는 장치가 된다. 돌봄을 매개로 사람을 사람답게 대한다는 것의 의미가 만들어진다. 돌봄은 인간이 생존하기 위해서뿐 아니라 좋은 삶을 살기 위한 요구다. 관계망 속에서 살아가면서 관계를 돌보지 않는 삶은 인간의 연결성과 책임성을 망각한 것이다. 인권에 기반한 돌봄은 추상적인 존재의 권리가 아니라 구체적으로 취약한 몸을 가진 존재들이 사회적 관계 속에서 겪는 취

---

[*] "페미니스트 철학자 아드리아나 카바레로는 수직선의 권위가 남성적 권력과 질서를 표방할 때, 기울어지는 선은 그와는 다른 질서와 세계 구성의 원리를 담지한다고 말한다. 관리와 통제의 관계가 수직이라면, 돌보고 보살피는 관계에는 경사가 진다. 타자를 향해 비스듬히 기울어져 있는 상태에서만이 타자에게 다가갈 수 있고 응답할 수 있기 때문이다." 서보경 (2021), '살리는 일의 권위', 「인문잡지 한편 6: 권위」, 64~66쪽 참조.

약함을 함께 다룬다.

　돌봄은 인간의 당장의 생존을 위해서 시급하고 절실한 필요이기도 하다. 급하다고 해서 지금까지 해오던 대로 사회적 관계망 속에서 불리한 위치에 있는 사람에게 전가하면서 찔끔찔끔 자원을 투입하는 식으로는 권리가 될 수 없다. 돌봄의 필요와 욕구를 권리로 해석하는 것은 돌봄을 정의로운 관계 속으로 이동시킨다. 돌봄은 일방적인 숭고와 희생적인 행위, 사회 속 위치에 따라 불평등하고 불리하게 할당된 역할 의무가 아니라 인권이란 틀을 통해 인간의 보편적 권리이자 책임으로서의 행위가 된다. 권리 체계 안에서 돌봄에 의존하는 것은 구차하거나 죄책감을 느낄 일이 아니다. 인간으로서 마땅한 대접을 받는 일이다. 돌봄에 의존하는 사람은 자신의 본성, 소속, 능력을 증명해야 할 필요가 없고 의존을 이유로 죄책감을 가질 이유가 없다. 인간의 보편적인 취약성과 상호의존성을 근거로 인권은 돌봄으로서, 돌봄은 인권으로서 의미를 만들어갈 수 있다.

2장

무엇이 우리를 인간이게 하는가

인간의 존엄을 다시 생각한다

"그럼 난 사람도 아닌 거잖아"

2014년 방영된 드라마 〈기분 좋은 날〉은 한국 TV 드라마의 전형 중 하나인 화목한 대가족을 다룬다. 이 대가족의 중심은 70대 후반의 떡집 할머니 이순옥이다. 배우 나문희가 연기한 이 할머니는 돌봄의 화신이다. 팔다리가 불편한데도 손걸레질을 멈추지 않는다. 대가족이라지만 그런 순옥의 몸에 이상이 있음을 알아차리고 병원에 동행해주는 사람은 없다. '아프다 하지 말고 병원 가보라'는 말들뿐이다.

순옥은 혼자 병원에 갔다가 의사에게서 파킨슨병이라는 매우 생소한 병명을 듣는다. 낯선 영어에 어리둥절한 그는 이번에는 남편과 병원을 찾아가 다시 병에 대한 설명을 듣는다. 의사는 치매가 같이 올 수도 있다고 말한다. 실제로 병이 진행될수록 기억이 희미해지는 경험을 거듭하면서 이순옥은 울부짖는다. 자신의 악화된 상태를 예견하며 "그럼 난 사람이 아닌 거잖아"라고 두려워한다.

이순옥은 신체적 상실부터 겪는다. 걸음걸이가 힘들어지고 배변을 제대로 할 수 없게 된다. 그리고 자기 몸을 원하는 대로 움직이지 못하면서 자괴감, 수치심, 우울 등이 따라온다. 정서적 상실이다. 집을 찾지 못해 헤매다가 자신을 찾아 나선 남편을 보고 서러워 울컥하는 장면은 보는 이의 눈물샘을 쿡 찌른다. '훈훈한' 드라마인 덕에 관계의 상실과 경제적 상실은 드러나지 않는다. 세심한 애정으로 가족들 관계는 더 돈독해지고, 노부부는 탄탄한 경제력 덕분에 자식들에게 의존할 필요가 없다. 가족들은 돌봄 비용 같은 것에도 전혀 개의치 않는다. 가족의 고통은 자신들이 평생 기대온 '어머니'와 '할머니'의 모습, 한없이 따뜻한 그 품을 잃는 정서적 측면에 치중되어 있다.

그러나 드라마가 말하지 않은 내용을 우리는 현실에서 자주 맞닥뜨린다. 관계의 상실과 경제적 상실은 신체적 상실과 뗄 수 없다. 신체 기능을 상실해 의존 상태가 되면, 특히 식사, 배변, 위생 같은 기본 활동을 절대적으로 의존해야 하는 상태가 되면 관계를 상실할 위험에 처한다. 가족에게 더 이상 돌봄을 기대하기 어렵게 되면 노인요양원 같은 시설에 입소해 낯선 환경에서 누군가의 손에 몸을 맡겨야 할 수도 있다. 그렇게 그간 살아온 환경, 관계에서 동떨어지게 된다. 기본 생계비 말고도 의료비, 간병비 등 점점 더 많은 돌봄 비용이 필요한데 모아놓은 자원이 없는 사람에게는 이 또한 극심한 고통이다. 노년만 그런 것이 아니다. 아픈 사람, 장애가 있는 사람, 가난한 사람, 어린이든 청년이든 권력을 갖지 못한 사람에게 돌봄 상황은 다중적인 결핍의 고통으로 찾아든다.

무엇이 사람을 사람으로 만드는가

"그럼, 난 사람이 아닌 거잖아." 다시 한 번 이순옥의 질문으로 돌아가보자. 이 질문에 어떻게 답하느냐가 돌봄 자체와 돌봄에 대한 다양한 논의의 출발점일 수 있다. 이순옥에게 어떻게 답해야 할까? 가장 흔한 답은 "그래도 당신은 존엄한 인간이에요"일 것이다. 가장 가까운 사람도 알아보지 못하고 자신의 이름조차 기억할 수 없는 상태인 사람에게도 존엄성이 있다고 말하는 것의 의미는 무엇일까? '사람이라는 이유만으로 존엄하다'는 인권선언에서 멈추는 건 이순옥에게 위로가 안 될뿐더러 우리를 휴먼드라마의 시청자 자리에 머물게 할 것이다.

존엄을 말하지 말자는 게 아니다. 존엄을 어떻게 말하느냐와 존엄이 어떻게 가능하냐가 중요하다. 누가 어떤 자리에서 누구를 향해 무엇을 말하느냐가 중요하다. 무엇보다도 '당신이 기억하지 못하더라도 우리가 당신을 기억하고 있어요. 당신이 누구인지, 어떤 사람인지 우리가 알고 있습니다!'라는 응답이 필요할 것이다. 기억하고 알고 있다는 것은 그의 살아온 내력과 함께 그의 현재 모습을 인정한다는 의미다.

극중에서 이순옥은 〈내 나이가 어때서〉라는 노래를 부르고 또 부른다. 다시-보기(replay) 버튼을 계속 누른 듯하다. 우리가 이순옥의 노래에 화답하는 것은 're'를 연신 누르는 일일지 모른다. 기억하다(re-member), 인정하다(re-cognize), 존중하다(re-spect), 이 말 모두에 're'가 들어 있다. 당신이 사회의 구성원(멤버)임을 우리가 기억하고, 달라진 변화에도 불구하고 당신임을 인정하며, 당신이라는 사람의 고유함을 계속해서 '다시-보기'하겠다는 것이 존중이다.

당신을 기억하고 인정하고 존중하겠다는 선언은 구체적인 몸과 만나야 하고 만날 수밖에 없다. 극중 이순옥은 배변을 제대로 하지 못하기에 냄새가 지독한 방귀를 뀐다. 정작 자신은 그 냄새를 맡지 못한다. 그러다 가족들이 애써 불쾌감을 감추려고 연기하고 있다는 걸 깨닫고는 극도의 수치심과 우울감을 느낀다. '똥오줌'을 포함한 필수 생활을 누군가의 손에 의존해서 해결해야 하는 일과 '고상한 가치'를 누리는 존엄의 개념이 어떻게 만날 수 있을까?

역사 속 존엄

전통적 인권론에서나 서구 철학에서 존엄의 개념은 인간의 이성과 관계가 깊다. '인간을 수단으로서가 아니라 목적으로 대하라'는 정언명령을 세운 철학자 칸트는 인간의 이성을 근거로 존엄을 설명했다. 인간은 이성이 있기에 생각할 줄 알고 선악의 법칙을 세우는 능력을 가진다. 자기 삶의 목적을 설정할 줄 알고 그에 따른 자기 행위에 책임을 진다.

이 책임 능력은 인간 이성의 자율성(자유의지)에 기초한다. 인간은 '너'에 대해서 '나'를 세우고 선악을 분별하여 이것들을 서로 견주어서 의견을 세우고 타인과 의사소통할 수 있다. 이렇게 '나'로서 나타나는 것이 인격이다.

인격으로 나타나는 인간은 가격이 매겨진 한낱 물건이 아니며 다른 인간으로 대체될 수 없는 독자적이고 고유한 존재다. '자기(주체)'가 되고 이성적 의사와 그에 따른 자율적인 활동 능력을 가진다. 이처럼 인간이 존엄하다는 근거는 인간이 갖춘 이성, 자율 그리고 도덕의 능력이다.

칸트의 존엄성 논의에서 이성을 전면에 부각시킨 인간의 능력, 즉 스스로 삶의 목적을 설정하고 책임지는 능력은 '쇠락하고 돌봄 받는 몸'의 곤경을 알지 못하거나, 논의에 포함시키지 않는다. 그런데 바로 이러한 이성이 철저히 도구화될 때, 심지어 타 민족의 말살까지 소위 합리적 이성의 이름으로 행해질 수 있음을 경험한 이후 존엄은 모든 원리 원칙 위에 절대적 가치로 부상하게 됐다. 법적으로 인간의 존엄이 분명한 규범으로 등장한 것은 2차 세계대전 이후다. 유엔헌장 전문이 작성되고 이를 패전국인 이탈리아, 일본, 독일이 헌법으로 수용했으며, 1970년대 중반 이후 개정된 서유럽 헌법들에도 존엄성 규정이 생기는 등 존엄은 법의 기본으로 간주되어왔다.

특히 독일 기본법에서 존엄 개념은 첫머리, 제일 높은 곳에 자리 잡는다. 히틀러 치하 독일의 잔학 행위와 그것이 가능했던 전체주의 시스템에 대한 우려 때문일 것이다. 소위 '안락사'라는 이름의 노약자 학살, 우생학에 근거한 장애인과 집시('집시'에는 비하의 뜻이 담겨 있어 집시 대신 '로마'라 불러야 한다) 등에 대한 학살을 반성하면서 인간의 수단화, 객체화를 금지하고, 인간의 존엄을 건드릴 수 없는 것으로 여기는 전통을 만들었다.

인간의 존엄을 옹호하는 것도, 다른 한편으로 법 위의 법, 아니 법 이전의 가치로 존엄을 치켜세웠던 것도 도전 받고 있다. 생명의료기술의 발전, 자신의 삶을 스스로 책임지고 관리하라는 기업가식 개인 이해, 충분히 논의되지 못한 채 자유 결정으로 제시된 '존엄사' 등은 전 세계적으로 유래를 찾아보기 힘든 저출생 고령화 현상, 120세를 바라보는 기대수명 연장 속에서 존엄에 대한 기존의 이해를 근본적으로 뒤흔들고 있다. 연명의료, 연금 문제 등에 맞닥뜨리면서 문제는 복잡해졌다. 이런 흐름 속에서 절대가치나 최상의 법이라는 자리를 떠나 개별 현실에서 구체적으로 존엄을 실현하기 위한 정치적 투쟁이 중요하고, 이런 투쟁은 극빈 상태의 사람, 장애인, 미등록 이주자 등 특정한 투쟁 주체와 연계돼야 한다.

그런데 이것 또한 단일하지 않다. 예를 들어 한나 아렌트는 '정치적인 것을 감행할 능력'을 인간의 존엄으로 불렀다. 그럼 인지장애증을 갖고 사는, 즉 '치매' 걸린 노년의 경우는 어떤가. 그는 자신이 추구하는 이념이나 이해관계를 위해 정치적 투쟁을 할 수 있는 정신적 상태에 있지 않다. 더구나 누군가의 도움이 필요한 의존적 상태에 있다. 아렌트가 주장하는 방식의 권리 주체와 권리의 관계가 그에게는 더 이상 성립하지 않게 된다. 그렇다면 그의 '자율'은 어떻게 되는가? 인지장애증에 걸린 노년은 우리에게 자율적 주체 또는 권리와의 관계에 있는 주체를 다르게 이해할 것을 촉구한다(3장에서 자세히 언급하겠지만 그의 자율은 타자의 돌봄 안에서 구성되는 관계적 자율이다.) 인간 존엄을 위태롭게 하는 이익과의 저울질하도록 방치하는 것도, 인간 존엄을 허울에 불과한 절대적 이념으로 방치하는 것도 용납할 수 없는 딜레마 상황이 펼쳐지고 있다.

역량의 관점으로 생각하는 존엄 | 장애인의 경우

독립성과 자율성을 타인과 무관한 개인의 능력으로만 여기면 존엄의 문제를 제대로 다룰 수 없다. 앞서 소개한 〈기분 좋은 날〉의 이순옥이 처한 상태에서도 독립성과 자율성, 존엄을 말할 수 있으려면 관계와 돌봄의 역량에 주목해야 한다. 돌봄을 역량 관점에서 이해할 때 자율성과 독립성의 의미는 어떻게 달라지는지 살펴보자.

인권, 취약성, 정의로운 분배 논의에서 역량 개념을 중요한 의제로 부상시킨 것은 아마티야 센이다. 그는 경제학자로서 분배 문제를 재화의 분배 차원에서 보지 않고 역량의 차원에서 봤다. 재화를 어떻게 성취로 전환할 수 있는가를 질문하면서 원하는 것을 할 수 있는 힘으로서의 역량, 역량을 키울 수 있는 토대를 만들어주는 것을 정의로운 분배의 역할이라고 봤다.

센의 역량 개념을 이어받아 대중화한 마사 누스바움은 역량(capability)을 '무언가를 할 수 있는 기회의 보장, 가능성이 있는 희망'으로 설명한다. 개인이 선천적으로 타고나거나 후천적으로 성취한 능력(ability)과 달리, 역량은 세상에 잘 존재하기 위해(well-being을 위해) 사람이 가치를 부여하는 것에 따라 행위하고 존재할 수 있는 진정한 기회를 말한다.*

누스바움은 신체의 포괄적 안녕, 정신과 감정의 다양한 활동과 놀이, 사회활동, 다른 종과의 관계를 포함해 모두 열 가지 역량을 언급한다.** 이 목록은 평등한 존중과 통합, 서로 다른 필요에 대한 감수성이라는 양대 축을 중심으로 작성되었다. 즉 모든 시민은 현재 시점에서 경제적 생산성과 무관하게 평등한 인간으로서 품위를 존중받아야 하며, 같은 수준의 가능성이 제시될 때 자신이 원하는 것을 선택할 수 있어야 한다. 가령 먹을 것이 없어서 굶주리는 것과 먹을 것이 충분히 있는 상황에서 단식

---

* 이런 맥락에서 의료인문학자이자 의사인 김준혁은 capability를 역량이 아닌 가망성(可望性)으로 번역하자고 제안한다. '가망성을 통한 접근', 2017. 6. 23., https://junhewk.github.io/ethics/2017/06/23/capabilities-approach.html

** 10개 역량 목록은 생존(life), 신체 건강(bodily health), 신체적 통합(bodily integrity), 감각·상상·사고(senses·imagination·thought), 감정(emotion), 실천이성(practical reason), 연결(affiliation), 인간 외의 종(other species), 놀이(play), (정치적·물질적) 환경 통제(control over one's environment)다. 마사 누스바움·솔 레브모어 (2018), 『지혜롭게 나이 든다는 것』, 안진이 옮김, 어크로스 참조.

을 택하는 것에는 차이가 있다.

이 책에서는 역량을 돌봄의 관점에서 적용하고 이해하려한다. 여기서 능력이라 하지 않고 역량이라 말하는 데는 이유가있다. 능력이 단순히 훈련과 반복된 실천으로 얻어지는 것이라면, 역량은 돌봄이 왜 필요한가, 돌봄은 무엇인가, 어떻게 돌봐야 돌봄 받는 사람도 돌보는 사람도 존엄성이란 걸 잘 지키면서사회를 올바른 방향으로 재생산할 수 있는가를 포괄하기 때문이다. 매뉴얼대로 잘하는 게 능력이라면, 역량은 생각하고 질문하면서 돌봄의 내용과 형식을 고민해 바꾸어가는 것까지를 포함한다.

장애를 가진 사람들의 권리를 중심으로 살펴보면 역량으로 접근하는 방식의 장점이 잘 드러난다. 장애인에게 이동이라는 기능(functioning)은 활동지원, 편의시설 제공 같은 기회를 통해 실현된다. 이동을 성취하기 위한 진정한 자유 또는 기회가역량이 된다. 활동지원, 편의시설 제공으로 장애인은 이동을 선택할 자유를 기대할 수 있다.

그런데 만약 '장애인이 방구석에나 있지 뭐 하러 나다니려하느냐'는 인식이 사회에 지배적이라면 장애를 가진 이는 외출할 때마다 비우호적인 시선을 무릅써야 한다. 또는 애초에 밖으로 나가 돌아다니고 싶다는 기회를 생각조차 못 할 수 있다. 활동지원은 있으나 편의시설이 마련되어 있지 않으면 장애인은활동지원사와 같이 묶여서 방에만 붙박여 지내야 할 것이다. 정부에서 장애인에게 보조금을 지원한다 해도 보조금이라는 자원을 이동이라는 활동으로 전환할 수 있으려면 이런 전환 요인이 중요하다.

역량은 개인의 능력이 아닌 개인이 놓인 사회적 환경을 복합적으로 사유하도록 이끈다. 활동지원을 이용할 수 있는 시간에 제약이 크고(24시간 필요한 데 8시간만 제공한다든지), 활동지원사의 급여를 비롯한 대우가 낮고, 활동지원의 정도가 고난도일수록 활동지원사를 구하기가 어려워진다. 이때 제시되는 게 시설이다. 시설에 입소하면 24시간 돌봄이 가능하다는 이유에서다. 이런 이유로 시설 입소를 택할 수밖에 없다면 이것은 가능한 기회가 모두 열린 가운데 자기에게 가치 있는 것을 선택할 수 있는 상태가 아니다. 활동지원을 받으면서 계속 살던 곳에서 사는 것과 시설 입소가 동시에 열린 기회가 아니라 둘 중 하나, 심지어 하고 싶지 않은 선택을 내리도록 강요당하는 상황이다. 이에 역량(가망성)은 단편적으로 열려 있는 기회뿐만 아니라 열려 있는 가능한 활동의 집합으로서 중요하다.

나이 듦과 역량은 어떤 상관관계에 있을까? 누스바움은 우선 나이 듦과 관련해 역량 목록을 작성할 때 전제가 되는 합리적인 기준선 세 가지를 언급한다. 나이 든 사람의 다양성을 인정해야 하며, '악의적인 고정관념들'에 맞서 노년의 다양한 선택과 활동의 가능성을 과소평가하지 말아야 하고, 노년들의 주체성을 지지하고 보호해야 한다는 것이다.

모든 정부는 노인들을 위한 서비스 가운데 어떤 것이 기본적인 권리에 해당될 만큼 중요한가에 대한 사회적 합의를 이끌어내야 한다. 지금까지 어떤 나라도 노인들의 권리에 대해 충분히 숙고하여 훌륭한 결론에 도달하지는 못했으므로, 아직 기본적인 권리에 대한 확고한 원칙 같은 것은 없다. 현명하게 나이 든다는 것(thoughtfully ageing)은 집단적 유대와 저항정신을 가진다는 것을 의미한다. 시간이 흐르면 이러한 집단적 유대와 저항 정신을 토대로 기본적인 권리에 대한 합의가 도출될지도 모른다. 기본권을 이런 식으로 바라보는 것이야말로 역량 접근법의 핵심이다. 장기적으로 역량 이론은 공적인 사고의 지침이 될 수 있다. 그러기 위해서는 공적인 사고와 토론이 먼저 이루어져야 한다. 흔히 노년기에 이르면 역량을 상실하는 것이 '자연스럽다'고들 생각한다. 바로 그런 편견이 우리에게 절실히 필요한 토론에 큰 장애물로 작용한다.*

이처럼 능력이 아니라 역량의 관점에서 권리를 살필 때 자율성이나 독립성은 개인의 문제가 아니라 시민이 누려야 할, 누릴 수 있는 공적 가능성의 문제가 된다. 장애인이든 노인이든 평등한 존중과 통합, 서로 다른 필요에 대한 감수성을 유지하고 보장받는 일은 그들과 관계 맺는 주위 사람들이, 시민사회가,

---

*   같은 책, 404쪽.

국가가 그들을 어떻게 대하는가와 긴밀하게 연결되어 있다.

칸트는 만년에 기억장애를 동반한 치매를 앓았다고 한다. 칸트가 자신들을 알아보지 못해도 주위 사람들 누구도 그를 무시하지 않았다. 자기 자신의 이성의 힘으로 결정을 내릴 수 있어야 '성숙한' 인간이라고 강조한 칸트지만, 말년의 그를 존엄하게 지켜준 것은 그 자신의 이성이 아니라 "주위 사람들의 인정이었다."*

타인의 호소에 귀 기울이고 그의 요청을 받아들이면 받아들일수록 사람과 사람이 긴장과 갈등, 불화를 넘어서 서로의 존엄을 지켜주는 토대가 된다. 여기에 예외인 존재는 없다는 사실이 모든 인간을 평등하게 만든다. 〈기분 좋은 날〉의 이순옥이나 말년에 치매를 앓은 칸트의 삶에 빗대어 말하자면 평등은 그들 자신의 '기억하는 능력', '조절하는 능력' 같은 조건에 상응하는 것이 아니다. 그들은 이제 다른 방식으로 감각하고 움직이는 그들의 달라진 상태를 보완하고 지원하는 타인의 응답 속에서 평등하고 존엄하다.

실존의 장에서 사람은 언제나 타인과 연루되어 산다. 그가 삶을 영위하는 시간, 장소, 상황은 선택에 앞서 주어진 것이다. 매 순간 상황에 직면해 투쟁하며 조율하며 삶을 살아낸다. 그리고 이 살아냄의 실천은 책임을 토대로, 책임 안에서, 책임으로,

---

*   온조 아야코 (2018), 『뇌과학자의 엄마, 치매에 걸리다』, 박정임 옮김, 지호, 146쪽.

다시 말해 응답으로 구성된다.

존엄을 논의할 때 인간의 본질 같은 것을 전제할 수는 없다. 이순옥의 본질은 무엇일까? 그것은 알 수 없는 것이기에 괄호를 칠 수밖에 없다. 그 사람의 본질을 괄호 친 상태로 우리가 마주하는 것은 파킨슨병에 걸린 노년 여성 이순옥이다. 만남 속에서 어떻게 연루되고 관계 맺느냐가 우리를 만들고 이순옥을 만든다.

내 이름과 얼굴을 기억하지 못하는 당신을 내가 인간으로서 기억하고 대우함으로써 당신의 인간됨이 지켜지고 획득된다. 그런 과정을 거쳐 우리도 인간이 된다. 이것은 '모든 인간은 존엄하다'라는 당위성에 머무는 것이 아니다. 인간의 본질에 부합하기에 인간으로 여긴다는 것도 아니다. 당신의 존엄함이 현실이 되게 하려면 당신과 나는 서로 부대끼며 매 상황을 조정해가야 한다. 상상이자 추상으로서의 존엄한 상태는 이념적 지평으로서 우리가 현실에서 맞닥뜨리는 갈등 상황에서 일종의 길라잡이 역할을 해준다. 구체적인 상황의 변화에 맞춰 변덕스런 위험과 긴장을 조율하는 활동에서 존엄성은 삶을 지탱하는 심박수의 확인과 같다.

존엄의 이상적 상태를 조율하기

무엇이, 어느 정도가 존엄한지 우리가 품은 상은 다를 수 있다. 존엄의 상은 유동적이다. 그 간극 안에서 우리는 지쳐 나가떨어질 수도 있다. 그래도 어느 정도 합의된 존엄의 내용이 사회의 공통 감각으로 자리 잡고 제도로 구현된다면 어떨까? 추상적인 존엄이 돌봄과 구체적으로 연결된다면 어떨까?

예를 들어 거동이 불편한 한 노인이 있다고 하자. 힘들고 불편하긴 해도 누가 도와주면 화장실에 가서 스스로 배변할 수 있을 정도는 된다. 그런데 이 노인의 의지와 상관없이 기저귀를 채우고는 배변을 하라고 한다. 게다가 타인들이 훤히 보이는 곳에서 기저귀를 간다. 효율적으로 관리하기 위해, 즉 시간을 아끼기 위해서다. 이런 일은 '하면 안 된다'는 돌봄 규범이 만들어진다면 매 순간 갈등할 필요 없이 규범에 따라 노인의 최소한의 존엄성을 존중할 수 있지 않을까?

마찬가지로 가족도 외면하고 책임지지 않는 사람을 왜 내 세금으로 돌봐야 하느냐고 주장하는 대신, 노후 자금도 모아두지 않고 뭐 하며 살았느냐, 스스로 존엄하게 삶을 유지해오지 않았으니 존엄한 대우를 기대하지 말라, 이렇게 주장하는 대신, 기본적인 돌봄을 보장하는 것은 나 자신의 안녕과 사회를 지키는 보편적 권리라는 감각으로 제도화와 법제화를 시도하는 게 타당하지 않은가?

이럴 때 존엄은 공허한 추상성이 아니라 체화되고 제도에 뿌리내린 생생한 존엄이 될 수 있다. 추상이자 보편으로서의 존엄은 구체적인 권리를 통해 '몸'을 가지게 된다. 권리를 갖는다는 것은 우리가 매 순간 매 상황에서 특정 행위의 정당성을 주장하고 상대방을 설득시키는 과정을 축약해 바로 상대방에게 권리의 내용을 실현시킬 수 있는 인식과 감수성의 신호 구실을 한다.

다시 한 번 강조하건대 '권리화'는 자연적으로, 저절로 되지 않는다. '모든 인간은 존엄하다'는 선언에 머문 채로 구체적인 권리의 주체와 책임의 주체를 말하지 않을 때, 인간의 존엄은 공허한 수사에 머문다. 독립성과 자율성을 명목으로 권리의 주체에서 특정인이 배제되는가 하면 책임의 주체는 모호한 공백으로 남겨진다.

독립성과 자율성은 존중해야 할 권리의 내용이어야지 주체의 능력을 평가하는 기준이어서는 안 된다. 권리의 주체됨은 개별자의 능력이 아니라 사회적, 집합적 역량이어야 한다. 인간의 존엄은 정치적 행위로써 구현된다. 각자도생의 반대말이 정치다. 정치의 주체는 독립성과 자율성을 발휘할 수 있는 이성적 주체만이 아니라 의사결정, 자원의 배분, 향유와 연루되고 관계된 모든 사람이다.

조엘 파인버그는 권리의 인정이 갖는 도덕적 가치를 이렇게 말한다.

권리의 소유는 우리로 하여금 '인간으로 존재'하게 함으로써 타인을 배려하게 하고, 근본적으로 모든 사람이 평등하다는 것을 느끼게 한다. (…) 인간을 존중한다는 것은 (…) 그의 권리에 대한 존중이기 때문에 양자는 불가분의 관계에 있다. 그리고 '인간의 존엄성'이라고 부르는 것도 바로 권리 주장 능력의 인정을 뜻한다.*

존엄을 개인주의적인 권리 틀에 가두지 않고 사회적 돌봄과 정치적 실천 속에서 사유할 수 있어야 한다. 인간이란 어떤 존재인가? 우리는 인간을 어떤 관점에서 이해하는가? 개별 인간? 인류로서의 인간? 취약성을 공통분모로 서로 연루된 관계 속 존재가 인간이다.

인간의 보편적인 취약성에 대한 인정 관계, 당신만이 아니라 나 또한 의존하고 있다는 보편적인 상호의존하는 관계, 그런 관계 속에서 우리는 서로를 인간으로 만나 서로 돕고 기대며 함께 삶을 산다.

---

* 이계수 (2017), '인간존엄과 민주법학: 노동, 젠더, 장애', 「민주법학」 63, 20쪽에서 재인용.

3장

우리는 누구나 의존하는 존재다
취약성/의존성, 상호인정, 호혜성

앞 장에서 우리는 존엄을 이성 중심의 개인주의적인 권리 틀에 가두는 것의 문제점을 지적했다. 그리고 타자 지향적 윤리의 관점에서 그리고 사회적·정치적 실천 속에서 조율되는 것으로 존엄을 이해하자고 제안했다. 존엄을 지키며 살 수 있는 삶은 개별 인간의 이성적 힘이나 자질에 근거하기보다는 그가 관계 맺고 있는 사람들, 그가 속한 사회와 국가가 어떤 인간관과 가치관을 갖는지, 어떤 '보호 장치'를 마련하고 있는지에 근거한다.

인간은 어떤 존재인가? 여타 조건이나 상황과 무관하게 누구나 존엄한 삶을 살 수 있으려면 어떤 존재로 이해되어야 하는가? 앞선 장들에 이어 이 장에서 우리는 인간은 취약성을 공통분모로 상호연루된 관계 속 존재라는 관점을 좀 더 상세하게 펼치고자 한다. 취약함이 초래한 의존성이 모든 인간에게 공통된 보편적 특성임을 돌봄의 호혜성과 연결해서 설명할 것이다.* 이로써 인간의 보편적인 취약성에 대한 인정 관계, 당신만이 아니라 나 또한 의존하고 있다는 보편적인 상호의존 관계 속에서 우리가 서로를 인간으로 만나 서로 돕고 기대며 함께 삶을 산다는 '사실'이 분명해질 것이다.

취약함과 자립은 대립하지 않는다

"라면 같은 것 끓여 먹을 수 있을까요?"

"혼자서 전기밥솥에 밥 할 수 있을까요?"

"언니분이 밥 차려주면 잘 먹어요?"

"서툴면 식사를 하면서 많이 걸리겠네요?"

"그렇다고 떠먹여주진 않죠?"

발달장애가 있는 장혜정은 장애를 이유로 오래 시설에서 살았다. 둘째 언니 장혜영이 중학생이 되던 해, 혜정도 혜영도

---

* 취약성과 의존성은 호환되어 쓰이는 개념이다. 둘 다 도움과 보호, 돌봄이 필요한 인간의 보편적인 존재론적·인류학적 상태를 가리킨다. 여성주의 돌봄 윤리는 '인간의 의존성이라는 사실'에서 출발하는 데 반해 타자성의 철학은 '항상적인 취약성'을 강조한다. 취약성이 인간에게 항상적으로 내재하는 보편성이라면, 의존성은 일시적이거나 산발적으로 등장한다고 보는 견해도 있다. 또 '취약집단', '취약계층'이 생명윤리나 공공의료, 복지 정책 등에서 주로 사용되고, '돌봄의존자', '상호의존', '공의존'이 돌봄 현장이나 돌봄 윤리학, 심리학 등에서 주로 사용되는 것처럼, 두 개념의 명사형은 서로 다른 분야에서 전문용어로 발전하고 정착되었다. 이 글에서는 두 개념이 근본적으로 호환 가능하다고 보고 맥락에 따라 함께 혹은 따로 사용한다. 이 글이 주목하는 것은 취약성이 곧 돌봄이 필요한 의존으로 이어진다는 점 그리고 인간의 존재론적·인류학적 보편성이기에 의존은 상호의존이라는 속성을 띨 수밖에 없다는 사실이다.

원하지 않았으나 부모의 선택으로 혜정이 시설로 '사라졌다.'
그리고 혜정이 사라진 순간부터 혜영은 빈자리를 느꼈다. 성인
이 된 혜영은 동생과 다시 함께 살기 위한 노정을 시작한다. 여
기저기 문을 두드리며 '도움'의 가능성을 탐색한다. 그중 하나
가 활동지원서비스였다. 자매는 관련 기관에서 상담을 받는다.
상담 결과는, 받을 수 있는 공적 지원이 거의 없다는 확인이었
다. 여기서 서류 한 장을 받아 주민센터로 갔고 몇 주 후 국민연
금관리공단으로부터 활동지원 등급심사를 받게 된다. 앞의 질
문은 그 심사 과정에서 나온 것들이다. 그리고 장혜영은 이 질
문들 앞에서 자문한다.

'오늘 우리의 무능 스코어는 몇 점일까?'

'같은 질문을 나에게 던진다면 나는 몇 점짜리 인간일까?'

각각 2018년, 2020년 다큐멘터리 영화와 책으로 만들어
진 『어른이 되면』에 나오는 이야기다.* 시설 밖으로 나와 새 삶
을 살기 시작한 발달장애인 장혜정의 여정을 담은 이 다큐멘터
리는 장애로 취약한 몸, 의존 그리고 일상에서의 '자립 가능성'
에 대해 매우 근본적인 질문을 제시한다. 활동지원서비스를 몇
시간이라도 더 따내려면 당사자는 '무능을 연기'해야 한다. 할
수 있는 것도 할 수 없다고 얘기해야 유리한 시스템이다. 다른
말로 하면 지원 받기 위한 '의존'을 강요하는 동시에 그 '의존'에

---

*   장혜영 (2020), 『어른이 되면』, 시월.

동반되는 무력감과 수치심을 견디라는 것이다.*

　장혜정이 시험 받은 질문을 다른 이들에게 해보면 어떨까? 비장애인 젊은 남성인데 한 번도 밥을 해본 적이 없다. 컴퓨터는 다룰 줄 알아도 밥솥은 다룰 줄 모른다. 또는 가사도우미를 두고 있는 가족인데 이 가족 구성원은 누구도 요리나 세탁, 육아나 간병을 해본 적이 없다. 가사도우미, 아기 돌보미, 간병인인 미등록 이주여성이 집에서 사라지면 자신들 일상이 어떻게 될지 모른다. 그럼에도 이들은 당당한 시민이자 인간으로서, 자립적인 시민권/인권의 주체로 인정받는다.

　그러나 이들이 아무 문제없이 일상을 유지할 수 있도록 다방면으로 돌본 이주여성이나 앞에서 예로 든 장애 여성 장혜정은 '온전한 시민'으로서 자신의 권리를 주장할 수 없다. 어느 사회에서나 이들은 흔히 '취약자', '취약집단'으로 분류된다. 개인의 특성이나 장단점과 상관없이 '취약'이란 분류를 통해 무력하다는 낙인이 찍힌다. 혹은 온정주의적인 보호나 지원을 받으려면 자기 삶에 대한 과도한 통제를 받아들여야 한다.

　뒤에서 좀 더 상세히 언급하겠지만 취약성은 통상 '자율성의 결핍'으로 이해된다. 소위 전통적 시민권이 독립적이고 자율

---

* 이것은 노인장기요양보험 등급을 받기 위한 판정'시험'에서도 마찬가지다. 2020년 현재 65세 이상 시민 848만 명 중 등급신청자는 118만 명인데 등급을 인정 받은 사람은 86만 명에 지나지 않는다. 인정률이 약 73퍼센트에 머문다는 것은 판정 과정에서 신청자와 판정자의 견해가 상당히 다를 수 있음을 말해준다. 국민건강보험공단, 〈2020 노인장기요양보험 통계연보〉, 2021 참조.

적인 사람을 전제로 한다면 취약한 사람이나 집단은 자동으로 시민권을 박탈당하게 된다. 의존이 시민권의 반(反)명제이자 시민의 자격을 심사하는 기준이 되는 것이다. 독립 혹은 자립과 의존이 이렇게 반명제로 서로 대립하는 것의 부조리에 저항하며, 장애 여성이자 '장애여성공감 독립생활센터 숨'에서 활동하는 진은선은 이렇게 말한다.

> 장애여성 독립생활운동(Independent Living)에서 '독립'이란 모든 일을 혼자서 할 수 있는 능력이 있어야 가능한 것이 아니라, 의존과 돌봄을 주고받으며 잘 살아가는 삶을 의미한다. 어느 누구도 의존과 돌봄 없이 살아왔고 살아갈 수 있는 사람은 없다. 그러나 사회에서 어떤 이들의 의존과 돌봄의 권리는 독립의 자격을 판단하는 기준이 되는지, 성공의 가능성을 증명해야 하는지 드러내야 한다. 독립의 자격을 묻는 것은 사회에서 동등한 시민으로 살아갈 자격을 묻는 것과 같다.[*]

여기서 진은선은 독립, 즉 '~에 달려 있지 않은(in-dependent)' 상태의 의미와 가능성을 '누군가의 돌봄에 잘 달려 있는' 상태에서 찾고 있다. 누군가가 제공하는 적절한 돌봄에 편안하고 안전하게 잘 달려 있을 수 있는 삶, 역설처럼 들리겠지만 그

---

[*] 진은선 (2021), 〈돌봄을 받는 사람들의 독립과 관계에 대해〉, 젠더정치연구소 여세연 [돌봄민주주의×페미니즘] 기획단 연속 기획포럼 '청년돌봄, 더 잘 돌볼 권리를 찾아서'.

것이 독립의 삶이다.

진은선이 해석한 독립을 영어 단어 dependent로 이해해보자. '의존하는'이라는 뜻을 가진 dependent는 일차적으로 '~에 달려 있는'을 뜻한다. 그런데 dependable이 '의존할 만한, 믿을 만한'을 뜻하는 데서 알 수 있듯이 '잘 달려 있기'는 달려 있는 것과 그것을 지탱하는 것 사이의 협업이 잘 이루어질 때 가능하다. 목걸이의 줄과 펜던트, 나뭇가지와 거기 매단 그네를 떠올리면 쉽게 이해할 수 있다.

진은선이 주장하듯 의존과 돌봄을 '주고받으며' 잘 살아가는 삶이 독립적인 삶일 때 '주고받으며'는 여러 주체를 포함한다. 우선 의존할 만한, 믿을 만한 돌봄을 제공하는 사람이 의존자의 독립을 지켜준다. 그런데 의존자 또한 이 돌봄 제공자에게 의존할 만한, 믿을 만한 사람이 되어준다. '의존할 만한'이 가리키는 바는 사람에 따라, 상황에 따라 달라질 수 있다.

『돌보는 사람들』에서 샘 밀스는 "일전에 아버지의 돌봄 코디네이터 중 한 사람이 나에게 간병인의 역할에 관한 소책자를 건네주었다. 책자에 설명된 돌봄의 방식은 정서적 지지에서부터 식사보조 그리고 단순히 '계속 지켜보는 일'에 이르기까지 다양했다. 이 마지막 예시가 내 자신감을 엄청나게 북돋워주었다"라고 쓰고 있다.*

---

*   샘 밀스 (2022), 『돌보는 사람들』, 이승민 옮김, 정은문고, 197쪽.

돌봄의존자 입장에서도 비슷한 이야기를 할 수 있다. 장애인들은 활동지원사와 조율이 잘 되는 팀워크의 중요성을 말하곤 한다. 팀워크가 제대로 작동하려면 장애인 쪽에서 활동지원사에게 의존할 만한, 믿을 만한 사람이 되어야 한다. 몸을 제대로 가누지 못하는 무거운 고령자를 돌보는 요양보호사 역시 돌봄 받는 고령자가 도와줘야 자신이 근골격계 질환이 심해지는 걸 막을 수 있으며 일의 보람도 커진다고 말한다.

그리고 포기하거나 방치하지 않고 '계속 지켜보는 일'은 환자와 보호자–돌봄자 사이에서, 학생과 교사 사이에서, 아이와 양육자 사이에서, 아니 어떤 종류의 '사이'에서건 돌봄의 기본을 이룬다. 이런 '사이'에서 우리는 의존과 돌봄의 주고받음이 일종의 돌봄 연쇄가 되어 사회를 지탱한다는 인식에 도달한다.

간병이나 양육처럼 더 집중되고 세심한 돌봄이 있는가 하면 계속 의존할 만한, 믿을 만한 사람으로 서로의 곁이 되어주는 돌봄이 있다. 그리고 이 사이에는 무수히 많은 돌봄의 실천들이 있다. 돌봄 없는, 즉 의존 없는 독립의 삶이란 허구라는 관점은 이 책 전체를 관통하는 토대가 된다. 이러한 관점하에서 취약성을 '자율성의 결핍'으로 이해하는 통념에 반하여 인간에게 공통되는 인류학적 보편성으로 취약성을 이해하는 게 가능해진다.

취약성에 관한 담론으로 넘어가기 전에 앞에서 했던 질문을 다시 해보자. 누가 독립적이고 누가 의존적인가? 누가 취약한가? 독립에도 자격이 있는가? 시민임에는, 시민으로 누리는 권리에는 자격 심사가 따르는가? 『어른이 되면』의 발달장애인 장혜정처럼, 희귀·난치성 질환인 샤르코-마리-투스병을 앓고 있는 진은선처럼, 특정 장애로 구별되는 사람만 취약한 것일까? 누가 그런 구별을 할 위치와 힘을 갖는가? 그리고 장애만이 아니라 성별, 인종, 국적, 연령, 가족 상황, 계급 등 특정 속성을 빌미로 취약하다고 규정되는 사람만 의존하는 것일까?

취약성과 돌봄

취약집단 내지 사회적 약자라는 범주에 따른 구분은 일상적이다. 여성, 아동, 노인, 환자, 장애인, 이주노동자, 불안정노동자 등이 그런 범주화의 대상이다. 이때 취약하다는 분류의 근거와 의미는 무엇일까? 병들고 장애가 있고 나이 들고 실업과 생계 유지에 취약하니까? 이런 취약성은 누구에게나 닥칠 수 있는 취약성 아닌가? 그런데 특정 범주에 속한 사람에게만 있는 내적인 속성 내지는 본질적인 취약점으로 취급하는 경향이 있다. 그렇게 되면, 그들은 '원래 그런 사람들'이라는 의미가 되고 취약성에 따른 고통은 감내해야 할 '운명'이 된다.

그게 아니라면 어떤 외적 요인이 취약성과 불리함을 강요하는가? 차별적인 법과 제도, 관행, 정상성에 대한 사회적 규범, 부족한 자원, 편견과 혐오 등이 그런 외적 요인일 것이다. 그렇다면 그런 외적 요인들을 제거하거나 고치면 더 이상 취약하지 않게 될까?

특정 집단에 속한 사람들을 취약계층으로 분류하는 데 기준이 되는 외적 요인 중에서 법이나 제도, 자원 같은 문제는 적절한 절차가 마련되면 해소될 수도 있을 것이다. 그러나 정상성에 대한 규범, 차별을 낳는 편견, 혐오 등을 없애려면 정책 지원과 함께 장기적인 사회문화운동과 투쟁이 필요하다. 성별이나 연령, 질병이나 장애 유무, 국적, 노동 조건 같은 특정 속성이 존재론적 정체성으로 환원되는 모순은 오랜 시간에 걸쳐 사회문화적으로 구축된 상투적 이미지, 더 나아가서는 이데올로기에 기인한다. 개별 당사자를 만나 구체적으로 그의 상황과 인격을 경험하기 전에 이미 사람들 머릿속에는 집단으로서의 '그들'에 대한 명백한 상이 있다. 너무나 쉽게 '안다'고 오인한 상태에서 그들에 관한 판단을 내린다. 이에 맞서는 인정 투쟁은 긴 안목과 다양한 방법, 여러 진영의 연대를 요청한다.

게다가 노화, 질병, 장애, 죽음 그리고 소중한 상대의 상실 같은 취약성에 기인한 고통과 통증은 완화될 수는 있어도 완전히 제거되지는 않을 것이다. 그렇다면 제도 구축만으로는 메꿀 수 없는 구멍으로서의 취약성은 어떻게 해야 하는 것일까?

특정 집단으로 분류하지 않고 모든 인간에게 해당하는 내재적 속성으로 취약성을 언급할 때도 있다. '인간이면 누구나 취약하다'라는 말을 흔히들 한다. 이때 '취약하다'라는 것은 어떤 의미일까? 더위와 추위에 시달리고 배고픔과 수면 부족, 배변 곤란 등을 겪는 육체적 조건을 가리킬까? 누구나 늙고 병들고 손상을 입고 장애를 경험하며, 결국 죽을 수밖에 없다는 인간의 존재적 사실을 말할까? 이런 사실이 보편적인 인간의 지위로 자동 연결되는가?

'여자는 약하나 어머니는 강하다'는 말은 또 어떤가. 어떤 사회적 관계에 놓이느냐에 따라 동일인의 속성에 대한 평가가 달라지는 것 아닌가? 이런 차이를 만드는 요인은 무엇인가? '약자니까 돕고 지원하자'는 말과 '약자인 게 벼슬이냐'는 말이 동시에 존재하는 게 우리 사회다. 취약하니까 사람이고 취약하니까 서로 기대어 사는 게 인간의 순리라는 말은 저절로 성립되지 않는다. 취약성, 의존성, 인권이라는 세 꼭짓점을 어떻게 연결해야 할까? 무엇을 매개로 해야 연결될 수 있을까?

취약성이라는 개념의 문제

취약성은 여러모로 문제적인 개념이다. 아니 더 정확히 말하자면 취약성은 개념으로서 확고한 위상을 갖추지 못했기에 현실에서 문제적이고 상호모순된 방식으로 적용된다. 취약성은 인간을 변호하기도 하고 궁지에 빠뜨리기도 한다. '인간이니까 취약하지'란 말은 타인에게 해악을 저지른 누군가에게 '유혹에 약하니까', '치열한 경쟁에서 살아남으려면 어쩔 수 없었겠지'라는 식으로 책임을 회피하거나 면제하는 구실이 된다. 또 취약함에 따른 부당한 대우를 따져 물으면 '억울하면 극복하고 강해져'라는 압박으로 대꾸하기도 한다.

다른 한편 '취약해서 그런 걸 어쩌겠어'란 말은 배제를 정당화하는 데 이용되기도 한다. 코로나19 바이러스 재난은 이를 슬플 정도로 명확하게 보여주었다. 방역이나 보호 체계 등 재난을 극복하기 위한 정책을 마련하는 과정에서 노년이나 장애가 있는 사람들은 특별한 보호라는 이름 아래 역설적으로 방치되었다. 소위 활동력 있는 경제인구나 '건강한 시민'보다 후순위로 취급됐다. 이들의 높은 치명률은 '어쩔 수 없는' 그들 자신의 취약성에 기인한 것으로 여겨졌다.*

왜, 어떤 상황에서, 무엇 때문에 취약해졌는지 맥락을 살피지 않고 '취약함은 운명이니까 어쩔 수 없다'는 식으로 사태를 간주하면 취약함을 조장하는 권력 구조나 제도 등의 문제는 사라진다. 취약한 존재로 명명된, 즉 현실적으로 낙인찍힌 사람들이 덩그러니 남겨져 스스로를 탓하게 된다. 책임질 구조나 결정권자가 나서질 않으니 자신의 취약함이 불행의 귀책사유가 돼버리는 것이다. 코로나19 재난의 주요 희생자인 노년들 경우

---

* 이탈리아에서는 2020년 3월 12일 현재 치명률(확진자 중 사망자 비율)이 6.72퍼센트에 달하자 의료진에게 생존 가능성이 큰 환자를 위해 의료자원을 비축하라는 지시가 내려왔다. 명백한 공리주의적 발상이 정책을 이끈 것이다. 의료진은 "현재 이탈리아에선 기저질환을 가진 고령의 환자보다 집중치료를 통해 완치될 가능성이 큰 '건강한 환자'들에게 진료가 집중되고 있다. 우리는 누구를 치료할지 선택해야 하고, 이런 윤리적 선택은 개인에게 떠넘겨졌다"며 괴로움을 호소했다. "'살 사람만 치료, 80세 이상은 어렵다' 이탈리아 충격 증언', 〈중앙일보〉 2020. 3. 13., 2022. 9. 16. 검색.

처럼 '적절한 조치에서 배제되고 방치됐다'가 아니라 '원래 면역력이 약했다'는 진단은 정책을 세우고 실행한 공인들과 무지와 침묵으로 동조한 시민 대중의 책임성을 휘발시킨다.

취약성은 이토록 다면적이고 복합적인 현상이다. 사회문화적으로 그리고 정치경제적으로 너무나 쉽게 오도되고 오용될 수 있다. 취약성의 의미를 철저하게 다시 사유하고, 다시 구성하지 않으면 안 될 이유다.

인간의 보편적 취약성

인권의 출발점을 인간의 이성적이고 합리적인 능력에서 찾는 논의는 많다. 소위 전통적, 고전적 인권/시민권 논의는 이성, 합리성, 독립성과 자율성에 대한 찬양과 고무로 가득하다. 만약 추상적인 이성이 아니라 우리 모두 매일 매 순간 구체적으로 감각하며 겪고 있는, 우리 자신을 드러내는 '몸' 자체에서 출발한다면 인권 논의는 어떻게 달라질까?

생명윤리, 사회복지 영역 등에서 분석, 분류, 판단 등을 위해 기능적 개념으로 이해될 때 취약성은 (자연재해나 위험한 사회·지리적 환경 등에 대한) 노출(exposure), (그러한 위험에 얼마나 센 강도로 타격 받는가에 대한) 민감(sensitivity), 적응 능력(adaptive capacity)의 정도로 측정된다. 반면 삶의 전반적 맥락에서 규범적 개념으로 이해될 때 취약성은 자신의 이익을 보호할 능력이 없음을 가리킨다. 현실에서 두 개념은 명확히 분리되지 않은 채 '자율성, 즉 스스로 판단하고 결정하고 행동하는 능력의 결핍'이라는 뜻으로 수렴한다. 그렇다면 취약성과 자율성은 서로 대립하는 관계에 있다.

취약성을 뜻하는 단어 vulnerability는 vulnerare, '상처 입다'라는 단어에서 파생되었다. 이것의 명사 vulnus는 상처를 뜻한다. 생명체는 몸에 상처 입고, 피 흘리며, 고통받는다. 사회학자 브라이언 터너는 『*Vulnerability and Human Rights*(취약성과 인권)』*에서 보편적 인권을 사수하기 위한 토대로서 인간의 '몸'을 지목한다. 터너가 주장하는 요지는 이러하다.

첫째, 체화(embodied)된 행위자로서 인간 존재는 취약하다. 불완전한 몸으로 태어나 누군가의 도움에 의존해 생존하고 성장한다. 의존에 기댄 성장의 과정에서 몸으로 수행하는 행동의 반복이 한 사람의 정체성을 만든다. 공동체 특유의 의례(ritual)의 반복은 특정 종족과 계급, 지역, 성별 등과 관련된 사회문화적 몸짓이나 태도(아비투스)를 만든다. 자아가 의존 속에서 형성된다고 할 수 있다.

둘째, 의존은 다양한 방식과 형태의 사회제도를 통해 가능하다. 그런데 시장의 동향이나 국제 정책의 변화, 편견 그리고 이로 인한 타협 등으로 사회제도 역시 취약하다. 사회제도가 우리 몸을 공격하기도 하고(공권력에 의한 고문, 성폭력 등), 존엄성

---

*   Turner, Bryan S. (2006), *Vulnerability and Human Rights*, Penn State University Press.

을 공격하기도 하고(모욕, 무시 등), 장소를 파괴하기도 한다(철거, 배제, 추방 등.) 이렇듯 사회적 제도의 취약성, 즉 불완전성과 부적절성으로 인해서도 인간은 취약해진다. 그래서 사회제도는 끊임없는 비판적 분석과 새로운 구축의 대상이다.

셋째, 사회 속에서 살아가는 인간은 상호연관되고 상호의존할 수밖에 없다. 취약한 인간은 취약한 사회 속에서 불확실성과 고통을 겪는다. 괴로움(suffering)과 고통(pain)은 씨줄 날줄로 교차하며 일상이라는 직물을 짠다. 존엄성을 헤집는 괴로움과 편안함을 앗아가는 고통은 얽히고설켜 있다. 이런 괴로움과 고통은 그것에 대한 인정과 공감, 의존할 만한 관계 등 상호연결을 요한다. 가족이나 종교, 정치적 의례 등 다양한 형태의 사회적 상호작용과 제도는 그러한 상호연결의 유형이다.

돌봄의 관점에서 인권을 다시 고민하고, 인권으로 돌봄의 토대와 범위, 가치를 재설정하고자 하는 이 책의 시도를 염두에 둘 때, 취약성에 대한 터너의 이러한 논의는 좋은 출발점이다. 그러나 자율성과 취약성, 의존성의 관계를 서로 대립하는 것이 아니라 연결된 것으로 이해하려면 인류학적, 철학적 논의가 필요하다.

취약성과 자율성의 얽힘

버틀러나 레비나스의 윤리 이론은 취약성이 인간의 기본 조건이면서, 동시에 주체의 존재 자체가 타자와의 만남을 통해 구성됨을 강조한다. 낯설게 들릴 수도 있겠지만 인간은 태어남으로써 '존재인' 것이 아니라 타자와의 만남을 통해서, 더 정확히 말하자면 타자의 취약성에 부름을 받음으로써 비로소 '존재가 된다.' 이 존재는 타자를 위한 존재다. 레비나스는 '인질로서의 취약성'이라는 말로, 버틀러는 '우리는 항상 서로에게 노출되어 있다. 혹은 우리는 이미 타자에게 양도되어 있다'는 말로 이러한 윤리적 주체의 깨어남을 표현한다. 먹고, 거주하고, 소유하며 자기만의 쾌락에 갇혀 사는 사람은 타자의 윤리적 요청에 응답함으로써 비로소 주체가 되는 것이다.

　레비나스에 따르면 타자의 얼굴은 너무나 상처 입기 쉬운 취약성을 드러낸다. 그 얼굴 앞에서 그 취약성에 책임으로 답하는 것이 자율적 개인으로 탄생하는 계기가 된다. 불완전하게, 미결정 상태로 태어나 스스로 자신의 생존을 감당할 수 있을 때까지 누군가의 돌봄에 절대적으로 의존하고, 또 살면서 지속적으로 삶의 위협에 직면하는 인간의 취약성은 오히려 서로 자신에게 다가오는 타자를 향해 윤리적으로 열리는 가능성이다. 나와 타자는 모두 인간으로서 취약성을 공통분모로 갖는다.

　그러나 모두에게 공통으로 내재하는 취약성 자체가 서로를 윤리적 상호돌봄 관계로 만들어주는 것은 아니다. 타자의 헐벗은 얼굴이 드러내는 취약성에 응답함으로써 윤리적으로 깨어난 사람으로서만 나는 마찬가지 방식으로 윤리적 존재가 된 다른 사람과 연결될 수 있다. 그런데 현실에서 타자의 취약하고 헐벗은 얼굴은 손쉽게 폭력을 행사할 계기가 되기도 한다. 자기 중심적인 자아의 환영에 갇혀 자신의 취약성을 스스로 인지하지 못하는 사람은 자기 안의 취약성을 타자화하거나 타자의 취약성에 투사한다. 자기통제력을 상실한 인지장애증 노년이나 중증 조현병 환자, 노숙인 등을 보면서 수치심을 느낀다면 그들에게서 바로 자신이 부인한 자신의 취약성을 보기 때문이다.

그렇기에 현실에서 우리가 돌보거나 돌봄을 받을 때 얼마나 이 윤리적 주체성을 인식하며, 이 윤리적 주체성에 토대를 두는지 정확히 측정할 수 없다. 그런 상태에서 수행하는 돌봄이라야 돌봄의 가치가 있다고 주장할 수도 없다. 현실 속 돌봄의 현장은 너무나 복잡한 문제들로 뒤엉켜 있다. 돌봄을 해본 사람이라면 누구나 자아 희생과 고립감의 괴로움을 안다. 돌봄의존자를 향한 책임감/의무감과 자신의 이해관계 사이에서 벌어지는 고통스러운 싸움에 기진맥진한다. 그럼에도 돌봄자들은 돌봄의 경험이 사랑과 연민, 친절과 공감의 힘을 키웠다고 말한다. 이것은 윤리적 자아로 성숙했다는 의미다. 그렇기에 관건은 더 많은 개인이 타자의 취약성에 응답하겠다고 자유의지에서 선택할 환경이 마련되는 것이다. 국가가 적극적으로 그러한 환경을 만들어야 한다. 이와 관련해 강조할 것이 취약성의 복잡성이다.

모든 인간은 내재적, 보편적 속성으로 취약성을 공유한다. 그러나 사회적 지위나 자원 접근성, 교육, 소득, 주거, 나이, 성별, 인종에 따라 특정 집단은 다른 집단보다 더 위험하고 취약해진다. 이러한 상황적 취약성은 내재적 취약성과 구별해야 한다. 그러기 위해서는 취약성을 정의의 관점에서 그리고 상호교차적(intersectional) 관점에서 정치학의 문제로 접근해야 한다.

취약성을 정치적으로 사유하기

취약성에 대한 최근의 논의는 가능한 한 국민의 자유에 개입하지 않도록 억제된 국가가 아니라 '보다 적극적으로, 비권위주의적으로 반응하는 국가'가 필요하다고 강조한다. 보다 적극적으로 반응하는 국가는 권력의 구조적 차이가 특수한 상황적 취약성을 생산한다는 인식에서 출발한다. 이러한 취약성은 자율적 개인의 신화에 의존하는 형식적 평등 모델을 넘어서, 역량의 평등을 통해 협력과 참여가 가능한 수준까지 자율성을 끌어올림으로써 완화할 수 있다. 다른 말로 하자면 그만큼 회복력을 늘린다. 이로써 취약성의 반대는 자율성이 아니라 회복력이라는 게 분명해진다.

온전한 자율성이 허구이듯이 취약성의 완전한 제거 역시 허구다. 회복력을 키워서 취약성을 최대한 완화함으로써 자율적으로 선택하고 동등하게 참여할 몫을 늘리는 것이 취약성에 접근하는 올바른 태도다. 이러한 국가의 태도는 정체성에 기반해 특정 하위 그룹을 '취약하다'고 명명하고 구별해 '보호'함으로써 오히려 당사자들을 낙인 찍고 피해자로 내모는 온정주의적, 후견주의적 접근과는 거리가 멀다.

이제까지의 취약성 논의를 돌봄의 맥락에서 정리해보자. 취약성을 보편적 속성으로 갖는 인간의 자율적인 독립의 삶에는 크게 보아 두 가지 움직임이 관여한다. 우선 타인의 취약성에 눈뜸으로써 윤리적 존재가 된 개인이 서로 의존할 만한, 믿을 만한 돌봄의 관계를 형성한다. 서로에게 잘 매달려 경쾌하게 진자운동을 한다. 개인은 이러한 상호 달림, 상호의존을 통해 사회라는 공동체를 구성하는 시민이 된다. 시민은 자기 삶의 안전과 의미가 사회를 함께 만드는 다른 존재의 연대와 협력 덕분임을 알고, 그 신뢰 속에서 자신도 그를 위해 안전망의 한 코가 되겠다고 노력하는 사람이다. 실뜨기를 닮은 이 창의적 연결 속에서 생성되는 자율성은 관계적 자율성이다. 취약해서 늘 안전이 위협받는 상태에 있는 개별 인간이 기본적인 도덕적 권리인 인권의 감각으로 서로 의존하고 기대며 돕지 않는다면, 사회 공동체는 흔들리고 무너질 것이다.

　　다른 움직임은 권력의 구조적 차이와 사회제도의 취약성 때문에 발생하는 특수한 상황에서의 취약성에 적극적으로 책임 있게 응답하는 국가와 관련된다. 아동, 장애인, 환자, 노인, 비혼모, 노숙인, 기초생활이 위협받는 빈곤한 사람 등은 더 취약하고 더 의존적이다. 그만큼 더 집중적이고 포괄적인 돌봄이 필요하다. 기회와 접근의 의미 있는 제도적 지원뿐 아니라 사회적 정의의 세 범주인 인정, 경제적 분배, 왜곡 없는 재현(representation)에서 평등을 누릴 수 있어야 한다. 국가의 더 적극적인 반응은 개인의 자유를 제한하는 게 아니라 평등을 촉진하는 방향으로 일어난다. 그리고 이러한 적극적인 반응이 취약자들의 회복 가능성을 높인다.

'더 적극적으로 반응하는 국가'는 어떤 모습일까? 한국의 출생률 감소와 그에 대한 국가의 대응을 예로 검토해보자. 한국의 출생률은 2018년부터 2021년 현재까지 0명대에 머물러 '인구재앙'이 온다는 말까지 나올 정도다. UN 인구통계에 따르면 2020년 기준 198개국 중 한국의 합계출생률이 가장 낮다.* 비혼주의를 선택하거나 결혼해도 자녀를 낳지 않겠다는 여성들의 결정이 낮은 출생률의 주요 원인이라면, 이를 해결하기 위해 국가는 어떻게 접근해야 할까.

일터, 가정, 사회, 모든 분야를 관통하는 젠더 불평등 구조를 전면적으로 바꾸지 않으면서 이런저런 육아정책을 제정하고 보완하는 게 해법이 될 수 있을까. 여성을 주 돌봄자로 간주하는 젠더 체제가 바뀌지 않는 한 여성의 일·생활 양립은 불가능하다. 국가가 도와줄 테니 주 돌봄자로 아이를 키우고 가사노동을 하며 동시에 원하는 만큼 사회적 노동에도 적극적으로 몰입하라, 이제까지의 국가 제안이다. 0.5명까지 출생률이 하락할 것이라는 경고 앞에서 정부는 '부모급여'를 현재의 월 30만 원에서 2023년 70만 원, 2024년 100만 원으로 늘리겠다는 예산

---

* '이제 0.7명대… 세계 꼴지 출산율 또 경신', 〈중앙일보〉 2022. 8. 25., '출산율 0.5까지 떨어질 것…앞으로 5년, 마지막 골든타임', 〈한겨레〉 2022. 8. 29.

안을 발표했다.* 그러나 이 기사에 달린 댓글에서나 맘스 카페에서나 이에 대한 여성들의 반응은 대체로 싸늘하다.** 심지어 해외 매체에서도 한국 정부가 문제의 원인을 파악하지 못하는 건지, 아니면 파악하지 않으려는 건지 알 수 없다고 고개를 흔든다.***

아동이나 노인, 환자 등의 취약성/의존성에 책임 있게 응답하는 윤리적 돌봄 역량은 여성뿐 아니라 어떤 젠더든 함양해야 할 역량이다. 그러나 이것을 여성의 본질적 자질로 전제함으로써 돌봄을 선택하는 여성 자체를 독박돌봄의 덫이라는 한층 심각한 취약성으로 내모는 사회문화가 바뀌지 않는 한 저출생 문제는 해결하기 어렵다. 여성을 온전한 시민권 소유자로 인정하고, 여성의 노동에 경제적으로 합당하게 보상하며, 여성을 자연적이고 본질적인 돌봄 전담자로 정박하는 잘못된 재현 이데올로기를 바꿔내는 포괄적 정의가 해법이다.

1장에서 언급했듯이 돌봄을 인권의 관점에서 이해한다는 건 의무 주체가 의무를 이행하도록 적극적으로 촉구할 수 있음을 포함한다. 국가는 가장 강력한 의무 주체로서 젠더 불평등을

---

* '복지부, "부모급여 2024년 0세 100만원, 1세 50만원"…기초연금 연계 국민연금 개혁안 마련', 〈한겨레〉 2022. 8. 19.

** '출산율 하락 막아라…부모급여 月 70만원으로 2배 '껑충'', 〈노컷뉴스〉, 2022. 8. 30.

*** "한국이 다시 한 번 '세계 최저 출산율' 기록을 깼다. 한국 정치인들이 저출생 대책으로 쏟아부은 수십억 달러는 효과가 없었다. 이들은 여전히 무엇이 문제인지 모른다." BBC, 'South Korea records world's lowest fertility rate again', '선진국은 '여성 경제활동' 많을수록 출산율 높은데, 한국은 왜?', 〈한국일보〉, 2022. 8. 27.에서 재인용.

재생산하는 돌봄 부정의 구조를 전면적으로 바꿔내는 일에 나서야 한다.

호혜성이 키우는 돌봄 사회

상호 인정과 상호주체성

의존은 윤리적인 개념이자 정치적인 개념이다. 취약성을 모든 사람에게 공통된 근원적인 존재 조건으로 보면, 일부 사람에게만 해당한다고 간주하는 의존, 괴로움과 고통이 되는 의존은 모두에게 당연한 것으로 전환될 수 있다. 같은 관점에서 자립은 다양한 가능성 사이에서 가장 적절한 의존 방식을 선택할 수 있는 상태를 가리킨다고 이해할 수 있다.

이처럼 의존은 개인의 주체성을 어떻게 이해할 것인가에 대해 근본적으로 다른 토대를 제시한다. 주체성은 아무리 고립된 단독자의 경우에라도 상호주체성(inter-subjectivity)으로 형성된다. 2장에서 살펴본 인정(re-cognition)에서 시작해보자. 인정은 상황이 어떻게 바뀌든 당신을 계속 다시(re) 알아보는(cognize) 수행적 행위다. '당신이 누구인지 내가/우리가 안다'고 표명함으로써 당신이 나/우리에게 중요한 사람임을, 우리가 속한 공동체의 구성원임을 확인하는 의례다.

바로 이 부분에서 인정은 중요한 핵심에 도달한다. 인정이 공동체의 구성원임을 확인하는 의례라면 그것은 결코 한 방향으로 진행될 수는 없다. 공동체에 소속되길 원하는 사람, 공동체에 소속되어 평등한 관계 안에서 권리와 책임, 즉 포괄적인 돌봄 활동을 나누고 싶은 사람이라면 자신의 성원권이 다른 성원의 인정에 달려 있음을 모르거나 망각하면 안 된다. 즉 인정은 언제나 상호인정이다. 내가 그를 다시 알아본다는 건 그와 내가 서로 타자인 상태에서 만났고 자기에게 다가온 타자의 헐벗은 취약한 얼굴이 송신하는 책임의 메시지를 수신했음을 기억하는 행위다. '너를 인정하거나 인정하지 않을 수 있는 권력이 내게 있다'가 아니다.

신뢰를 자양분 삼아 협력과 연대가 쑥쑥 자라나는 돌봄 사회를 꿈꿀 때 잊지 말아야 할 것은 개인의 정체성 자체가 이런 '상호(inter)'의 구조를 지닌다는 사실이다. 앞서 언급한 레비나스나 버틀러의 윤리 이론에 따르면 이 '상호'의 구조에서 '나'라는 주체는 언제나 타자의 호소에 책임 있게 응답하는 자리에, 즉 복속하는 자리에 있다. 이런 형태로 구성되는 주체들 간의 상호의존과 상호인정, 상호주체성을 기본값으로 할 때 기본적인 도덕적 권리인 인권의 차원에서 돌보고 돌봄 받고 다시 돌보는 생태계로서 시민사회가 형성된다.

인간은 생존-성장하는 과정에서 점차 타자의 관점을 취하면서, 더 정확히 말하자면 타자와 의지의 대립을 겪으면서 인정을 얻고자 투쟁한다. 이 투쟁이 상호인정의 단계에 도달할 때 시민사회의 동등한 구성원이 된다. 인정이 투쟁의 과정일 수밖에 없는 것은 현실 속에서 '인정하기'가 윤리적 주체로 깨어나지 못한 상태에서 일어나기 때문이다. 그럴 경우 인정하기는 타자 위에 군림하는 나의 권력 행사로 오인된다. 그래서 인정 투쟁은 이 두 번째 단계를 벗어나기가 어렵다.

인정의 상호성이 부인되면서 폭력적인 권력 행사가 용인되고, 그 결과 여러 집단이나 개인이 정체성, 계급 등을 이유로 동등한 시민권을 얻지 못한 채 분투한다. 그러나 상호인정은 신뢰와 협력, 연대가 동력인 시민사회의 관점에서 볼 때 인정을 얻고자 하는 두 번째 단계에서 멈추지 않고 '상호주체적으로 공유된 목적이나 가치 지평을 전제로 하는 공동체 안에서, 서로의 특수한 능력과 가치를 인정하는 연대' 차원으로까지 나아가야 한다.*

세 단계로 진전하는 상호인정에서 근간이 되는 것은 나를 대하는 타자의 관점과 그런 타자를 마주하는 나의 태도의 상관관계다. 인정을 둘러싸고 벌어지는 주체성 문제를 이론으로 정리한 호네트는 이것을 인정 투쟁으로 불렀다. struggle이 한국어 '투쟁'으로 번역된 것인데 더 적합한 번역어는 '분투'가 아닐까. 호네트는 타자와의 관련성 속에서 상호주체성 이론을 펼쳤지만 '몸'으로 등장하는 주체, 체화된 행위자로 사는 주체에 주목하지 않았다. 그러나 몸을 매개로 사는 취약한 존재로서 인간을 출발점으로 삼으면 삶은 기본적인 생존 투쟁의 상태에서부

---

* 김영옥 (2013), '타자에 대한 환대와 상호인정', 이주여성인권포럼, 『우리 모두 조금 낯선 사람들』, 오월의봄, 79–99쪽, 91쪽.

터 지고의 정신적이고 창의적인 활동에 이르기까지 체화된 분투로 나타난다.[*]

호혜성과 돌봄 지원

저 홀로 적응하고 성장하는 사람은 아무도 없다. 이 장의 첫 부분에서 우리는 한 번도 밥을 해본 적이 없는 젊은 비장애인 남성, 그리고 요리, 세탁, 육아, 간병 등을 모조리 미등록 이주여성에게 떠맡기는 가족을 떠올려보자고 제안했다. 많은 이들이 일용할 기본 양식에서 일상의 모든 필요에 이르기까지 누군가의 가사/돌봄노동 덕분에 '삶을 영위'한다. 그러나 이것을 의존의 삶이라는 맥락 속에서 '의식'하고 이해하는 사람은 드물다. 자신이 여러 면에서 타인에게 의존하고 있다는 사실은 깨닫지 못한 채, 아니 깨달을 필요가 없는 상태에서 이 모든 것을 상품으로 구매할 수 있을 만큼 충분한 자립의 삶을 살고 있다고 믿는다. 취약성을 자율성의 결핍 혹은 실패로 간주하는 관행 속에서 자립은 자율성과 동의어고 의존은 자립이나 자율성의 결핍이나 실패일 뿐이다.

이런 사고방식이 주류인 사회에서 의존적인 사람, 도움이 필요한 사람은 뭔가 문제가 있는 사람으로 분류되기 쉽다. 특히

---

[*]   인정 투쟁의 이 세 단계는 돌봄 윤리를 탐색하는 다음 장에서 소개하는 로렌스 콜버그의 도덕성 발달 과정과도 상응한다. 여기서도 몸 정체성으로 사는 인간의 돌봄 의존성은 고려 대상이 아니다. 여성주의 윤리 연구가 새롭게 돌봄 윤리를 정초한 이유다.

상품을 구매할 능력이 없는 사람, 상품 구매를 위한 전 단계인 임금노동에 나설 수 없는 사람이 100퍼센트의 시민권을 누리지 못하는 건 부당보다는 공정에 가깝다고 생각하게 만드는 사회 관행과 구조가 있는 것이다.

　　그러나 코로나 재난으로 통감한 돌봄 위기나 기후위기, 생태 위기, 사회 재생산의 위기 등 현재 우리가 직면하고 있는 인류세의 전면적이고 총체적인 위기 상황은 지구적 차원에서 전면적이고 급진적인 전환을 요청하고 있다. 각각의 위기에는 나름의 특정한 역사적 맥락과 꼭 짚어 논의할 주요 지점들이 있지만, 이 모든 위기는 연결되어 있으며 모두 총체적이고 전면적인 규모의 파국적 상황을 가리킨다.

　　이 위기들이 어떻게 구조적으로 물리적으로 연결되어 있는지 살피는 건 이 책의 범위를 벗어난다. 그러나 한 가지는 분명하다. 이 위기들 한가운데에 돌봄 문제가 있다는 것이다. 의존과 도움, 돌봄이 한 방향으로 흐른다고 착각하게 만드는 사회, 소위 정상적이고 표준적인, 즉 '임금노동이 가능한 몸'이 시민의 기본값이 되는 사회는 결국 구성원 모두의 삶을 위협할 뿐이다. 자본주의 발전주의가 요구하는 임금노동과 '마음껏 소비하기'로 시민 주체성이 충족한다고 믿게 만드는 사회에서 가장 위기에 처하는 것이 바로 의존의 책임을 나누는 관계와 돌봄 역량이다. 이런 사회에서는 돌봄이 필요한 사람도, 그 필요에 응답하며 24시간 동분서주하는 사람도 인격, 대접, 보상 등 모든 면에서 저평가되고 주변화된다. 의존이 수치스럽지 않은 사회, 상호적이고 호혜적인 의존이 윤리적 원칙이자 규범이 되는 사회는 이상 속에서만 존재하는 게 아니라 반드시 도래해야 할 '돌보는 사회'다.

돌보는 사회는 돌봄 자원이 풍부하고, 이 자원이 평등하고 정의롭게 분배되고 순환하는 사회다. 돌봄은 개인 단위에서, 동시에 사회와 국가 단위에서 생산되고 축적되고 유산으로 상속된다. 돌봄 자원은 누구나 돌보고 아무나 돌보는 돌봄 민주주의와 연동되어 있다. 즉 돌봄 역량이 자신의 이름을 지키는 일과 시민적 덕성을 증명하는 지표가 될 수 있는 사회가 돌봄 민주주의 사회다. 여기서는 평등과 자유가 적대적 대당이 아니라 서로에게 정당성과 구체적 의미를 부여하는 원리요 힘이다.

이런 형태의 돌봄 공유가 부족할수록 돌봄의 시장화가 가속화되고 독점률이 높아진다. 자본주의는 이미 이윤 축적의 새로운 돌파구를 마련하기 위해 생산시장이 아닌 재생산시장 쪽으로 전격적인 전환을 이행하고 있다. 아이 돌봄이든, 가사노동이든, 출산 후 요양이든, 사적 기념일 챙기기든, 간병이든, 시장으로 가지 않은 돌봄노동은 없다. 최근 대기업들이 앞다퉈 고령자를 위한 요양원 사업에 뛰어드는 것도 거대한 전환의 흐름 속에서 봐야 한다. 재생산노동을 자본화하는 현재의 흐름은 앞서 말한 여타 위기들과 촘촘히 맞물려 있다. 이러한 흐름에 맞서 우리는 호혜성 원칙에 따르는 돌봄 경제를 제안한다.

호혜성은 둘 사이가 아니라 셋 이상의 관계 속에서 상상되어야 한다. 세 사람 이상이 손잡고 일종의 순환 회로를 만드는 상태의 상호성, 나와 직접 관계가 없는 것 같은 존재에게도 관계의 혜택이 닿는 것이 호혜성이다. 관계 바깥의 사람은 나 몰라라 하고 관계 맺은 사람들 내부의 이익만 추구한다면 호혜적이라 할 수 없다.

마르셀 모스의 『증여론』 이래 선물과 선물 교환, 호혜적 경제는 인류학 내에서뿐 아니라 탈자본주의 사회를 모색하는 사람들 사이에서도 빈번하게 다루어진 주제다. 그동안 이루어진 연구를 살펴보면 고대사회에서 이루어진 선물 교환은 일종의 경제(더 나아가 정치경제) 시스템이었다. 절대적으로 대가 없음과는 무관하게, 어떤 대가를 기대한 상태에서 이루어졌다. 그러나 시장에서의 교환과는 달리 여기에서는 상호작용이 더욱 중요한 동기부여의 힘을 발휘한다. 이름이나 얼굴, 즉 명예나 권위의 존중이 중요하며, 특히 남태평양의 쿨라(kula)의 경우처럼 두 사람 사이의 교환(주고, 받고, 되돌려주기)을 넘어선다.* 내가 준 것이 계속 다른 사람에게로 이어지는 주기의 긴 연쇄 끝에 다시 내게로 돌아올 수 있지만 방점은 계속 이어지는 주기에

---

* 쿨라는 트로브리안드 군도에서 행해진 선물 증여의 방식으로 음왈리라는 팔찌와 술라바라는 목걸이를 대상으로 한다. 쿨라의 특징은 선물이 증여자와 답례자라는 두 항을 넘어 섬 전체를 돌며 여러 항 사이에서 행해진다는 데 있다. 음왈리와 술라바는 서로 반대 방향으로 섬 전체를 순환한다. 누군가에게서 받은 선물을 다른 누군가에게 다시 선물하는 일이 계속 이어지면서 선물하기·주기의 연쇄가 이루어지는 것이다.

찍힌다. 최근에 한국 사회에서도 호혜성의 관점에서 사회적 협동조합을 이해하려는 시도가 있는 것도 이와 관련된다. 우리는 2장에서 돌봄 역량에 관해 언급했다. 이것을 돌봄 사회의 관점에서 가장 잘 드러낼 수 있는 게 호혜성으로 수행되는 돌봄이라고 할 수 있을 것이다.

돌봄에 필요한 시간과 정성을 사회적, 경제적, 정치적으로 '같이 도모'한다면 호혜적이 된다. 따라서 상호의존성에 대한 인정과 호혜성 구축은 사회적일 뿐 아니라 정치적인 행위가 된다. 돌봄 현장은 병상 같은 물리적 장소뿐 아니라 정치적으로 구성되는 것이다. 집 안이든 어디든 모든 돌봄 현장의 의미는 정치성을 갖고 있다. 돌봄이 자본주의적 효율성이나 그에 따른 시민의 자격 심의와 연동될 때 돌봄 관계를 둘러싼 사회적인 인식과 실행의 체계는 '어떤 삶은 돌볼 가치가 있고 또 어떤 삶은 돌볼 가치가 없다', '누구에게 돌봄 자원을 쓸 가치가 많다 혹은 적다'는 식으로 흐른다. 이런 식의 논의와 판단은 매우 정치적이다. 존재 가치를 저울질하는 대신 시간과 정성을 같이 기울이되, 획일적이 아니라 각 사람의 고유성을 서로 잘 돌보는 사회가 호혜적인 민주사회다. 이런 사회에서라야 '좋은 돌봄'이 가능하다.

4장

돌봄의 윤리
돌봄을 지탱하는 공통의 감각

솔로몬의 재판: 강도영 씨의 사건

초등학교 1학년 때부터 아버지와 둘이서만 살며 성장한 아들이 스물한 살이 되었을 때, 공장 노동자인 56세 아버지가 뇌출혈로 쓰러진다. 응급 수술을 마친 아버지는 다른 사람의 도움 없이는 생명을 유지할 수 없는 상태, 즉 절대적이고 전면적으로 돌봄에 의존해야 하는 상태에 놓인다. 온몸이 마비되다시피 한 와상 상태에 콧줄로 영양 공급하기, 소변줄과 기저귀 케어하기, 욕창 방지를 위해 두 시간마다 자세 바꿔주기. 그런데 이 전면적 돌봄의 핵심은 무엇보다 돌봄의존자가 사망하지 않는 한 돌봄은 끝나지 않는다는 사실이다. 입대를 앞두고 휴학 상태에 있던 아들은 이 현실을 어떻게 받아들일 수 있는가.

아버지가 쓰러지고 나서 한 아버지와 아들에게 닥친 이 일을 일반인들이 언론 기사로 알게 되기까지는 그리 오랜 시간이 걸리지 않았다. 사회면에 실린 기사는 '물과 영양식을 주지 않고 방치해 아버지를 죽게 만든 아들'에 관해 말했다. 아버지가 쓰러진 날이 2020년 9월 13일, 응급 수술을 거쳐 마지막으로 병원에서 퇴원한 날이 2021년 4월 23일. 그리고 5월 8일 시신으로 발견되었으니 아들이 아버지를 집에서 돌본 건 며칠 되지 않는다(고 할 수 있다.)

다른 사람도 아니고 자신을 낳아주고 길러준 친부를 돌보지 않아 죽게 만든 아들이라니! 세부 사항이나 전체 맥락을 알지 못하는 상태에서 뉴스를 접한 일반 시민들은 충격과 놀라움을 금할 수 없었을 것이다. 그런데 도대체 왜, 어떻게 이런 일이 생긴 건지 질문하며 맥락을 살핀 시민이라면 법 앞에 선 이 청년의 '죄'가 그렇게 명백하지 않음에 또한 곤혹스러웠을 것이다. 이러한 질문을 좇아 사건을 깊이 탐사한 매체 〈셜록〉에 따르면 아버지의 퇴원과 사망 사이에는 다음과 같은 이야기가 있다.*

퇴원 후 일주일쯤 지나 5월 1일인가 2일인가에 아버지가 아들에게 말한다. '미안하다. 너 하고 싶은 거 하면서 행복하게 살아라. 필요한 거 있으면 부를 테니까 그 전까지는 아버지 방에 들어오지 마라.' 5월 3일쯤 아들이 아버지 방에 들어가 자신을 바라보는 아버지를 '가만히 지켜보면서 울다가 그대로 방문을 닫고' 나온다. 이후 8일에 다시 방문을 연 아들은 아버지의

---

* 대안 매체 〈셜록〉의 박상규 기자는 "누가 아버지를 죽였나"라는 제목으로 16회에 걸쳐 청년 강도영(가명) 간병 살인의 '실체'를 탐사했다. 이 글에서 다루는 강도영 씨 사건의 인용은 이 보도에 준거한다. 2022. 9. 5. 검색.

사망을 확인하고 경찰에 연락한다.

　이 압축적인 장면을 길게 풀면 한 편의 사회극이 될 것이다. 실제로 〈셜록〉 기자가 풀어 펼쳐 보인 사회극 안에는 들여다보면 볼수록 더 늘어나는 세부 사항이 있다. 이제 이 21세 청년 강도영(가명)이 주인공인 사회극을 자세히 따라가보자.

　이 사회극에서 우리가 가장 먼저 알게 되는 것은 국민건강보험에 해당하지 않는 비급여 병원비와 간병비(600여만 원)를 합쳐 총 2천만 원 정도의 돈이 이 부자에게 필요했다는 사실이다.* 일정 기간 해고 노동자로 지내다가 사건이 나기 얼마 전 재취업한 아버지에게 저축해둔 돈은 없었고, 스물한 살 아들은 당장 현금을 마련할 방도가 없었다. 결국 평소에 별로 왕래가 없던 작은아버지가 퇴직금을 중간정산해서 돈을 대신 내준다. 작은아버지는 이 퇴직금 중간정산 때문에 가정불화를 겪게 되고 결국 환자를 퇴원시키며, 조카에게 '더 이상 나를 찾지 말라'고 말한다.

　다음으로 알게 되는 사실은 아버지가 퇴원한 후 생활고가 심각해지는 가파른 속도다. 보증금 천만 원에 월세 30만 원짜리 집에는 도시가스와 전기, 휴대전화와 인터넷 등이 차례차례 끊긴다. 아들 강도영 씨는 120킬로그램에 달하는 과체중으로 알바 일자리를 구하기도 쉽지 않았다. 가까스로 편의점에서 알

---

*　형편이 여의찮은 이들이 늘 호소하듯이 간병비는 돈을 내는 입장에서는 매우 비싸다. 그러나 돌봄노동자 입장에서는 힘들게 일하고 받는 임금치고는 너무 적다.

바로 일하게 되면서 일단 휴대전화를 살린다. 외부와 연락은 해야 하니까. 생활고가 심해지면서 강도영 씨는 집주인에게 돈을 빌리고, 삼촌에게 2만 원을 부탁한다. 나중에 알려진 사실에 따르면 그는 군대에 가 있는 친구에게도 5만 원만 빌려달라고 연락했다.

이 사회극의 다음 막은 강도영 씨 사건을 둘러싼 '시민사회'의 반응으로 이루어진다. 당시 대선 후보를 비롯한 정치인들은 복지의 사각지대를 언급하며 안타까움을 표시하는가 하면, 더 적극적인 복지 정책을 약속했다. 일부는 강도영 씨를 위한 탄원에 동참하기도 했다. 『아빠의 아빠가 됐다』를 출간해 한국사회에 청년돌봄자, 영(어덜트) 케어러의 존재를 알리는 데 이바지한 조기현 씨는 강도영 씨에게 보내는 긴 공감과 위로의 편지를 썼다. 언론도 청년 돌봄자의 독박 간병에 관해 좀 더 현실에 밀착한 기획기사를 마련해 이 문제를 사회 의제로 세우려고 했다. 기사에 달린 댓글 중에는 아버지를 죽음에 이르게 한 '어린 청년'의 딱한 사정에 연민을 보내며 엄혹한 법의 심판보다는 선처를 바라는 글이 많았다. 그러면서 왜 기왕에 있는 복지서비스에도 연결이 안 되었는지 안타까워하면서, 혹자는 그의 낮은 투지력을 원망스레 탓하기도 했다.

이 사회극에서 클라이맥스는 1심, 2심을 거쳐 대법원에 이르기까지 이어진 법정 공방과 대법원의 최종 판결일 것이다. 강도영 씨 본인은 아버지를 살해할 마음이 없었다고 주장했지만 그가 '저지른 범죄'가 유기치사냐 존속살해냐를 두고 의견이 갈릴 때, 법정에 소환된 강도영 씨가 한 말이 살인 기도의 주요한 증거로 채택되었다. "더 이상 이렇게 돌보면서 내가 살기는 힘들고, 돌본다고 해도 아버지께서 살아날 가능성은 없다"고 생각했다는 말이다. 대법원은 이 말에 근거해 '어린 나이로 경제 능력이 없는 상황에서 간병 부담을 홀로 떠안게 되자 미숙한 판단으로 범행을 결심하게 된 것'으로 보인다고 판단하고, 존속살인죄 형량으로선 제일 낮다고 할 수 있는 4년을 선고했다.

강도영 독박 간병 살인을 다룬 이 사회극의 마지막은 '법의 결정 이후'라는 시간으로 구성된다. 먼저 '간병 파산'이라는 말이 나올 정도로 심각한 간병비 문제가 이슈화되기 시작했다. 청년 돌봄자의 존재와 실태를 복지 체계 안에 포함해야 한다는 의견이 확산했다. 무엇보다도 청년 돌봄자의 곤경과 위기 상황을 좀 더 상세히, 포괄적으로 한국 사회의 돌봄 위기라는 큰 맥락 안에서 보려는 시도가 여기저기서 싹트고 있다.*

---

* 청(소)년 돌봄자, 즉 영(어덜트) 케어러라는 말은 이제 한국 사회에서도 아주 낯선 용어는 아니다. 그러나 돌봄자의 기본 표상에 아동이나 청(소)년이 포함되지 않는 상황은 여전해서, 이들을 포괄적이면서도 특수한 돌봄 정책의 대상으로 삼는 것은 아직 실현되지 않고 있다. 청(소)년 돌봄자의 스펙트럼은 성별, 나이, 신체, 계층, 성적 지향 등에서 다양할 것이고, 이들이 처한 상황이나 이들이 느끼는 돌봄 수행에 대한 부담감, 해석, 평가 등도 다를 것이다. 그러나 이들에게는 청년기라는 생애 단계가 관습적으로 요구하는 학업, 커리어 선택과 그에 따른 취업 준비, 친밀한 관계 형성 등 삶의 설계나 준비를 포기하게 된다는 공통의 부담이 있다. 대부분 가족 내에 통상적으로 돌봄 책임을 감당하는 사람(주로 어머니)이나 돌봄을 나눌 사람(형제자매)이 부재하다는 공통점도 있다.

    돌봄 환경에 주목해서 강도영 씨 사건을 포괄적으로 검토하는 시도들이 도달한 각성을 정리해보자. 아버지가 쓰러졌어도 어느 정도 경제적·사회적 자원이 있었다면, 돌봄을 조금이라도 나눌 수 있는 사람이 있었다면, 돌봄의 '실체'를 짐작할 수 있을 만큼 돌봄 교육과 훈련이 교육에 통합되어 있었다면, 돌봄을 '모든' 시민의 중요한 활동으로 의식하는 문화와 공통감각이 있었다면, 특히 자원이 없는 계층의 시민들이 돌봄 위기의 희생자가 되지 않도록 '보호'하는 (일시적, 부분적 정책이 아닌) 포괄적·보편적 복지 정책이 있었다면, 그는 아버지를 '살해'한 비정한 아들이 되지 않았을 것이다.

    '법의 결정 이후'의 시간을 구성하는 또 다른 질문이자 노력은 윤리에 관한 것이다. 대법원이 말한 강도영의 '미숙한 판단'은 매우 어려운 윤리적 질문으로 남겨졌다. 강도영 씨와 아버지가 말없이 서로 마주 보았던 그 짧은 순간, 침대에 누워 아들을 쳐다보는 앙상한 아버지, 그 아버지를 바라보며 눈물만 흘리다 결국 방문을 닫는 아들. 이 사회극을 다 따라가본 '우리'는 이 장면에서 21세 청년 강도영이 행한 혹은 행하지 않은 일에 대해 깊게 고민하지 않을 수 없다.

    "더 이상 이렇게 돌보면서 내가 살기는 힘들고, 돌본다고 해도 아버지께서 살아날 가능성은 없다."

    위기에 처한 청년 돌봄자 강도영의 이 판단은 중요한 윤리적 질문을 안고 있다. 이 말의 앞부분은 돌봄을 수행하는 자신의 상태를, 뒷부분은 돌봄의존자인 아버지의 상태를 판단하는 내용으로 이루어져 있다. 전자는 자신의 돌봄 능력(혹은 '역량')과 의지 등 주관적 평가와 관련되고, 후자는 '살아날 가능성'에 대한 또 다른 윤리적, 생의학적 토론이나 논쟁으로 이어질 수 있다. 무엇을, 어떤 몸 상태를 '살아나는' 것으로 여길 것인지, 언제까지 어떤 몸 상태로 살 수 있으면 '살아난' 것으로 여길 수 있는지, 지금 '사는' 것과 앞으로 '살아나는' 것의 차이는 무엇인지.

'살아날 가능성은 없다'라는 말은 앞에서 기술한 아버지의 절대적이고 전면적인 돌봄 의존 상태를 떠올릴 때 너무나 당연해 보이는 판단일 수 있다. 그러나 '이것은 삶이 아니란 말인가'라는 역설적인 질문을 불러일으킬 수 있는 말이기도 하다. 치매 증상이 매우 심하고 거동이 불편한 노년, 질병이나 교통사고 등으로 중증장애가 있는 장애인, 이렇게 전면적으로 돌봄이 필요한 의존자의 경우, 그의 지속하는 삶의 가능성은 돌봄의 환경, 돌봄자와의 관계에서 결정된다. 대법원 판단처럼 강도영이 '미숙한 판단'을 한 것이라면, 그 미숙함은 '살아날 가능성'을 둘러싼 생각과 질문, 판단에 해당하며, 이것은 윤리적 선택 앞에 선 강도영 개인의 판단력의 한계를 넘어서 시민사회의 판단력을 물어야 하는 의제다.

윤리적/도덕적 판단과 행위*

강도영 씨 사건을 이렇게 길게 언급한 이유는 이것이 돌봄 윤리의 맥락을 잘 보여주는 사례이기 때문이다. 더 정확히 말하자면 이 사례는 돌봄과 배려에 토대를 둔 여성주의 윤리와 정의에 토대를 둔 기존 윤리가 어떻게 다른지, 그런데 돌봄 사회로 전면적으로 전환하려면 이 두 윤리가 어떤 형태로 만나야 하는지 깊게, 다면적으로 성찰할 수 있는 계기를 제공한다. 우선 윤리/도덕에 대한 전통적 개념과 여성주의적 개념을 이해해보자.

윤리나 도덕은 사람과 사람이 서로에게 마땅히 해야 할 도리, 선함을 향한 의지, 그 의지를 구현하는 실천 등을 의미한다. 가장 중요한 질문은 '그렇다면 윤리적 주체는 어떤 사람인가'이다. 정의를 중심에 두는 기존의 윤리 이론은 판단하는 주체/행위자를 자율적이고 독립적이며, 이성적·합리적 판단을 하고, 법질서의 추상성과 보편성을 추구하고 따르는 사람으로 상정한다. 기본적으로 자유주의의 틀 안에서 설정된 윤리적 주체의 형상이다. 칸트의 도덕 명제 이후 존 롤즈를 거쳐 로렌스 콜버

---

* 일상에서 윤리와 도덕은 명확한 구별 없이 거의 같은 의미로 사용된다. 철학에서 윤리는 일반적으로 관습을 포함해서 공동체가 지향하고 지켜온 집단적 질서를 가리키고, 도덕은 개인(의 내면) 차원에서 행해지는 질문과 성찰을 가리킨다. 도덕적 개인은 보편적 원칙의 이름으로 공동체를 유지하는 질서 체계를 비판적으로 마주함으로써 관습을 넘어서 옳음과 선함의 형식과 내용을 갱신할 수 있다. 집단의 윤리가 땅에 떨어질 때 혹은 도덕적인 개인의 외침을 무시할 때, 도덕적 자아는 소통을 단념하고 침묵하거나 도덕적 결단을 고독한 실천에 옮긴다. 홀로 지사적이거나 희생적인 행위를 하게 되는 것이다. 도덕적 자아가 힘을 발휘하려면 그를 떠받치는 공동체 윤리가 탄탄해야 한다. 이 글에서는 철학 내의 이러한 구분을 명확히 따르지 않고 문맥에 맞게 도덕과 윤리, 두 용어를 사용한다.

그에 이르기까지 이어져온 지배적 윤리 이론 한가운데에는 이런 주체가 있다.

시간과 장소의 상황적 특수성 그리고 주관적 평가나 이해관계에 얽매이지 말고 보편적 원칙에 따라 판단하라는 칸트의 도덕률은 이후 롤즈가 제시한 '무지의 베일' 원칙으로 이어진다. 정의의 원칙들은 지위, 나이, 성별, 계급, 신체 조건, 종교 등 상황적 요인 일체가 알려지지 않은 원초적인 상태, 즉 '무지의 베일' 뒤에서 확정될 수 있다고 본 것이다. 무지의 베일 뒤에서 옳고 그름을 가장 공정하게 판단할 수 있다는 롤즈의 생각은 개인을 창이 없는 공간 안에 있는 단자로 가정하는 것이나 마찬가지다.

콜버그는 어린아이가 도덕적 행위자로 성숙해가는 가정을 6단계로 설정했다. 어린아이는 생존 자체를 위해 복종하고 반응하는 단계에서 시작해 도구적인 태도로 타자나 사회의 권위나 법질서를 따르고 유지하는 단계를 거쳐, 최종적으로 그 법질서를 사회'계약'의 틀로 존중하고 더 나아가 보편타당의 관점에서 질문하고 성찰함으로써 스스로 보편적 윤리 원칙의 제정자가 된다. 즉 도덕성의 완성 단계에서는 더 이상 남의 시선이 있으니까 혹은 사회 관습이나 법이 시키니까 의무로 수행하는 게 아니다. 자율적 주체로서 무엇보다 보편성의 지평하에 그렇게 하겠다고 결정하고 그 결정의 결과를 책임진다.

그런데 콜버그가 제시한 척도에 따르면 소녀들은 대부분

추상성과 보편성을 특징으로 하는 이 완성 단계로까지 도덕적
으로 성장하지 못한다. 타자를 염두에 두고 생각하며 행동하는
단계에서 멈춘다는 것이다.

관계 속 자아와 돌봄 윤리의 보편성

여성주의 윤리 연구는 이에 맞서 도덕에 대한 전통적 개
념이 성별화되어 있음을 밝혀왔다. 캐럴 길리건은 1980년대 초
『다른 목소리로』에서 소녀와 소년이 다른 형태로, 다른 입장에
서 도덕적으로 성장하는 것임을 밝히고자 했다. 도덕 교육에서
주의를 기울여야 할 것은 다른 이해 방식을 가진 소녀와 소년 사
이의 상호작용이다. 예를 들어 이웃 역할을 원하는 소녀와 해적
역할을 원하는 소년이 함께 논다면 시간별로 역할을 바꾸는 게
공정한 해법일 것이다. 그러나 소녀는 다른 해법을 제시한다. 이
웃이 해적이 되는 포용 해법이다. 소녀의 포용적 해법에서 주체
는 타자와의 관계 속에서 움직인다. 그는 원초적으로 독립적인
단독자 개인(individual)이 아니라 '관계 속 자아(self in relation)'다.

길리건 이후 여성주의 윤리철학과 사상이 구축한 돌봄 윤
리는 바로 이 자아 개념에서 출발한다. 윤리적으로 판단하고 행
동하고 반성하는 주체가 '관계적·상호의존적'이라는 사실에서
타자의 필요 욕구에 민감하게 반응하고 책임지는(re-spond) 윤
리적 행위, 즉 돌봄 행위가 해석된다. 그래서 정의에 입각한 도
덕 이해에서는 주로 경쟁하는 '요구들과 권리들' 사이의 충돌을

도덕적 딜레마로 여긴다면, 돌봄과 공감에 토대를 둔 도덕 이해에서 딜레마는 '요구들과 책임들' 사이의 충돌에서 발생한다.

각각의 특수한 상황에서 타자의 구체적인 필요 욕구에 반응하고 돌보는 것이 윤리적 태도라면 보편성을 어떻게 확보할 수 있는가 하는 질문이 제기될 수 있다. 이에 대해 여성주의 윤리 철학은 두 가지 보편성의 차원을 제시한다. 첫째, (앞 장에서 논의한) 취약성의 인류학적 보편성과 그에 따른 상호의존성, 둘째, 자신을 타자의 필요 욕구에 반응하는 '선한 자아'로 고양하길 원하는 갈망의 보편성이다. 넬 나딩즈는 이러한 갈망의 토대가 되는 것은 돌봄 받은 기억이며, 모든 사람은 이 기억에 접근할 수 있다는 의미에서 보편적이라고 보았다.

자연스러운 돌봄의 관계는 우리가 의식적으로 혹은 무의식적으로 '선'이라고 인식하는 인간 조건으로 확인될 것이다. 그것은 우리가 희구하고 추구하는 바로 그 조건이다. 또한 그것은 우리에게 도덕적이 되도록 동기를 부여하는 (그 특별한 관계를 맺고자 하는) 돌봄에 대한 갈망이다. 우리는 계속 돌봄의 관계 속에 있고 돌보는 사람으로서 우리 자신의 이상을 고양하기 위해서 도덕적이기를 원한다.*

---

*   Noddings, Nel (1984), *Caring: A Feminine Approach to Ethics and Moral Education*, University of California Press, p. 5, 로즈마리 프트넘 통·티나 페르난디스 보츠 (2019), 『페미니즘: 교차하는 관점들』, 김동진 옮김, 학이시습, 326-327쪽에서 재인용.

돌봄 윤리에서 도덕적이라는 것은 돌봄의 관계 속에서 연결된 상태를 유지하는 것을 의미한다. 관계 속에서 연결된 상태를 유지하려는 이러한 도덕적 추동력의 기원이 돌봄 받은 기억이라는 말은 돌봄 윤리의 출발점을 '모든 사람은 엄마의 아이'라는 사실에서 찾는 에바 커테이의 돌봄 논의를 상기시킨다.[*] 이것은 생물학적 어머니가 자신의 아이를 돌본다는 사실이 아니라 누구든 누군가의 돌봄을 받으며 성장하고 삶을 이어간다는 사실, 즉 의존적 존재라는 사실을 일차적으로 가리킨다.

돌봄 윤리와 강도영 간병 살인 사건

강도영 사건을 예로 들어 돌봄과 배려의 윤리적 태도가 '해석하는' 사건과 기존의 정의 도덕이 이성적 법 논리로 '판단하는' 사건이 어떻게 다른지 살펴보자.

앞에서 일종의 사회극 형식으로 펼쳐본 사건의 정황과 맥락, 그 맥락 속에서 펼칠수록 더 드러나는 세부 사항들은 무엇보다 사건의 중심에 있는 21세 청년 돌봄자의 현재뿐 아니라 살아온 삶 전체를 해석하고 이해하게 만든다. 감정 이입과 공감 능력의 차이, 계급 등 여러 자원의 차이 그리고 사회문화 현상을 구조적으로 분석하는 훈련을 받았는지 여부에 따라 그의 '행함과 행하지 않음'을 이해하는 범위와 각도가 달라질 것이다.

---

[*]　에바 커테이 (2016), 『돌봄: 사랑의 노동』, 나상원 · 김희강 옮김, 박영사.

정의를 토대로 하는 기존의 윤리대로라면 그는 아버지를 죽음에 이르게 한 사람, 즉 부친을 살해한 사람이다. 윤리적으로 절대 용납할 수 없는 범죄에 합당하게 처벌 받아야 한다. 한국 사회라는 공동체의 윤리적 관습에 따르면 거기에 '천륜을 어긴 패륜아'라는 판단이 덧붙여질 수도 있다. 실제로 초기에 이 사건을 보도한 언론 기사나 이후 이 사건의 복잡성을 파헤치려 시도한 기사들은 모두 '아버지 굶어 죽게 한 패륜아'라는 문구를 계속해서 사용했다.

그러나 강도영 씨의 행위 혹은 행위 없음에는 아버지를 비롯해 작은아버지, 월셋집 주인, 병원 의료인, 친구 등의 관계가 있다. 돌봄 환경 내지는 돌봄 자원 차원에서 볼 때는 부재하는 어머니와 형제자매도 그림자처럼 함께 존재한다.* 이것은 특히 가족이나 혈연, 지연 등 비공식 복지가 국가 주도의 공식 복지 못지않게 큰 비중을 차지하는 한국 사회에서는 중요한 항목이다.** 실제로 영(어덜트) 케어러로 '호출'되는 18세 미만 청소년이나 18세 이상 20대 청년은 대부분 가족 내에서 돌봄을 책임지는 사람, 즉 어머니가 존재하지 않는 상황에서 어쩔 수 없이

---

* 강도영 씨 어머니의 부재는 '이혼'이라는 법적 절차의 결과다. 그럼에도 종종 '어머니가 가출한 초등학교 1학년 때부터' 같은 문구에서처럼 '가출'로 표현된다. 어머니의 법적 선택을 마땅히 자식을 돌봐야 할, 누구보다 잘 돌볼 수 있는 모성의 역할을 내던진 무책임한 행동으로 해석하도록 유도함으로써 이미 그때 14년 후의 부친살해 비극이 시작된 것으로 '자연스레' 유추하게 만든다.

** 손병돈 (2021), 『한국의 비공식 복지―아무도 눈여겨보지 않은 대한민국 복지의 실체』, 사회평론아카데미.

돌봄자가 된다. 어머니로 대표되는 돌봄 자원의 결핍과 사회문화적, 경제적 자원 결핍은 이 '반윤리적' 사건을 포괄적으로, '보편적으로' 이해하는 중요한 지표다.

강도영 부자를 '동시에 상황적으로', 거기에 너무나도 부족했던 자원의 문제까지 함께 배려하고 고려하는 사람들은 다음과 같이 말할 것이다. "아무것도 할 수 없게 된 자기를 돌보느라 아들이 학업도 포기하고 꿈도 미래도 다 저당 잡힌 채 쩔쩔맨다면 그 아버지는 마음이 어땠을까요. 더 힘들지 않았을까요. 내가 빨리 죽어주는 게 아들을 위한 일이라고 생각하지 않았겠어요? 그러니까 더 이상 방에 들어오지 말라고 한 거죠."

이런 목소리도 있을 것이다. "꼭 아들을 걱정하는 게 아니더라도, 어차피 움직이지도 못한 채 멀뚱멀뚱 천장만 보면서 아들이 콧줄, 소변줄 갈아주고 물 갖다주고 몸 돌려주는 거나 기다리고 있으니 차라리 죽고 싶지 않았을까요. 그 왜 '자유 죽음'이나 '존엄사' 말이에요. 그걸 원했을 수도 있죠. 이미 병원에 있을 때부터 살 의지가 없는 사람처럼 보였다잖아요. 먹는 것도 마시는 것도 거부하고."

그러나 이와는 다른 목소리로 있을 것이다. "사람 목숨을 그렇게 쉽게 포기할 수 있나요? 누워만 있어도 누가 신경 써서 제대로 돌봐주기만 하면 살 만하다 싶은 마음도 있을 수 있어요. 당사자가 아닌 다음에야 함부로 말할 게 못 되는 거죠. 아들한테 더 이상 방에 들어오지 말라고 했지만 한편으론 아들이 자기를 포기하지 않기를 강렬히 바라는 마음도 있었을 것 같아요. 아니 방에 들어오지 말라고 말한 것 자체가 '설마 나를 버리지는 않겠지?' 확인하는 마음이었을 수도 있어요. '아들아' 불러봐도 끝내 열리지 않는 방문을 쳐다보면서 그 아버지는 얼마나 절망했을까요."

또 어떤 사람은 어머니의 부재를 맥락에 끌어들일 수도 있다. "어머니와 아버지가 이혼만 하지 않았어도, 집에 사람만 하나 더 있었어도 그 청년이 그렇게 쉽게 포기하지는 않았을 텐데, 그 청년이 뭐 패륜아라서가 아니라 아무리 노력해도 할 수 있는 게 없으니 막판에 자기가 살겠다고 딴에는 '합리적인' 선택을 한 거죠. 그게 물론 세상을 아직 살아보지 못해 내린 미성숙한 선택이었어도 말이죠. 돌아가신 분도 딱하지만, 살아 있는 동안 죄책감을 안고 살아갈 청년도 딱하네요."

또 그 옆에는 '취약계층'을 제대로 살피고 보호하지 못하는 시민사회나 국가를 향해 호통을 치며 이 청년은 희생자일 뿐이라고 말하는 사람도 있을 것이다. "오히려 부모한테 보호받고 돌봄 받아야 할 어린 친구가 돌봄 받기는커녕 누워만 있는 아버지를 혼자서 몽땅 책임져야 했으니 그 친구가 희생자지요! 초등학교 1학년 때부터 돌봐주는 사람이 없었다잖아요. 노동자인 아버지는 자정이 돼야 술이 잔뜩 취해서 귀가했다고 하고, 그러니 먹을 것이 부족한 데다 심리적 허기까지 겹쳐서 닥치는 대로 먹고 120킬로그램이나 나가게 된 거 아니겠어요? 엄마 아버지랑 셋이서 다정하게 밥 한번 먹는 게 제일 큰 소망이었다잖아요. 가정이 아니면 학교에서라도 지지와 돌봄을 받고 성장했으면 아버지가 쓰러져도 훨씬 더 의연하게 대처했을 거예요. 그 친구는 범죄자가 아니라 희생자입니다."

이런 의견에 원론적으로는 동조하면서도 '스물한 살이나 먹은' 청년이, 생판 모르는 남도 아니고 평생 같이 살아온 아버지를, 아무리 침대 위에서 꼼짝 못하는 사람이 되었다고 해서, 그렇게 쉽게 포기하다니 이건 뭔가 이상한 거 아니냐, 저 청년도 이상하고 교육 체계도 이상하고 사회도 이상하다, 병원비 없다고 퇴원하겠다는 보호자를 엄연히 있는 복지프로그램에 연계하지 않은 병원은 뭐냐, 도대체 도덕이고 윤리고 책임이고 다 사라진 시대 아니냐 한탄하는 사람도 있을 것이다.

그런가 하면 이렇게 말하는 사람도 있을 것이다. "이 문제는 아버지와 아들 간에 일어난 사건으로 보아서는 안 됩니다. 아버지와 아들 문제로만 보니 결국 아들도 그 폐쇄 공간에 갇혀 질식한 거예요. 우리 모두 돌봄의 문제를 시민사회의 문제로, 두 시민 사이의 문제로 접근하는 걸 연습해야 합니다. 그래야 적절한 거리 두기도 가능하고, 필요한 공적 돌봄 서비스 찾는 것도 쉬워져요. 문을 열고 나갈 수가 있단 말입니다."

강도영 씨 사건을 중심에 두고 시뮬레이션해본 이 다양한 목소리들은 공상이 아니라 현실에서 확인할 수 있는 다양한 윤리적 판단이다. 이 시뮬레이션이 보여주듯이 캐럴 길리건이 '다

른 목소리'로 제시하는 여러 윤리적 입장'들'은 공정하게 판단
할 이성이나 합리성, 일관되게 법질서에 토대를 두고 생각하는
능력 등이 부족해서가 아니다. 문제가 되는 사건이 여러 사람과
요인이 연루된 삶의 현장 한가운데 있기 때문이다.

하나의 원칙에 따라 일관된 합리성을 주장하는 일은 돌봄
받는 사람과 돌보는 사람 사이의 관계뿐 아니라 그 둘을 둘러싼
환경 속 관계들을 모두 증발시켜야 가능하다. 그러나 관계적 요
소들을 고려한 해석은 상황적 진실'들'의 충돌 속에 있다. 이 목
소리'들', 진실'들'은 '책임의 윤리'로서 고려되는 돌봄 윤리가
'무지의 베일' 뒤에서 작동되지 않음을 증언한다. '내'가 어떤 선
택을 한 행위자(강도영)이건 혹은 그 행위자의 선택을 윤리적으
로 판단하는 사람(강도영을 판단하는 사람들)이건 마찬가지다.

그렇다면 이 상황적 진실'들'을 가능한 한 모두 포괄하는
'가장 진실에 가까운' 윤리적 판단은 무엇일까. 강도영 씨 사례
에서 우리가 학습할 수 있는 '가장 진실에 가까운' 사실은 돌봄
책임이 개인의 인성과 결부된 윤리의 문제가 아니라 시민사회
구성원 모두가 공동으로 책임지는 시민적 덕성의 문제이며 그
렇기에 정치적 문제라는 것이다. 돌봄의 위기나 붕괴가 사회의
재생산 위기와 연결되어 논의되어야 하는 것도 돌봄 문제가 시
민사회의 문제이기 때문이다. '정치적인 것'이 서로 적대적 관
계에 있는 힘들의 대결을 가리킨다면, '사회적인 것'은 신뢰에
바탕을 두고 서로 협력하며 연대하는 힘들의 연합을 가리킨다

고 할 수 있다.

강도영 씨 존속살해 사건은 돌봄 윤리가 사회적 차원에서 구현되지 못했기에 발생했다. 아버지를 포기하지 않고 돌보기엔 그의 도덕성이 '미성숙'하고 돌봄 역량이 부족했다고 할 수도 있다. 그렇다면 이 미성숙과 부족은 그에게 배분된 돌봄 자원이 과연 평등했는가를 묻게 만든다. 그가 성장한 시민사회는 신뢰하고 협력하며 연대하는, 서로 돌보는 관계들을 촉진하는 사회인가 아니면 사회적 협력의 산물을 도덕적으로 부당하게 분배하는 사회인가. 특히 돌봄/노동을 시민의 권리나 의무 그리고 사회적 협력에 포함하지 않음으로써 돌봄을 가족 구성원, 그중에서도 여성 등 특정인에게 떠넘기고 그것으로 충당되지 않는 부족한 부분은 시장에 내맡기는 사회인가. 국가는 적절한 돌봄 복지 체계를 만들어서 돌봄 빈곤자의 삶을 보호하는가. 이 질문에 대한 답은 돌봄의 정의/부정의에 대한 논의로 우리를 이끈다.

돌봄과 정의의 만남: 정의의 이름으로
의존의 요구와 평등의 목표를 만나게 하기

위에서 우리는 돌봄 윤리가 두 가지 관점에서 보편적 차원을 갖는다고 말했다. 한편으로는 모든 인간의 보편적 취약성과 의존성에, 다른 한편으로는 '모든 인간은 엄마의 아이'라는 사실, 다시 말해 돌봄 기억이 있다는 사실에 돌봄 윤리의 보편성이 놓여 있다. 그런데 가속화되는 돌봄 위기가 증언하듯이 사회적 현실과 돌봄 윤리의 보편적 차원은 행복하게 만나고 있지 못하다. 무엇보다도 취약성과 의존성의 보편성을 인정하지 않기 때문이다. 그리고 모두가 돌봄에 빚지고 있음을 망각하고 돌보고 돌봄 받는 것을 여전히 '내 삶을 관통하는 윤리적 축'이 아니라 '다른 누군가의 일'로 여기기 때문이다.

그래서 돌봄의 실천 현장에 있는 기본적인 관계 속 두 파트너, 돌봄자와 돌봄의존자는 각자의 처지에서 구조화된 '망각과 모름'의 희생자가 된다. 불평등하게 배분되는 돌봄의 부정의에 고통을 겪는다. 돌봄 윤리는 정의 윤리와 결코 분리될 수 없다. 돌봄 원칙과 정의 원칙은 서로 조율하며, 서로에게 정당성의 논리를 제공하며, 시민과 시민사회의 도덕성을 벼린다. 정의는 '이익과 부담을 옳게 분배하거나 이익과 손해 사이의 균형을 바르게 맞추는 일의 문제'다. 정의의 대원리는 '각자에게 각자의 몫을 주라'는 것이고, 이때 각자의 몫은 똑같이 균등하게 나누거나, 이바지한 몫이나 필요에 따르거나, 시장에서의 선택과 교환에 따르거나, 상황과 형편을 고려해서 정해진다. 무엇보다 상황과 형편을 제대로 잘 고려해야 평등하고 정의롭게 몫을 배분할 수 있다.

여성주의 돌봄 윤리는 이 판단 기준이 얼마나 첨예한 갈등과 복잡한 논쟁 지점을 안고 있는지를 비판적으로 검토하는 데서 출발했다. 무엇보다 이바지한 몫이나 필요는 매우 이데올로기적인 것이다. 강도영 씨 부자의 경우 이바지한 몫을 따지는 건 적절하지 않다는 데 많은 이들이 동의할 것이다. 여성이나 이주민, 장애인, 어린이, 노년 등의 활동은 사회적 이바지로 평가되지 않는다.

이들의 필요 역시 '변덕스럽게' 고려된다. 도울 만한 가치가 있는 상대인가에 대한 평가와 판단, 호불호에 따라 지원할지 말지가 출렁거린다는 점에서 변덕스럽다. 이들의 필요는 마땅한 권리로 변환되지 않고 선택적인 시혜에 머무르곤 한다. 개인의 자존감과 도덕적 완결성은 평등에 대한 열망으로 완성되지만, 사회가 상호 혜택과 자기 이해를 위해 자발적인 선택 의무로 결속한 개인들의 결사체로 이해되는 한, 사회는 의존이라는 사실이 만드는 난제와 딜레마를 이해할 수 없다. 평등을 개인이 아닌 관계에 기초해 재구성해야 한다.

그러나 돌봄 윤리가 정의 원칙 자체를 무효화하겠다는 것은 아니다. 정의는 본질적이거나 고정불변의 것이 아니라 시대의 한계 내에서 맥락적으로 만들어진다. 이념으로서의 정의와 달리 현실에서 구현되는 정의는 언제나 이데올로기에 포섭될 위험이 있다. 정의의 개념은 그래서 중단없이 쇄신되어야 한다. 여성주의는 '정의 논의에 돌봄은 어디 있는가?'를 질문하며 돌봄 윤리를 가다듬었다. 여성주의 돌봄 윤리가 제안하는 쇄신은 정의가 공감과 배려, 돌봄의 윤리에 의해 더 잘 촉발될 수 있다는 각성에서 출발한다. 그리고 각자의 몫을 평등의 원칙에 따라 배분할 때 돌봄 필요 요구와 그에 대한 반응의 책임을 먼저 묻자는 것이다. 인권 지향적인 정의는 '최소 수혜자를 위한 권리의 극대화'를 지향한다. 이미 언급했듯이 돌봄 윤리 논의에 권리가 들어설 때 권리와 의무는 돌봄 필요 욕구와 그 책임의 틀로 재구성된다.

'사람은 일생을 통해 돌봄의 필요와 능력이 달라지기는 해도 언제나 돌봄의 수혜자이자 제공자'라는 트론토에 따르면 돌봄의 수혜와 제공을 평등하게, 즉 정의롭게 분배하는 것은 민주주의의 토대이고 핵심이다.[*]

실존적 사실에서 필요와 능력의 차이가 부정의한 돌봄 제공이나 수혜로 이어지지 않게 하는 것, 이것이 정의 원칙과 돌봄 원칙이 협력해 만드는 도덕성이다. 돌봄의 제공과 수혜가 정의롭게 이루어지려면 명목론적·형식적 평등의 원리를 벗어나야 한다. 구체적으로 어떤 돌봄이 필요한지, 돌봄의존자의 상태가 어떤지, 어떤 형태의 돌봄을 원하는지 세심하게 살피고 대화를 나누며 조절해야 한다. 그 논의와 대화의 과정을 생략하지 않음으로써 돌봄의존자 역시 돌봄노동/활동에 참여할 수 있게 해야 한다. 돌봄의존자 역시 돌봄의 대상일 뿐 아니라 돌봄자를 돌보는 주체이기도 함을 서로 확인하는 과정에서 돌봄은 '얼굴과 얼굴'이 맺는 윤리적 관계가 된다.

---

[*]   조안 C. 트론토 (2021), 『돌봄 민주주의』, 김희강·나상원 옮김, 박영사 참조.

이 장을 끝내기 전에 잊지 말아야 할 것이 있으니, 정의로운 돌봄이 현실 속에서 가능하기 위해서는 돌봄을 멈춰야 하는 순간이 있다는 사실이다. '지금 이 상태로는 더 이상 안 돼'를 외치는 것도 도덕적 결단이다. 돌봄이 가장 위험해지는 순간이 있다. 공의존 상태에 빠지게 될 때 그리고 '헌신과 사랑'의 이름으로 낭만화되고 숭배될 때다. '할 수 있다'와 '하고 싶다'를 시민사회 안에서, 시민의 자리에서 협상하고 조율할 수 있을 때 비로소 정의로운 돌봄이 가능하다. 에바 커테이는 돌봄 윤리를 정초하는 과정에서 돌봄자는 돌봄의존자의 요구를 자신의 요구보다 앞세우기 위해 '투명한 자아'의 상태를 유지해야 한다고 주장했지만 이것은 돌봄을 숭고한 '경지'로 잘못 인도할 위험이 있다. 예를 들어 신체적으로 감당하기 어려운 돌봄의존자를 돌볼 때 누구와 돌봄을 나눌 수 있는지, 어떤 물리적 기술을 사용할 수 있는지, 필요하다면 약물 사용이 가능한지, 어떤 '공적 기구'의 도움을 받을 수 있는지 등을 질문하는 건 돌봄 윤리를 구현하기 위해서도 필요한 일이다. 실제로 자폐증이나 발달장애가 있는 자녀를 혼자 돌보는 어머니 중에는 본인이 대처하기 어려운 위험한 상황을 언급하는 이들이 있다. 혹은 윤리적으로 '홀로' 감내하려고 애쓰다가 우발적 폭력의 희생자가 되기도 한다.[*] 타인의 취약성은 최선을 다해 응답하도록 일깨우고 요청

---

[*] Simplican, Stacy Clifford (2015), "Care, Disability, and Violence: Theorizing complex Dependency in Eva Kittay and Judith Butler" in *Hypatia*, Vol. 30, No.1. pp. 217–233.

하지만 그 응답을 혼자 감내할 수 있다고, 감내해야 한다고 유도하는 사회는 정의롭지 못하다. 강도영의 사건은 돌봄의 윤리적 실천은 언제나 여러 겹의 적절한 분배와 나눔으로만 가능하다는 사실을 확인시킨다.

2부

돌봄의 현장

5장

서로 기대는 게 당연한 사회를 상상하기
"폐 좀 끼치면 어때"

"거 조용히 좀 시켜요!"

아서는 조로 치매 상태인 아내 조앤을 뉴욕의 오페라극장에 데려간다. 아내가 정말 사랑하는 음악이었기에 부부에게는 특별한 이벤트였다. 그러나 조앤이 초조해하며 몸을 들썩이자 주변 사람들은 조용히 시키라며 불평을 터뜨렸다. 아서는 불평하는 관객들에게 최선을 다해보겠다고 진땀을 흘리며 사정했다.

"치매라고요!"

그러자 누군가 기가 차다는 듯 비웃으며 말했다.

"빨리 내보내요. 치매 환자를 이런 데 왜 데려옵니까?"

아서는 그들의 무례함과 냉정함에 화가 나면서도 스스로도 그렇게 하는 게 맞을 거라고 갈등했다. '이렇게 아프고 끔찍한 병을 앓고 있는데 잠깐의 행복이라도 허락하면 안 될까?' 부부는 어찌어찌 오페라를 끝까지 감상했지만 아서에게는 '만약 그렇지 못했다면?'이란 생각이 떠나질 않았다. 의사에서 아내의 돌봄자가 된 경험을 기록한 『케어』의 저자 아서 클라인먼의 아찔한 경험이다.* 뉴욕의 관객들이 보인 모습은 유달라 보이지 않는다. 우리가 평소 어디에서나 자주 겪을 수 있는 일이다.

조앤은 사회성이 뛰어나고 주변 사람들을 잘 아우르는 성격이었다. 자신이 '민폐'가 되리라고 한 번도 생각해보지 않았을 것이다. 단지 남에게 피해를 주지 않겠다 정도가 아니라 차라리 자기가 손해를 보고 말겠다는 태도로 살아온 사람이었다. 아서 또한 저명하고 영향력 있는 학자로서 자신이 불평과 지탄을 받고 그것을 조정해야 하는 위치에 처하리라고는 생각해본 적이 없었다. 관객들 또한 극장이라는 공공장소에서 예의 바른 행위가 무엇인지 익히고 실행해왔을 것이다. 이들 모두를 관통하는 규범은 '폐 끼치지 말라'다. 우리는 그것을 사회생활의 기본 태도와 예의로서 당연하게 익혀왔다.

그런데 문제가 생겼다. 의심치 않고 몸에 익혀온 '폐 끼치지 않겠다'는 기준이 '나에게 폐 끼치는 것을 용납하지 않겠다'는 냉담으로 되돌아왔다. 폐 끼치지 않겠다는 게 의지로 될 수 없는 일이고, 폐 끼치지 않으려면 타자와 관계 맺고 어울리는 삶에서 물러나야 한다. 반면에 누구라도 남에게 폐를 끼칠 수 있다는 말은 달리 말하면 누구나 의존 속에서 살아갈 수밖에 없

---

*   아서 클라인먼 (2020), 『케어: 의사에서 보호자로, 치매 간병 10년의 기록』, 노지양 옮김, 시공사, 87-88쪽.

다는 말이다. 그렇다면 '폐 끼치지 말라'는 명령만 통용되는 게 아니라 폐 끼치고 의존하는 상황에 대한 이해와 의존하는 법도 같이 알아야 하지 않을까?

민폐라는 말의 폐

"민폐야 민폐!" 대중교통, 식당 등 공공장소에서 특정 행위를 목격했을 때 수군거리는 대표적인 말이 '민폐'다. 큰소리, 반말, '쩍벌', 흡연, 배설, 공공장소에서 피해야 할 행동을 아무렇지도 않게 계속하는 사람들이 있다. 아무리 못마땅해도 막무가내로 힘쓸 것 같아 보이는 존재가 그런 행동을 하면 주변에서는 눈치만 볼 뿐 딱히 나서서 지적하기 어렵다. 봉변당할까 두려워서다. 어쨌든 이 경우엔 타자에 대한 배려나 예의가 없는 행동을 타자에 대한 무시로 하는 것이기에 우리는 주저 없이 민폐라고 말할 수 있다.

이와 달리 '존재 자체가 민폐'라고 하는 것은 전혀 다른 문제다. 어린아이가, 발달장애인이, 노인이 '지금 이곳에 있다'는 것 자체를 '민폐'라고 한다면, 그래서 '빨리 여기서 사라져줬으면 좋겠다'고 한다면, 그럴 때 민폐는 다른 의미를 갖는다. 돌봄의존자와 돌봄자 들은 주위 공기가 '따갑다'는 표현을 자주 쓴다. 누군가에게 폐를 끼치고 수고를 끼쳤을 때 미안해하고 고마워하는 것은 인지상정이다. 하지만 '따가운' 공기가 강요하는 것은 그것을 초과한다.

장애, 질병, 노화 등을 안고 살아가는 사람일수록 스스로 '민폐'란 말을 자주 한다. 의존과 그에 따른 돌봄의 필요를 죄스러워한다. 미안한 마음에 부러 '더 이상 폐 끼치지 말아야 할 텐데'란 말도 인사말처럼 자주 한다. 돌봄자가 그런 말을 듣고 싶어 하지 않는 상황에서도 마찬가지다. 드라마에서는 종종 특정 질병 진단을 받은 인물이 "죽는 날까지 그저 남한테 폐 끼치지 않고 사는 게 유일한 소원이었는데 그 소원마저…"라고 말하곤 한다. "내가 이리 오래 살아서 너(들) 고생만 시키네. 얼른…"이라는 말에 "그런 말 좀 안 할 수 없어? 안 그래도 힘든데"라는 말이 뒤따른다.

주고받는 돌봄에 '고맙다'고 하면 될 것을 '폐 끼칠 바에야 차라리…'를 반복하는 것은 문제다. 돌봄을 자꾸 궁상스러운 음지로 내몰기 때문이다. 당당함과 뻔뻔함은 다르다. 정당함과 고마움은 서로 배치되지 않는다. 돌봄 받는 사람은 진심으로 고마워하면서도 떳떳할 수 있다. 돌봄자의 경우도 마찬가지다. 아무리 고된 돌봄이라도 도울 수 있다는 사실 자체와 도움으로 가능해진 변화가 주는 기쁨은 상쇄되지 않는다.

이것은 개인 차원에서 '마음먹기 나름'의 문제가 아니다. 모순과 긴장, 심지어 위험을 배제할 수는 없다고 해도 돌봄 상황을 가능한 피하면 좋을 폐 끼치는 상황으로만 보는 것은 의존과 그에 따른 돌봄을 바라보는 사회의 왜곡된 시선 때문이다. 사회적 가치체계는 타인의 돌봄에 의존해 삶을 유지하는 것은 민폐라는 메시지를 지속해서 발산한다. 웬만하면 남의 도움 없이 스스로 해결하고자 하는 게 타당해 보이겠지만, 문제는 '웬만하면'이 어느 정도를 가리키는지 사회적으로 합의된 바가 없다는 데 있다. 돌봄 욕구를 중심에 두고 소통한 결과가 아니라는 것이다. 그러니 가능한 한 남의 도움은 안 받는 게 최선이라는 명제가 성립한다.

돌봄 관계 바깥에 있는 주변 사람들이 은근히('나는 깔끔하게, 주변 정리 잘 해놓고 정갈하게 살다 가야지') 또는 대놓고('저런 몸으로 살 바에야') '민폐야, 민폐'란 말을 서슴지 않는다. 그럴 때 호명되었든 자발적으로 나섰든 현실에서 나름의 방식으로 성실하게 돌보고 있는 사람들도 인지부조화라 할 수 있는 묘한 모순을 드러내기도 한다. 이것은 대략 두 가지 양상으로 드러난다.

첫째, 자기 자신을 의존과 돌봄의 대상에서 빼놓는 경향이다. '나야 지금 상황에서 이 사람을 정성껏 돌보지만 만일 내게 이런 의존 상황이 닥친다면 민폐 끼치는 일은 하지 않겠다'는 생각과 태도다. 돌봄이 누구에게나 필요하다는 현실적 객관성을 '타자'와 연관해서만 받아들일 뿐 자신은 그 대상에 포함되지 않는다고 여긴다.

둘째, 자신이 돌보는 대상을 예외적으로 취급하는 경우다. 지금 내가 누군가를 돌보는 상황에 처해 있는데 이때 마주한 상대를 예외적이고 우연적인 존재로 본다. 이 돌봄 상황을 모든 인간이 보편적으로 당면하는 실존 상황이라고 인지하지 못한다.

이런 잘못된, 그러나 거의 관행이 된 가치체계를 전환하는 게 관건이다. 3장에서 상세히 살펴보았듯이 취약성과 의존성은 모든 인간의 인류학적·존재론적 보편성이다. 개인도, 가족이나 사회도, 국가도 이 의존 부담의 책임에서 제외될 수 없다. 현실에서 의존과 의존이 요청하는 돌봄 필요는 상호성을 확보하지 못한 채 불평등한 상태에 처하기 일쑤다. 이 불평등을 시민사회의 공동체적 비전 아래 바로잡는 것이야말로 언제든 심각한 의존에 빠질 수 있는 모든 시민의 삶을 잇는 안전망 장치다.

돌봄을 잘 받을 훈련과 학습이 필요하다

그런데 의존해야 하는 상황이란 어느 날 갑자기 닥친다. 어떻게 해야 할지 모르는 패닉 상태에 빠진다. 필자(류은숙)는 어느 날 넘어지는 바람에 무릎이 부서졌다. 깁스를 하게 됐고 병원을 오가게 됐다. 한겨울이었다. 진료실에서 벗었던 두터운 외투를 다시 입고 목발도 고쳐 쥐려 했다. 병원 로비 밖에는 함박눈이 내리고 있었다. 그때 밖에서 문을 열고 들어오던 사람과 눈이 마주쳤다. 그 사람은 내가 목발 때문에 문을 못 연다고 생각했는지 호의가 넘치는 표정으로 문을 열어 잡고는 내가 나오기를 기다렸다. "저는 코트부터 입어야 해요"란 말이 나오지가 않았다. 타인의 친절을 무시하는 것 같고 그 사람에게 실망감을 안기고 싶지 않았다. "정말 고맙습니다"라며 병원 문을 빠져나왔고, 찬바람 속에 코트를 여미지 못한 채 그 사람의 시야에서 사라지려 눈보라 속에 뛰어들었다. 왜 그 순간에 "지금 나갈 거 아니다, 문 안 열어줘도 괜찮다"란 거절을 하지 못했을까? 두고 두고 곱씹게 됐다. 낯선 타자를 돕는 것도 그렇지만 도움을 어떻게 받아들이느냐가 쉽지 않은 일이다.

장애여성공감은 창립 20주년을 맞아 출간한 책 『어쩌면 이상한 몸』에서 돌봄을 잘 받을 훈련, 몸을 내맡기는 연습에 관해 이야기한다. "존엄하기 위한 노동은 모두에게 필요하며, 끊임없이 의사소통하며 서로를 직면하고 몸을 접촉하면서 익혀지는 것"이라고 말이다. "타인에게 의존해야 하는 자신을 대하는 건 어떤 투쟁보다 쉽지 않은"일이다.*

한국에 활동지원제도가 처음 알려졌을 때부터 제도를 이용해온 김상희는 이렇게 말한다. 일본에서 활동지원 일을 했던 경험자에게 활동지원을 받았을 때 처음으로 질문이란 걸 받아봤다. "어떤 순서로 하면 될까요?" "내가 어떤 위치에 서 있으면 될까요?" "휠체어 발판부터 뺄까요?" 이런 질문에 김상희는 답을 하기가 힘들었다. 그전까지 한 번도 그런 질문을 하는 사람이 없었기 때문이었다.

그날부터 김상희는 보조를 받는 자기 몸과 자기 느낌에 대해 탐구했다. 그러면서 일상적으로 보조를 받는 사람이 감당해야 할 많은 감정노동과 문제의식을 이야기한다. 도와주는 사람

---

*   장애여성공감 (2018), 『어쩌면 이상한 몸』, 오월의봄, 7쪽, 123~143쪽.

이 자기 몸의 무게를 느끼며 힘들어하는 표정을 볼 때마다 자신도 모르게 죄책감을 느끼는가 하면, 밥에 반찬을 올려 먹는 걸 좋아하지 않는데 꼭 그렇게 하려는 활동지원사로 인해 먹는 즐거움을 방해받고 싶지 않은 마음이 있다. 걸레 빨 때 쓴 고무장갑을 끼고서 자신의 엉덩이를 씻기려는 활동지원사를 만나면 가장 기본적인 욕구마저 불편해진다.

김상희의 결론은 "베테랑 이용자는 없다. 활동지원사가 교체되는 순간 베테랑은 없다. 새로운 활동지원사와 호흡을 맞추는 과정은 항상 다른 상황이 연출되기 때문이다." 그렇게 "몸을 부딪치는 노동으로 기술을 익히는 것은 결국 서로의 취약함을 발견하고 인정하는 것"이었다. 달리 말하면 돌봄을 잘 받는게 나를 돌보는 사람을 돌보는 것이고, 그것은 돌봄을 잘 받도록 조율한다는 뜻이다. 돌봄은 상대방이 뭐가 필요하다거나 중요하다는 걸 알려줄 때 가장 잘 구현되는 협업일 수밖에 없다.

"누구나 도움을 주고받으면서 살아가고 있다. 하지만 도움이 필요한 상황에서 사회는 장애인이 눈치를 보고 부끄러워하도록 만든다."* 눈치와 부끄러움, 다른 말로 '민폐'에 대한 생각의 전환을 다시 한 번 촉구하는 말이다.

이번에는 또 다른 필자(김영옥)의 경험이다. 40-50대를 대상으로 나이 듦과 돌봄에 관해 강의하면서 나이 든 자신을 상상

---

* 같은 책, 171쪽.

해본 적이 있느냐, 어떻게 늙을 것 같으냐 물어보면 대부분 생각해본 적 없다고 답변한다. 누가 어디서 어떻게 돌봐주기를 원하는지 물어도 역시 평소에 이에 대해 진지하게 생각해본 적 없다고 말한다. 자신이 돌봄 받아야 할 상태를 상상하는 속에서 현재의 돌봄 문화와 현실을 응시하며 '나는' 어디서 어떻게 돌봄 받고 싶은지 바람과 요구를 구체화하는 대신 '나는 깔끔하게, 민폐 안 끼치고 살겠다'고 다짐한다.

그들 상당수가 돌봄의 경험이 있다. 그렇게 본인이 돌봄을 하는 상황에서도 자신을 돌봄 받는 자리에 세워보지 않는 건 '자연스럽지' 않다. 자신이 돌보는 사람이 (특히 중증) 장애인이나 (특히 인지장애가 있는) 노년일 때 이러한 현상은 더 두드러진다. 의존 정도가 심할수록 '나는 저렇게 되지 않아야지'라는 다짐이 더욱 강해진다.

'돌봄은 언제나 얼마간의 자기희생을 요구하고, 삶을 재편하도록 강요하며, 한계를 시험한다.'* 그런데 의존 정도가 심하면 그만큼 돌봄의 강도도 세진다. 돌봄자는 감당하기 힘들 정도로 소진되면서 자기 자신을 지키려는 마음과 돌봄의존자의 필요와 욕구를 최우선에 두고 돌봐야 한다는 책임감 사이에서 균형을 잡지 못하고 흔들린다. 이런 돌봄을 직간접으로 경험한 사람은 자신이 그토록 힘든 상황의 원인 제공자가 되고 싶지 않

---

* 샘 밀스 (2022), 『돌보는 사람들』, 이승민 옮김, 정은문고, 344쪽.

다. 상상조차 하기 싫어 아예 '절대 불가능'이라는 표를 붙여버린다.

장애의 88퍼센트가 후천적으로 발생한다.* 2020년 현재 한국 노년의 인지장애증 유병률도 10.3퍼센트에 이른다.** 이런 현실이라면 '나는 저런 의존 상태에 놓이지 않겠다'고 다짐하기보다는 '내가 저런 의존 상태에 놓인다면 어떤 돌봄을 원할까, 어떤 돌봄이 가능할까' 상상해보는 쪽이 더 '합리적'이고 현실적이지 않을까?

정신분석은 부정과 부인을 구별한다. 부정이 의식 차원에서 일어나는 판단으로서 그렇지 않다고 단정하거나 옳지 않다고 반대하는 것이라면, 부인은 무의식의 차원에서 일어나는 판단으로서 그렇다는 사실을 알고는 있지만 결코 인정할 수 없기에 그렇지 않다고 하는 것이다.

중증장애인을 대하는 태도, 특히 인지장애가 있는 노년을 대하는 태도에는 부정보다는 부인의 기제가 더 강하게 작동한다고 할 수 있다. 인지장애는 실제로 노화가 아닌 다른 원인으로도 생기는 질병이지만 무엇보다 노화의 문제로 알려져 있다. 100세 시대, 심지어 120세 시대라는 말이 나올 정도로 기대수

---

* '장애의 88%는 후천적으로 발생… "장애, 멀리 있지 않습니다"', 〈한국일보〉, 2021. 11. 10. 입력, 2022. 6. 16. 마지막 확인.

** 2020년 통계청 자료에 따르면 65세 이상 노년 인구는 총 813만 명이고 이 중 인지장애증 환자는 83만 7992명이었다. '2020년 65세 이상 치매환자 83만 8천 명…유병률 10.3%', 〈디맨시아뉴스〉, 2021. 3. 4. 입력, 2022. 6. 16. 마지막 확인.

명이 늘어난 현재, 모든 사람은 무의식적으로 '나도 치매에 걸릴 수 있다'고 여길 수밖에 없으며 그 확률이 높으면 높을수록 부인의 정도도 높아진다.

"내가 치매에 걸렸을 때도, 당신이 지금처럼 웃어줬으면 좋겠다."* 서른네 살 생일이 지난 지 얼마 안 된 린 캐스틸 하퍼는 산책길에서 남편에게 이렇게 말한다. "만일 내가 치매에 걸리면"이라는 표현 대신 "내가 치매에 걸렸을 때"라는 표현을 쓰기로 결심하고 실행한 첫날이었다. 그녀는 7년간 뉴저지 요양 시설에서 치매인 담당자로 일했고 외할아버지를 치매로 떠나보냈다. 자신도 치매에 걸릴 유전적 확률이 50퍼센트 이상이라는 걸 알고 있었다. 치매인을 돌본 경험으로 치매인에 대한 편견과 차별에 맞서면서 '두려움의 자리를 대신할 수 있는 것'으로서 어느 날 이런 표현을 쓰겠다고 결심한 것이었다.

사실 이 표현은 하퍼가 만든 것이 아니라 50대의 어느 요양원 관리자에게서 배운 것이었다. 자신의 치매 발병 가능성을 인정하고 드러내는 그의 용기를 높이 평가하면서 하퍼도 그런 방법을 써봐야겠다고 마음먹었다. 훗날 뉴욕 리버사이드 교회에서 노인 담당 목회자로 재직하게 된 하퍼는 치매인과 아직은 비치매인인 사람들 사이의 심리적 거리를 좁히고 싶어서 그런 표현법 변화를 시도해본다. 어떤 사람은 두려움을 줄이는 데 도

---

* 린 캐스틸 하퍼 (2021), 『여전히 같은 사람입니다: 치매, 그 사라지는 마음에 관하여』, 신동숙 옮김, 현대지성, 235쪽.

움이 됐다고 했지만 화를 내는 사람도 있었다. 하퍼는 "순진무구하게 부정하거나, 암울하게 체념하거나, 삶을 마감하기로 결정하는 것밖에 없다고 믿고 싶지는 않"았다.* 그래서 자기기만도 자기배제도 아닌 대안을 찾으려 시도한 것이었다. 하퍼는 그런 과정을 통해 자기가 하고 싶은 말을 다음과 같이 정리한다.

> 나는 자기 존재가 폐를 끼치지 않기를 바라는 현재의 지배적인 문화에 대한 저항의 표시로써, 치매를 가지고 살아가겠다는 의사를 밝힌다. 나는 심각한 치매를 앓게 될 내 몸을, 치매가 있는 노인들을 짐으로 생각하는 사회에 대한 저항의 증표로 삼는다.**

'나'를 돌봄 받는 사람으로 상상할 때 돌보는 일의 형태와 의미는 달라질 수밖에 없다. 돌봄에 관해 할 이야기가 더 많아지고 담론 차원에서 상상력의 교환도 더 촉구될 것이다. '좋은 돌봄'에는 적절한 거리 두기 그리고 돌봄 받는 상대방에 대한 감정이입, 공감이 요청된다. 누구를 대상으로 하든 돌봄은 거리두기와 다가가기를 반복하는 두 진자운동의 조율에 따라 양상이 달라진다. 다른 관계성을 형성한다. 정서적 접속이나 교류가 어려운 돌봄 환경에서도 외부의 보상이나 인정만으로는 설명

---

*   같은 책, 250쪽.
**   같은 책, 256쪽.

할 수 없는 감정이나 여타 에너지가 투여된다.*

돌봄의 이런 내재적 속성은 종종 돌봄자의 과도한 몰입 또는 소진으로 이어지기도 한다. 돌봄노동에서 과잉으로 투여되는 에너지는 육체 노동보다 '마음 씀'과 더 관련된다. 지침이 있지만 지침대로 하지 않는 건, 또는 그렇게 못하는 건 돌봄이 '마음이 써지고 책임감이 생겨버리는' 일이기 때문이다.**

그런데 '폐가 되면 안 된다'는 블랙홀로 이어지는 인지부조화/모순은 돌봄 현장에서 '나'를 주격이 아니라 목적격으로 두는 것을 계속 방해한다. 돌봄을 잘 받기 위한 학습과 훈련의 기회를 계속 지연시킨다. '내가 돌봐보니까 이렇더라. 그러니 이러저러한 돌봄 체계를 구축하자'라고 공공연하게 제안하는 게 아니라 개인적인 소회와 결심으로 향한다.

이런 인지부조화 내지는 부인의 결과, 사적인 돌봄만 남을 뿐 사회적으로 모든 시민이 지향할 수 있는 돌봄의 도식(schema)은 생성되지 않는다. 돌봄 상황은 어떻게 구성되며, 어떤 조건을 요구하고 어떤 내용을 요청하는가에 대한 사회적 질문과 응답이 만들어지지 않고 단절되고 회한에 찬 말들만 떠다닌다.

---

* 사람이 수행하는 모든 노동에는 계약 조건을 넘어서는, 어느 정도 '과잉' 에너지 투여가 있다. 모든 노동이 사적 이해관계를 넘어서 그 자체로 사회적 성격을 띠는 것은 의식하든 의식하지 않든 노동이 결과적으로 만들어내는 협력적·연대적, 다시 말해 사회적 효과 때문이지만 계약 조건을 넘어서는 저 '과잉'의 에너지 투여 역시 노동의 사회적 성격에 중요한 요소라고 할 수 있다.

** 전희경 (2022), "'요양보호'와 '삶'의 경계에서: 요양보호사의 경험으로부터 생각하는 노년돌봄', 2022년 한국여성학회 춘계학술대회 발표문.

이런 식으로 선순환되지 못하는 돌봄의 경험 속에서 사회적, 국가적 차원의 돌봄은 늘 '취약계층'의 얘기로만 소비된다. 그럴수록 돌봄은 저평가되고 취약층이 취약층을 돌보는 돌봄의 악순환을 초래한다. 취약층 노인이 노인을 돌보고, 취약층 여성이 또 다른 취약층을 돌보는 굴레다. 민폐는 돌봄을 우리 모두의 문제로 보지 못하는 돌봄의 악순환이 사적 차원, 시민사회 차원, 국가의 차원에서 동일하게 반복되고 있는 현실의 결과이며, 동시에 알리바이다.

공통의 몫이라는 사회적 감각이 필요하다

민폐라는 말이 질병, 장애, 노화와 관련해서만 들먹거려지는 것은 아니다. 생산노동과 재생산노동의 경계는 선명하게 그을 수 없고 두 노동은 서로에게 의존하고 있다. 더 정확하게 말하자면 재생산노동에 대한 생산노동의 의존이 훨씬 더 강하다. 그런데 두 노동 사이에서 경계를 넘나드는 사람에게 '민폐'의 낙인이 생긴다. 노동계나 사회나 여성/엄마를 주 양육자나 주 보호자로 여기기 때문이다.

출산과 육아휴직은 직장에서 일하는 게 그리울 지경이라는 고강도 돌봄노동으로의 진출이다. 하지만 그 또한 권리가 아닌 배려 차원의 지원이나 일부 직장의 혜택에 머물고 있다. 누군가 육아휴직으로 자리를 비우면 그는 '뽑아서는 안 됐을 사람'이 되고 남은 사람들에게 업무 부담을 전가하거나 배가하는 존재가 된다. 출산/육아휴직이 권리라면 회사가 당연히 그 기간 동안 대체 인력을 구하거나 남은 인원이 할 수 있는 업무량으로 직무를 재배치하거나 해야 한다. 하지만 그렇게 하지 않고 휴직한 사람을 '민폐'로 만든다.

휴직을 마치고 직장에 복귀하더라도 육아는 멈출 수 없는 돌봄이다. 아이들은 정말 자주 아프고 잘 다친다. 육아도우미나 어린이집 선생님 등에게 갑작스런 변동이 생기기도 한다. 그러나 노동/사회의 시간은 아이의 시간이나 양육자의 형편을 봐주지 않고 굴러간다. 주 양육자가 아무리 부지런하고 아무리 철저한 계획을 세워도 어쩔 수 없는 일이다.

부부가 같이 일하고 공동양육을 하더라도 부담은 잘 나눠지지 않는다. 대개의 아빠는 직장을 우선으로 살아가는 걸 당연시하며 또 그렇게 요구 받는다. 월급이 그쪽이 더 많다면 가계를 위해 어쩔 수 없는 일이라고 받아들인다. 아니 엄마 쪽 월급이 많아도 이 관행적 사고방식은 사실 바뀌지 않는다. 아이는 엄마가 돌보는 게 최고이고 자신은 거드는 것일 뿐이라 여긴다. 직장을 최우선으로 언제든 직장이 요구하는 대로 자기 시간을 바칠 수 있는 사람을 노동시장은 '정상적' 노동자로 여긴다. 언제 날아들지 모를 돌봄 호출에 전전긍긍하는 사람을 회피한다. 버티고 버티다 못해 여성은 양쪽을 붙들고 있을 수 없음을 처절하게 깨닫는다. 돌봄의 부담을 사회가 나눌 것임을 기대할 수 없기에 아이 쪽으로 자기를 던질 수밖에 없다. 직장 포기를 강요당한 현실도 갑갑하고 서러운데 이제 또 한 소리가 들려온다. '거봐, 그럴 줄 알았어.' '육아휴직만 쓰고 튀는 얌체.' '그러니까 일에 전념할 수 있는 사람만 들이자구.' 또 그렇게 성별화되고 고립된 독박 육아가 이어지고 사회는 자기가 해야 할 돌봄 책임의 몫을 망각한다. '돌보는 몸'이 '민폐'로서 회피되고 밀려나고 그렇게 돌봄을 배제한 사회와 직장은 부끄러움을 모른다.

출산/육아휴직을 쓸 수조차 없는 불안정노동을 하는 경우, '정상가족'이 아닌 관계에서 임신, 출산, 육아를 하게 될 경우라면 그 분투의 정도는 상상을 초월한다. 저출생을 염려하고 출산을 거의 의무사항처럼 강권하는 사회가 정작 출산과 육아를 민폐로 대하고 있다면 임신·출산을 포함한 재생산 권리가 과연 권리일 수 있을까?

다양한 돌봄 중에서도 그나마 사회적 호의가 높다고 여겨지는 육아에서조차 명백한 돌봄의 부정의는 아동, 장애인, 여성, 노인 등의 돌봄 문제가 따로따로가 아닌 공통된 문제로 연결돼 있음을 보여준다. 어느 돌봄에서나 개인이자 가족의 책임이 전제되고 사회적 책임은 시늉이거나 호의의 수준일 뿐 권리에 대한 의무가 되지 못한다. 가족화되고 성별화된 돌봄 부담 내지는 책임의 불평등성이 모든 돌봄에서 나타난다.

'남에게 폐 끼친다'고 여겨지던 존재들은 실제로 민폐를 유발하는 건 돌봄 책임을 함께 지지 않는 사회 그리고 돌봄을 여성이나 특정 취약자에게 전가하는 세력이라는 사실을 드러낸다. 예외 없이 보편적으로 취약한 우리 모두가 폐를 끼치며 살아간다. 폐를 끼치기에 삶이 가능하다는 엄중한 사실에 겸허한 존재들은 폐 안 끼친다고 자부하고 위장하는 세력의 위선을 드러낸다. 적극적인 폐 끼침의 사유와 실천, 곧 돌봄을 통해 기존 사회의 시간과 공간에 변화를 요구한다.

폐 끼친다는 말은 달리하면 의존한다는 것이다. 적극적으로 상호의존하는 가운데 시민들은 의존과 자립의 관계를 기존과는 다른 관점으로 이해하게 된다. 의존에 관한 주류 담론이나 관행, 사고방식에 비판적으로 개입함으로써, 타자의 의존이나 폐 끼침은 자신들의 의존이나 폐 끼침에 대해 인지하지 못하는 세력의 허위의식을 흔든다. 폐 끼친다는 것을 인식하고 있는 존재들은 폐 끼치기의 호혜성을 위해 시민사회 차원의 토론과 각성을 추동한다. 의존과 돌봄을 무시하려는 사회적 과정과 흐름을 중단시키고 돌봄의 연대를 추동한다. 의존에 대한 낙인과 차별을 철폐하려 한다. '폐 끼치는 사람들의 연대'야말로 서로의 차이를 넘어 의존에 대한 공통 감각을 시민적 덕성으로 만들 수 있는 힘이다.

"폐 끼쳐주어서 고마워"

『마이너리티 디자인』의 저자 사와다 도모히로는 필사적으로 자기의 '강점'을 갈고닦으며 카피라이터이자 광고 크리에이터로서 살아왔다. 서른두 살 무렵 알게 된다. 장애가 있는 어린 아들은 자신이 만든 광고를 결코 볼 수 없으리라는 것을. 그후 그는 '노동'을 90퍼센트 줄이고 아들을 돌보기 위한 '일'을 하는 단절과 전환을 겪는다. 강점만으로 싸우기를 그만두고 약점들을 그러모아 살기로 한다. 처음에는 아들의 장애라는 약점이 가장 크게 느껴졌지만 곧 자기의 약점들도 감지하기 시작했다. 그리고 약점들에 집중해 살아갈수록 그것이 아들을 비롯한 타인을 위해 자신을 뒤로 미루는 게 아니라 이 사회를 자신의 아들을 비롯한 소수자들이 더욱 살기 좋은 장소로 바꿀 수 있는 일이고, 궁극적으로 모두에게 좋은 일이라는 걸 배워간다.

예를 들어 스포츠와 담쌓은 자신의 약점에서 착안해 누구나 할 수 있는 '유루스포츠'*를 만든다. 시각장애인의 어깨에 앉은 작은 로봇 닌닌이 "빨간불이야" "택시 오니까 손 흔들어" 같은 정보를 알려주는 '몸 공유(바디쉐어링) 시스템'을 만든다. 로봇 속에서 말하는 안내자는 인공지능(AI)이 아니다. 누워서 생활하는 장애인이 모니터를 보면서 직접 말을 한다. 시각장애인은 그의 안내를 받으며 혼자서도 안전하게 거리를 이동할 수 있다. 침대에 누워 지내는 안내자는 마치 자신이 외출한 듯한 경험을 한다. 이런 일들을 해가면서 도모히로는 '폐를 끼쳐주어서 고마워'란 불가사의한 말의 의미를 깨닫게 된다.

---

* 일본어 ゆるい(유루이)는 느슨하다는 뜻이다. '기존의 경기처럼 승리지상주의가 아닌 누구나 즐기는 것을 목표로 하는 운동'을 가리키는 말로 저자가 이름을 붙였다. 사와다 도모히로 (2022), 『마이너리티 디자인』, 김영현 옮김, 다다서재.

자신과 그들이 "서로서로 도우며 각자 기른 능력을 교환한다"는 것을 알게 되었고 그것이 '일하다'라는 말의 뜻임을 깨닫는다. 그래서 장애가 있는 아들을 비롯한 사람들이 자신에게 끼친 '민폐'가 "보물 같은 민폐"였다고 고백한다. 자신에게뿐 아니라 "민폐는, 혹은 약점은 주위 사람들의 진심과 강점을 이끌어 내는 소중한 것"이기에 "서로 폐를 끼치면서 '고마워'라고 주고받는 관계를 맺을 수" 있기를 희망한다.*

'의존과 돌봄은 민폐'라는 부정적인 관점이 바뀔 수 없는 것은 이것이 단지 마음 씀, 의지의 문제만이 아니기 때문이다. 민폐라는 말에 돌봄자나 의존자, 둘레 환경이 붙들려 있는 것은 민폐라는 말의 규범적이고 차별적인 기원 때문이다. 규범적이란 말은 지키고 따라야 할 윤리라는 것인데 우리에게 친숙한 세계에서 '윤리적'인 인간은 '노동하는 인간'이다. 1부에서 상세히 논의한 바를 환기하자면, 이 노동은 생산적인 노동이자 임금노동을 말한다. 비임금노동을 하는 사람, 의존 상태에 있는 사람은 노동하는 인간에게 종속되어 있다. 노동할 수 있는 몸이 표준적이고 정상적인 몸이기에 그렇지 않은 몸은 '비정상적'인 몸이 된다. 생산적인 노동에 복무할 수 있음은 독립성과 사회적 지위의 상징이고 그에 걸맞은 성별과 인종이 위계적으로 배치된다.

---

*   같은 책, 296-297쪽.

돌봄에 결부된 '민폐'라는 낙인을 떼어내는 것은 노동/일 과 가치를 둘러싼 개념의 항쟁, 전환을 말한다. 『마이너리티 디 자인』의 저자가 광고 만들기라는 '임금노동'에서 다른 성격의 '일'로 자신의 노동을 전환했듯이 말이다.

　　"아무에게도 폐를 끼치고 싶지 않습니다." 내가 말했다.
　　"모든 사람은 누군가에게는 폐를 끼쳐야 하지요."(H. G. 웰 스의 소설 『투명인간』)*

---

*　　린 캐스틸 하퍼, 앞의 책 255쪽에서 재인용.

6장

'보호자'의 자리
죄책감과 막연함에서 벗어나기 위하여

'보호자'는 매우 모호하고 복잡다단한 단어다.[*] 병원이나 학교에서 '보호자'를 호출할 때 '네, 제가 이 사람의 보호자입니다'라고 당연하게 나서는 경우도 있고, 실제로 돌보고 있는 사람임에도 '보호자'로 연상되는 법적 자격, 가족 관계, 가족 내 위계 때문에 선뜻 보호자라고 나서지 못하기도 한다. 자신을 학대했던 가해자와 연을 끊었다 여기며 살아가다가 느닷없이 가족이라고 그 가해자의 '보호자'로 호출되는 상황도 있다.

보호자는 상대방으로 '피보호자'를 상정한다. 그래서 어떤 당사자에게는 달갑지 않은 존재이기도 하다. 보호자가 요구된다는 건 자신에게 중요한 영향을 미치는 문제에 자신의 의사를 존중받지 못할 위험성을 내포하며 보호자의 눈치를 봐서 마

---

[*]   '보호자'라는 이름의 모호성과 복잡다단함에 대해서는 다음의 글을 참조할 것. 전희경 (2020), "'보호자'라는 자리', 김영옥 · 메이 · 이지은 · 전희경 (2020), 『새벽 세 시의 몸들에게』, 봄날의책, 81-131쪽 중 89-90쪽.

지못해 동의하게 될 수도 있기 때문이다. 노인이라면 보호자인 가족의 의사결정 때문에 원치 않는 곳으로 옮겨 살아야 할 수도 있고 원치 않는 연명치료나 수술을 받을 수도 있는 것이다.

이 복잡다단한 사정을 다 고려하고 반영해서 보호자의 개념을 도출하기란 불가능할 것이다. 다만 한 가지는 비교적 분명하다. "사회가 안 하거나 못하고 있는 돌봄이 떠넘겨지는 자리, 건강한 사람들이 인간의 취약성과 상호의존성을 보지 않아도 되게 하는 자리, 그것이 '보호자'라는 자리다."*

이에 이 글에서는 요양시설에 노인을 '모시는' 보호자의 경우로 한정해서 보호자와 둘레 관계를 생각해보려 한다. 특히 자기 돌봄이나 재가 돌봄이 불가능해져서 요양원에 입소해야 하는 노년의 경우, 관계 속에 있는 보호자의 모습은 어떤지를 조명한다. 특정 고령자 세대를 염두에 둔 것이지만 이를 통해 돌봄과 돌봄자-보호자,**돌봄의존자 전체의 구조와 속성, 문제점 등을 이해하는 데에도 안내판이 될 것이다.

이미 1부에서 분명하게 밝혔듯이 돌봄은 아동, 장애인, 노인, 환자 등 구체적이고 물리적인 돌봄의존자를 대상으로 하는 활동이다. 돌봄 대상자의 신체적·정신적 특수성, 그와 연동된

---

*   같은 책, 90쪽.

**   보호자가 언제나 돌봄자와 일치하는 건 아니다. 독박돌봄 수준으로 돌봄을 책임지고 있어도 보호자의 '자격'을 갖지 못하는 경우도 비일비재하다. 그러나 이 글에서는 보호자의 자리에 있는 주 돌봄자를 준거로 삼아 논의를 진행한다.

돌봄의 내용, 돌봄자-보호자의 위치, 돌봄이 수행되는 물리적 환경의 차이 등은 구체적인 돌봄 논의에서 중요한 변별성이다.

동시에 돌봄은 대상 영역으로 환원될 수 없는 포괄적이고 보편적인 활동이기도 하다. 돌봄자-보호자와 돌봄의존자의 관계, '좋은 돌봄'의 불/가능성, 돌봄의 탈/여성화·탈/가족화 또는 공공화·시장화, 돌봄 자원·부담·책임의 평등하고 정의로운 분배 등은 어떤 돌봄 현장에서든 중요한 핵심 의제다.

그래서 각 부분을 서로 연관성이 없는 개별 복지 정책의 대상이나 돌봄 서비스 등의 자원 분배 대상으로 다루면 돌봄을 중심축으로 생산과 재생산의 관계를 새롭게 정립하고 모든 사람이 돌보고 돌봄 받을 권리를 인권으로 정초하려는 지향과 만날 수 없다. 이 장에서는 이러한 기본적 문제 틀을 의식하면서 우선 돌봄노동 전반에서 주 돌봄자인 '보호자'에게 부과되는 다양하고 과도한 돌봄 책임을 살핀 다음, 노인을 돌보는 보호자의 특성에 집중하고자 한다.

이런 질문으로 시작해보자. 손으로 돌보지 않는다고 해서 보호자는 돌봄에서 벗어나거나 돌봄을 놓는 것일까? 가족이 제 손으로 돌보지 않는다고 해서 죄의식을 느낄 일인가? 돌봄은 집 밖에서 가족이 아닌 타자의 손으로 행해질 수 있고 오히려 전문적으로 더 잘할 수 있는 일이기도 하다. 그런데 '그 돌봄'에는 '가족이 아니라서 믿을 수 없다'거나 '죄 짓는 것'이란 압박이 작용해왔다. 하물며 압박은 일률적이지 않다. 성별과 혼인, 나이 등의 지표와 연결되어 차별적으로 작동한다. '당연히 돌봐야 할 의무자'로 지목된 특정한 누군가, 가령 아내, 비혼의 딸 등의 죄책감을 부추기곤 한다. 죄책감과 불안감은 대안을 모색하기보다는 눈을 질끈 감고 당장을 모면해야 하는 것으로 귀결되곤 한다. 그럴 만한 여유가 없고 각자 알아서 당장 해결하는 것 말고는 뾰족한 수가 없기 때문이다. 그럴수록 돌봄의 현장을 뒤돌아볼 필요가 있다.

　필자들이 노인 돌봄에 집중된 이야기를 나눈 토론회*에서 한 참여자가 이렇게 소감을 말했다. 본인은 아이 둘을 돌보는 엄마이자 유치원 교사인데 노인 돌봄 이야기를 접해보니 자신이 경험한 보육 현장의 문제와 겹치는 이야기로 들렸다는 것이다. 아이는 '국가와 사회의 미래'니까 국가도 신경 쓴다고 하는데도 주 돌봄자가 독박으로 육아를 책임지게 된다. 노인 돌봄의 상황과 크게 다를 게 없다는 것이다.

　'너, 아이를 그런 데 맡기고 일 나갈 수 있어?'라는 질문을 받는 엄마 노동자와 '어떻게 어머니를/아버지를 그런데 맡길 수 있어요?'라는 힐난 섞인 질문을 받는 아들/며느리/딸의 '보호자' 위치는 구조적으로 동질적이다. 인지장애증이 심해진 어머니/아버지를 아들이 요양원에 모셨는데 아무래도 안 되겠다고, 그분들을 요양원에서 다시 집으로 모신 며느리에 대한 '칭

---

*　2022년 7월 19일 순천에서 열린 돌봄 토론회.

송과 감탄'의 서사가 일본에서든 한국에서든 드물지 않은 것도 유사한 맥락 속에 있다.[*]

돌봄 위기와 관련해서 종종 거론되는 '가출한 어머니' 이야기도 마찬가지다. 어머니의 법적 선택인 이혼, 폭력이나 경제적 압박으로부터의 탈출은 '가출'로만 얘기되고, 그 '가출'은 주 돌봄자가 돌봄 의무를 저버렸다는 식으로 납작하게 해석된다. 가출한 어머니 대신 청(소)년 자녀가 법적 보호자인 아버지를 돌보게 됐다는 이야기들이 그러하다. 가정 안에서 마땅히 돌봄을 책임지고 수행해야 할 사람을 '엄마'로 정해놓았기에 그 사람이 어떤 이유로든 사라질 때 청(소)년이 주 돌봄자로 호출되곤 한다.[**]

이처럼 각 돌봄 현장 사이에는 고려해야 할 차이와 특수성이 있지만, 어떤 현장에서든 다양한 위치에서 돌봄자-보호자가 된 사람의 돌봄은 주로 독박으로 '환자/의존자와 보호자 둘만 아는 세계에 고립되어'[***] 수행된다. 사회적 돌봄은 일방적으로 맡기고 맡는 문제가 아닌 공동의 과업임을 계속 의제화하는 것이 필요한 이유다.

다음에서 소개하는 노인요양시설의 경우는 사회적 돌봄이 정착되지 않을 때 부모 혹은 배우자의 입소를 결정하는 보

---

[*]   일본에서 실화를 토대로 만들어진 영화 〈소중한 사람〉(2011, 감독: 마츠이 히사코) 참조.

[**]   조기현 (2022), 『새파란 돌봄』, 이매진 참조.

[***]   전희경, 같은 책, 39쪽.

호자 자식과 그 부모 혹은 배우자의 심리 상황이 어떤 방식으로 작동하는지를 보여준다. 그 작동 방식을 징후적으로 가리키는 말 중 하나가 '뒤돌아보지 마'다.

뒤돌아보지 말라는 말의 슬픔

'뒤돌아보지 마.'

'뒤돌아봐봤자 마음만 아파.'

'산 사람은 살아야지.'

누가 누구에게, 어떤 상황에서 이런 말을 할까? 어떤 소중한 관계가 끊겼다거나 곧 끊어진다고 여겨지는 상황에서 위로하는 심정으로 건네는 말들이다. 노인요양시설을 운영하는 원장이나 그곳에서 일하는 요양보호사들에 따르면, 특히 부모의 입소를 문의하러 온 자식들은 상담 내내 눈시울을 붉힌다고 한다. 입소가 결정되어 시설에 아버지나 어머니를 맡기고 돌아서는 그들의 발걸음은 무겁기만 하다는 것이다. 이제 더는 어쩔 도리가 없다는 무력감, 결국 '포기하고야 말았다'는, 더 심하게는 '버리고야' 만다는 죄책감 등이 혼합된 감정이리라 짐작된다. 무엇보다 사회가, 여전히 통용되는 집단적 감각이 요양시설을 다시는 돌아오지 못할 곳, 막다른 곳으로 설정했기에 그런 감정이 북받칠 것이다.

그런데 마지막으로 가야 할 곳으로 여긴다면 그런 상황에서 그곳에서의 '좋은 돌봄'을 과연 기대할 수 있을까? 그곳이 계

속되는 '삶의 장소'가 될 수 있을까? '뒤돌아보지 말라'는 유언
무언의 신호는 누구를 위한 것일까?

"어머니를 요양원에 모신 후 남편은 밤마다 괴로워해요.
어머니를 버렸다고."
    갑자기 악화한 시어머니를 요양원에 모신 후 경황이 없어
서 챙기지 못한 옷가지를 나에게 건네주시며 (그녀가) 말했
다. (…) 어머니를 요양원에 모시고 집으로 돌아가는 아드님
이 죄책감으로 혼란스러워했던 뒷모습을 기억한다. 세상에
나를 키워주신 어머니를 요양원에 모시다니, 양팔을 들어 올
려 하늘에 고하는 모습이 보인다. (…) 어머니를 요양원에 모
시고 돌아가는 아드님의 뒷모습은 마음을 오그라들게 하는
데가 있었다. **그의 죄책감이 크면 클수록 어머니를 찾아뵙는 일
이 쉽지는 않겠지.** (…)
    고통스러워하는 남편과 직장일이며 가사 일은 그대로인
데 요양원에 있는 시어머니의 옷가지며 약까지 챙겨야 하는
며느리인 그녀에게 나는 아무 말도 할 수가 없었다. 앞으로
도 계절이 바뀔 때마다, 약이 떨어질 때마다, 그 밖에 응급상
황이 생길 때마다 달려와야 할 것이기에.*

---

*   이은주 (2019), 『나는 신들의 요양보호사입니다』, 헤르츠나인, 23-26쪽. 강조는 필자.

『나는 신들의 요양보호사입니다』의 이 대목은 죄책감이 작동하는 기제를 날카롭게 지적한다. 명목상 제1 보호자로 여겨지는 사람의 죄책감은 부모를 '버렸다'는 의식/무의식에서 싹튼 것이기에 죄책감이 클수록 요양원 방문을 꺼린다. 그리고 이 돌봄의 실질적 역할은 그렇지 않아도 다중적으로 돌봄노동에 얽혀 있는 제2 보호자(혹은 제3 보호자)에게로 '자연스럽게' 넘겨진다.

제1 보호자를 대신해 호명된 제2 보호자인 며느리는 요양원 안과 요양원 바깥을 연결하는 최소한의 고리 역할을 하게 될 것이다. 마음으로는 더 자주 방문하며 돌봄을 잇고 싶지만 결국 요양원 바깥 일상의 더 급한 일들 때문에 차일피일 미루게 될 것이다. 그러다 계절이 바뀌어서 입을 옷이 마땅치 않거나 복용하는 약이 떨어지거나 응급상황이 닥치면 허겁지겁 다시 찾게 될 것이다. 죄책감에 뒤돌아보지 않는/못하는 제1 보호자와 떠맡겨진 여러 생산/재생산 노동 때문에 예외적 상황에서만 가까스로 뛰어들 수 있는 제2 보호자를 두고 요양원에서 입소자들의 일상적 삶을 돌봐야 하는 요양보호사 이은주는 이렇게 말하고 싶어 한다.

그녀가 가져온 단추가 많은 여벌의 옷을 받아든 나는 이번에도 말을 삼킨다. 부모님을 요양원에 모실 때의 매뉴얼을 만들어야겠다. 예를 들면 (…) "단추가 많은 옷은 기피대상입니다. 땀 흡수가 잘 되는 면 티를 추천해드립니다. 방문을 하실 때 남지 않을 정도의 양으로 과일이나 즐겨 드셨던 간식을 드립니다. 옷도 갈아입혀 드리며 전체적인 건강을 살핍니다. 요양보호사가 해주겠지 하고 맡겨버리면 시간을 내서 방문을 하셔도 도울 일이 없기에 금방 일어서는 경우가 있는데 부모님의 손발톱을 깎아드리면서 간단한 스킨십을 해드리는 것도 좋습니다."*

치매 환자의 몸과 정신 상태는 하루하루 달라진다. 정기적으로 방문해 '함께 돌보지 않으면' 그 변화를 제대로 포착할 수 없다. 틀니도 헐거워지고, 안경도 더 이상 사용하지 않게 되며, 걷기도 어려워진다. "죄책감으로 차일피일 요양원을 찾지 못하다 이렇게 변화된 어머니와 만날 경우"** 놀란 가족은 요양보호가 부족했다고 믿고 싶어 한다.***

여기에는 몇 가지 문제가 뒤엉켜 있다. 무엇보다도 돌봄은 일차적으로 가족 책임이라는 사고방식이 있다. 요양시설은 삶

---

*   같은 책, 24-25쪽.
**   같은 책, 25쪽.
***   실제로 요양원에서 '노인 학대'가 있었다며 고발하는 사례가 점점 늘고 있다. 요양원이나 데이케어센터에서 행해지는 요양 보호가 방어적으로, 즉 사고, 특히 낙상사고 예방을 중심으로 행해질 수밖에 없는 이유다. 데이케어센터에서 요양보호사들이 가장 자주 하는 말은 '어르신, 위험해요, 앉으세요'다. 요양원에서는 억제대를 사용하고 휠체어 사용을 선호한다. 부족한 인력으로는 침대에 누워 있다가, 걷다가, 수시로 발생하는 (낙상)사고를 막는 게 어렵기 때문이다.

이 계속 이어지는 다른 장소가 아니라 단순히 생명을 유지하며 죽음을 기다리는 곳이라는 생각이 죄책감을 키운다. 시민들 사이에서 수행되어야 하는 '함께 돌봄'의 동력은 사적 차원에서 약화한다. 그래서 뒤돌아보지 않는/못하는 현실이 된다. 요양원으로 삶이 장소를 옮겼지만 그 장소에서 돌봄을 책임지는 '전문가'와 함께 이런저런 가능한 방식으로 돌봄을 계속한다는 생각의 확산이 필요하다. 뒤돌아보기를 멈추지 않기, 즉 연결되어 함께 돌보기를 멈추지 않기가 관건이다.

시민의 자리에서 함께 돌봐야 한다는 태도와 실천이 일반적 관행이 되지 않고 있는 상황에서 요양원에 입소한 당사자도 일종의 '다시 돌아오지 못할, 삶의 마지막 지점으로 이송된' 상태로, '버림받은' 상태로 여긴다. 저자가 요양보호사로 일한 경험을 살려 쓴 다음의 시는 아들에게 '버림받았다'고 느끼는 어머니의 심정과 태도를 슬프고 날카롭게 드러낸다.

요양보호일기3—우두커니 세월

308호 이 할머니는 늘 웃는다

기저귀를 갈거나 옷을 갈아입힐 때도
시트를 교환할 때도
똑바로 누워 웃는다

늘 웃는데 눈가엔 눈물이 고여 있다

아들이 오면 눈을 꼭 감고
아들이 갈 때까지 눈을 뜨지 않는다
아드님 가셨어요 해도
한참 눈 뜨지 않는다

그럴 땐 입술이 앙 물려 있다

작정한 듯 밥을 거부하다가
억지로 밀어 넣은 밥이 넘어가면
울음을 터뜨린다
벌써 1년 6개월이 넘었다
움직일 수 없는 건지 움직이지 않는 건지
오늘도 아드님은 우두커니 서 있다 돌아갔다*

뒤돌아보지 말라는 금기의 실체

'뒤돌아보지 말라'는 금기 그리고 그 금기를 깨고 뒤돌아
봤다가 소금 기둥이나 돌이 되어버렸다는 식의 이야기는 다양
한 문화와 시대 속에 있다. 대표적으로 그리스 신화에 나오는

---

*   이순자 (2022), 『꿈이 다시 나를 찾아와 불러줄 때까지』, 휴머니스트, 169–170쪽.

오르페우스와 에우리디케의 이야기 그리고 성서에 나오는 롯의 아내 이야기를 떠올리게 된다. 이 두 편의 이야기는 통상적인 해석과는 달리 관계에 관한 이야기다. 더 정확히 말하자면 관계를 이어가기에 관한 이야기다. 그래서 돌봄 논의에서 유의미하다.

그리스 신화의 오르페우스와 에우리디케는 사랑이 깊은 부부다. 불의의 사고로 에우리디케가 죽게 된다. 사랑하는 아내의 죽음을 받아들일 수 없는 오르페우스는 지하세계로 가서 저승의 신을 감동시키고 아내와 함께 이승으로 돌아가도 된다는 허락을 받는다. 그런데 조건이 있다. 어떤 일이 있어도 '뒤돌아보면 안 된다'는 것이다. 오르페우스는 출구를 눈앞에 두고 아내가 뒤따라오고 있는지, 혹시 포기한 건 아닌지 걱정에 휩싸인다. 경고를 무릅쓰고 오르페우스는 뒤돌아보고 결국 그들은 영원히 이별하게 된다. 도대체 왜 그걸 참지 못했느냐고, 오르페우스를 답답해하고 안타까워하는 게 거의 모든 이들의 반응이다.

그런데 이와는 다른 해석이 있다. 에우리디케가 '뒤돌아봐'라고 남편에게 말했기에 오르페우스가 뒤돌아봤다는 것이다.* 뒤돌아본 건 오르페우스지만 뒤돌아보라고 한 건 에우리디케라는 것, 서로 믿고 사랑하는 관계 속에서 일어난 행위이기

---

* 영화 〈타오르는 여인의 초상〉(2019, 감독: 셀린 시아마) 참조.

에 두 사람은 이별하더라도 후회가 아닌 기억 속에서 서로 사랑하기를 멈추지 않을 수 있다는 것이다.

이러한 해석이 가능한 배경은 무엇일까? 여기서 문제는 애당초 에우리디케를 이승으로 다시 데려오고자 하는 오르페우스에게 지하세계를 벗어날 때까지 '뒤돌아보지 말라'는 조건을 내건 저승의 신 하데스의 의도다. 사랑하는 두 사람이 다시 결합하는 데 동의한다면 두 사람이 재회의 기쁨을 나누며 함께 떠나도록 하는 게 당연하다. 그런데 조건을 내세워 약속의 실현을 지연시킨다. 하데스가 내건 조건은 구조적으로 두 사람의 사랑을 '시험에 들게' 하는 것이며, 이런 '시험의 덫'이 가능한 건 두 사람의 사랑을 서로 걱정하고 돌보는 '관계'가 아니라 욕망의 문제로 보기 때문이다. 애초에 오르페우스가 걱정해야 하는 건 에우리디케의 마음이 바뀌는 게 아니라, 위험한 일이 생길 수도 있고, 그래서 자신의 도움이 필요한 상황이 생길 수도 있다는 것 아니었을까?

에우리디케와 오르페우스 비극의 핵심은 에우리디케를 가운데 두고 하데스와 오르페우스가 조건을 내걸고 일종의 계약/게임을 한 사실에 있다. 거기서 에우리디케는 사랑의 주체가 아니라 하데스와 오르페우스 사이에서 교환되는 대상처럼 등장한다. 여성과 남성의 사랑을 동등한 주체가 서로 배려하고 돌보는 관계로 보았다면 '뒤돌아보지 마라'가 아니라 '뒤돌아보라'가 조건이어야 했다.* '네가 그토록 아내를 사랑한다면 지하세계를 무사히 잘 벗어날 때까지 자주 돌아보라'고 말했어야 한다.

돌보는 관계는 앞만 보고 전진하거나 매정하게 떨치고 가버리는 관계가 아니다. 뒤돌아보고 살피는 관계다. 어린이집에 아이를 맡기고 일터로 가는 워킹맘은 뒤돌아본다. 아이가 보챌수록, 어린이집이 미덥지 않을수록 더 뒤돌아본다. 아이가 적응을 잘하고 어린이집에 대한 신뢰나 믿음이 커서 발길이 무거울 필요가 없어도 뒤돌아본다. 친밀한 관계 속 파트너들도 마찬가지다. 마음 씀이 없는 사랑, 뒤돌아보지 않는 사랑은 뭔가 왜곡된 것이다. 설령 그 뒤돌아봄이 부정적인 결과로 이어지더라도 뒤돌아봄은 기억하기로 지속한다.

동사 '돌보다'는 '돌다(回)'와 '보다(見)'가 결합하여 만들어진 합성어다. '돌아보다'인 것이다. 그러니 '뒤돌아보다'는 이미 정서로든 노동이나 활동으로든 돌봄의 기본 마음가짐이자 철학이다. 뒤돌아보지 말라고 자신에게든 타인에게든 강조하게

---

* 여성주의 정치철학은 근대 시민사회에서 계약 주체인 시민은 남성이었으며, 여성은 남성과 성적 계약을 맺을 뿐이었다고 주장한다. 여성과의 성적 계약을 통해 남성성을 확보한 남성은 '공적 영역'에 진출해 고용주와 계약을 맺고 시민권을 누린다. 반면 성적 계약을 통해 남성에게 속하게 된 여성이 '집 안'에서 하는 모든 재생산/돌봄노동은 남성이 '집 밖'에서 임금을 받고 하는 생산 노동의 토대이지만 노동으로 인정받지 못했다. 이런 이분법적 구도 속에서 여성과 남성은 서로 배려하고 돌보는 관계가 아니며 돌봄은 성적 계약의 장소인 가정에서 여성이 전담하는 일이었다. 성별화된 시민권과 돌봄의 여성화는 이처럼 구조적으로 연동되어 있다. 케럴 페이트만 (2001), 『남과 여, 은폐된 성적 계약』, 이충훈 옮김, 이후, 참조.

된다면, 뒤돌아보기를 어렵게 만드는 돌봄의 힘겨운, 정의롭지 못한 현실이 무엇인지 따져봐야 한다.

구약성경 창세기에 나오는 소돔과 고모라 이야기 또한 '뒤돌아보지 말라'는 금기와 관련된 대표적인 예다. 하나님이 멸할 것이니 속히 달아나되 뒤돌아보지 말라는 천사의 경고가 있었다. 하지만 롯의 아내는 뒤돌아보았고 소금 기둥으로 변했다. 여성의 어리석음에 대한 본보기로 이 얘기를 악용하는 부류가 있기도 하다. 일반적으로는 두고 온 재산에 대한 미련 때문이니 부질없는 것들에 미련을 버리라는 교훈으로 해석하거나 과거 따위 잊고 '앞만 보고 살라'는 식으로 해석하곤 한다.

그런데 롯의 아내 이야기를 전복적으로 해석한 전혀 다른 얘기가 있다. 이에 따르면 롯의 아내가 뒤돌아본 것은 재산 등에 대한 미련이나 '정말 멸망하는지' 의심이 들어서가 아니었다. 이제까지 함께 살아온 이웃들이 거기 있기 때문이었다. 그런 이웃을 내팽개치고 자기만 살겠다고, 우리 가족만 살겠다고 달아나는 자신이 부끄럽고 죄스러워 돌아봤다는 것이다.[*]

'뒤돌아보지 말라'는 금기를 대표하는 이 두 신화, 특히 롯의 아내 이야기에 대한 새로운 해석은 '뒤돌아보기'가 기본적으로 돌봄의 내재적 속성이라는 사실을 일깨운다. 뿐만 아니라 친밀한 관계에서 그리고 삶이라는 긴 여정의 여러 단계나 국면에

---

[*]   이상철, '동성애와 여성혐오의 근거 '소돔과 고모라'를 향한 전복적 읽기', 웹진 〈제3시대〉, 2018. 11. 28.

서 우리가 관계와 시간을 어떤 방식으로 이해하고 살아내는가와 관련해서도 다른 관점을 제시한다.

삶은 언제나 과거를 '벗어나' 미래를 '향해' 나아가야 하는가? 과거를 되돌아보는 건 늘 퇴행적 향수와 현재의 알리바이에 불과한가? 새로운 관계 혹은 관계의 새로운 단계를 위해서 그전의 관계, 그전의 단계는 깔끔하게 정리되어야 하는가? 삶이든 관계든 그렇게 직선으로 전진해야 하는가? 그렇지 않으면 미련일 뿐인가? 오히려 "나를 어제처럼 살게 하지 마시고 / 어제와 함께 살게 하소서 / 어제와 함께 / 내일의 걱정 대신 / 오늘 지금 여기에 집중하게 하소서"*라는 마음가짐이 서로 돌보며 삶을 가꾸는 관계에 더 적절하지 않을까.

보호자의 자리:
뒤돌아보며 돌보다, 돌보며 뒤돌아보다

이제 '뒤돌아보지 말라'를 '뒤돌아보라'로 바꾸어 더 구체적으로 돌봄 관계를 생각해보자. 끝없는 간병과 돌봄은 밑 빠진 독에 물 붓기, 긴 병에 효자 없다, 차라리 남아 있는 사람의 쓸모 있는 삶에 집중하라, '뒤돌아보지 말라'는 이렇게 변주된다. 이것을 뒤돌아보는 능력으로 바꿔보자.

뒤돌아봄은 기억을 만들고 재구성하는 실천, 무엇을 기억

---

*   이순자, 같은 책, 189쪽.

할 것이냐와 관련된 소중한 실천이 될 수 있다. 우리는 자연적으로 또는 무의지적으로 기억하기보다는 인위적이고 의도적인 노력을 통해 기억한다. 이럴 때 기억은 수행성을 띤 행위다. 즉 '기억하기'라는 동사적 활동의 반복을 통해 특정한 의미와 효과를 만들어낸다. 폭력이나 재난의 희생자를 잊지 말자고, 기억하자고 다짐할 때 더욱 그렇다.

알츠하이머에 걸린 사람의 의식/무의식, 행동/행위성, 기억과 삶에 대해 새로운 상상력과 뛰어난 공감 능력을 제시한 드라마 〈눈이 부시게〉를 참조해보자. 〈눈이 부시게〉에서 알츠하이머 환자인 엄마가 병실에서 사라졌다. 눈이 내리자 그는 몸에 밴 기억대로 눈을 쓸러 나간 것이었다(이 기억은 무의지적 기억이다.) 다리가 불편한 아들이 미끄러지면 안 된다며 비질을 멈추지 않는 엄마를 보고 아들은 깨닫는다. 그가 알고 있는, 기억하는 엄마는 (사고를 당해 다리 한쪽을 의족에 의지하는) 장애를 가진 아들을 모질게 대하며 질책만 퍼부은 사람이었다. 그런데 사실은 세상을 향해 강해지라며 부러 모질게 대했고, 눈 오는 날 아침이면 언제나 등굣길의 눈을 쓸고 있었다. 이제 이것을 깨달은 아들은 자기를 못 알아보는 엄마에게 '아드님이 눈 오는 날 한 번도 넘어진 적이 없다'고 말해준다. 엄마는 다행이라고 기뻐한다. 기억은 그 말에 기쁨으로 바뀌었고, 뒤돌아본 아들 또한 '기억을 재구성'한다. "엄마였어. 평생 내 앞의 눈을 쓸어준 게 엄마였어."

의존자와 보호자 앞에 놓인 현실, 남는 이의 미래에 집중하기 위해 뒤돌아보지 않으면, 애써 기억하려 들지 않으면, 의존자와의 관계 속에서 자기분열을 벗어날 수 없다. 억지로 잊는다고 잊히는 게 아니고 돌봄 상대를 결국 잃게 된다고 해서 완전히 잊게 되는 것도 아니다. 돌보는 사람과 돌봄 받는 사람의 삶과 죽음은 서로에게 끊임없이 다양한 방식으로 개입한다. 돌봄 과정에서 언제든지 닥칠 수 있는 급박한 결정들, 돌발적인 사건 사고 등 '운명의 개입'을 서로의 조율된 '관계의 개입'으로 헤쳐가려면 돌아보기가 요구된다.

상실과 이별의 과정은 분명 비극적이지만 비극에 대한 성찰적 되돌아보기가 관계의 국면을 바꿀 수도 있다. 되돌아보는 가운데 표준적인 전문가의 견해가 아니라 돌봄 당사자 간의 기억이 서로에게 가장 좋은 것을 판단하는 근거가 될 수 있다.

부모나 배우자, 친밀한 누군가를 요양원에 입소시킬 때 '모셨다'고 하는 사람이 있고 '보냈다'고 하는 사람이 있다. 이 두 표현에는 엄청난 차이가 있다. 뒤돌아보는 것과 뒤돌아보지 않는 것의 차이다. '뒤돌아보는' 것은 단절이 아니라 연결이다. 돌봄은 성공이 아니라 계속 실패하면서 이어나가는 과정이고, 그 속에서 기존 관계는 변화하고 새로운 관계가 만들어진다. 요양시설에 모신다고 할 때 그것은 본인의 돌봄이 끝난 게 아니라 협업을 통한 새로운 돌봄 과정이 시작했음을 의미한다. 그러나 '다시 못 돌아올 곳'에 '보냈다', 그러니 '뒤돌아보면 안 된다'는 마음가짐에서는 어떤 식의 행위를 기대할 수 있을까?

'버린 것'으로 작심한 보호자라면 아예 신경을 꺼버리고자 결심할 것이다. 본인이 할 수 있는 일이 거의 없다고 판단했기에 마음을 독하게 먹는다. 혹은 먹고살기가 너무 팍팍해서 그렇게 결심한다. 요양원에서 일하는 사람들 말에 따르면 후자의 경우엔 위급 상황에서 연락할 때조차도 '왜 나를 찾느냐?'는 반응을 보이기도 한다. '어쩔 수 없는' 보호자의 자리에서 기관이 '알아서' 해주기를 원한다. 그런데 이 정도까지는 아니더라도 소통과 협력의 의지가 없는 보호자는 담당자를 감시하는 눈으로 보며 주변 환경에 대한 고려 없이 '내 가족 우선'만을 내세우기 쉽다. 돌봄종사자를 신뢰하고 당사자인 돌봄의존자를 살피며 당사자를 중심으로 협력하려는 고민이 별로 없다.

반면 뒤돌아보는 보호자는 기관과의 소통과 협력을 이어간다. 당사자가 (대부분 안 좋은 방향으로) '변화'하는 상태라는 걸 알기에 이전의 모습에 집착하지 않는다. 지금의 '좋은 머무름'을 위해 당사자의 변화에 따라 함께 변할 수밖에 없는 돌봄의 양태를 수용하며, 필요한 단계의 조치를 선택하고 결단할 수 있게 된다. 협력은 내 가족만을 위한 것이 아니다. 요양시설을 '돌아오지 못할 곳'이 아닌 계속 가꾸고 보듬어야 할 삶의 장소로 만들 수 있다.

돌봄 관계에서 '보호자'의 자리와 의미는 위태롭다. 법적인 자격으로야 그 설정이 분명하겠지만, 실제 돌봄 관계에서는 법적 보호자라는 자리가 좋은 돌봄 관계를 약속하지 않는다. 돌봄 관계에 참여하면서 의사결정권을 갖는 가족구성원으로 한정해 보더라도, 그 범위와 역할은 막연하다. 돌봄의 관점에서라면 뒤돌아보는 사람이 보호자일 수 있다. 요양시설이 마지못해 막다른 골목으로 가는 장소가 아니라 더 좋은 돌봄을 위해 '모신' 장소로 만들기 위해 협력하는 보호자들이 필요하다. 나에겐 지나간 일이라고, 나도 더 이상은 어쩔 수 없었다고, 지나간 돌봄에 대해서 더 이상 말하지 않으려는 침묵을 깨고 '뒤돌아보는' 말을 하는 구체적인 보호자들의 다양한 증언이 필요하다. 나에겐 오면 안 되는 일이라는 위치를 벗어나 협력과 연대로서의 돌봄을 상상할 수 있는 사람들 등을 톡톡 두드리며 '여기 좀 돌아보세요'라고 말하는 것이 필요하다. 그래야 돌봄에 관한 모순된 심리 기제를 깨고 공론화로 나아갈 수 있다.

이것은 요양시설의 존재를 지지하려는 뜻에서 하는 제안이 아니다. 시설 자체가 모두 사라져야 한다는 목표 아래 장애인운동 진영은 탈시설화 운동을 하고 있다. 노인요양시설의 경우도 마찬가지일까? 이에 대해서는 아직 명확한 입장을 세우기 어렵다. 커뮤니티케어가 제대로 실현되어 시설을 성공적으로 대체할 수 있을까? 현재로서는 희망을 말하기 어렵다. 커뮤니티케어 등 탈시설 논의를 계속해나가면서, 현재 운영되고 있는 요양시설이 '삶의 장소'가 될 수 있도록 올바른 재현/문화운동을 하고, 정책 비판과 대안 제시를 계속하는 게 필수다.

아픈 사람을 간병하는 것이든, 노쇠하고 병든 고령자를 돌보는 것이든, 아이를 키우는 것이든 돌봄에는 후회와 아쉬움과 갈등과 긴장이 있다. 의존자와 돌봄자 사이의 관계는 상호성으로 이루어지지만, 이 상호성은 균형을 잡지 못하고 비대칭적으로 기운다. 그럼에도 균형을 잡으려 안간힘 쓰며 '어떻게든' 해나간다. "완벽한 돌봄이 아니어도 돌봄은 귀한 것이다."* 도망치고 싶은 마음에 사로잡히지만 동시에 도망칠 수 없다고 생각하거나, '차마' 도망치지 못하는 보호자가 있고, '차마' 멈출 수가 없어서 매뉴얼을 초과해 마음을 쓰며 돌보는 돌봄종사자가 있다. 이 '차마'의 마음이 뒤돌아보는 마음이다. 이 마음이 사적 개인 돌봄자-보호자의 결단을 넘어 모든 시민들이 함께 키우고 가꾸는 역량이 될 수 있어야 돌봄 사회로의 전환도 가능하고 탈시설도 '당연한' 흐름이 될 것이다.

---

*   전희경, 앞의 책, 128쪽.

7장

돌봄노동자의 자리
신파와 공포에서 벗어나기 위하여

이미지 속 요양보호사와 간병인

　엄마는 병원에서 누워 지내는 노인의 몸을 돌려 누이고서 얼굴과 몸을 닦아주는 중이다. PC방에서 게임하며 밤을 샌 아들은 컵라면을 먹고 있다. 아들에게 전화한 엄마는 얼른 집에 돌아가 가스밸브 좀 잠가달라고 부탁한다. 짜증 내는 아들의 얼굴과 아들에 대한 애정과 자부심에 미소를 가득 머금은 엄마의 얼굴이 교차한다. 영화 〈조작된 도시〉(2017) 초반에 스치듯 나오는 장면이다. 이 영화를 지배하는 건 현란한 게임 세계와 고도로 발달한 디지털 기술인데, 엄마의 존재와 노동만이 동시대에서 뚝 떨어져 나온 '낡고 오래된' 것으로 보인다.

　살인을 저지른 상위 1퍼센트 재력가 대신 백수, 일용직, 이주노동자 등을 최첨단 디지털 기술과 빅데이터를 사용해 살인자로 조작할 수 있는 '악당의 무리'가 있다. 살인자로 누명을 쓰게 된 사람은 영화의 주인공, 밤새 게임을 즐기곤 하는 바로 그

백수 아들이다. 감옥에서 온갖 고초를 겪으며 모든 걸 포기하려던 그에게 누명을 벗고야 말겠다는 의지를 불태우게 만든 건 끝까지 아들에 대한 믿음을 놓지 않고 중요한 단서를 찾아낸 어머니다. 그러나 탈출과 추적, 악당과의 한판 대결로 영화가 본격화되면 어머니는 자연스러운 절차라는 듯 슬그머니 '사라진다.' 4차 산업사회 시대 빅데이터가 조작하는 범죄극에서 살인 누명을 썼다가 통쾌하게 악당의 무리를 물리치고 승리의 기쁨을 누리는 주인공 아들은 살아남지만, 엄마는 죽은 지 오래다.

한국에서도 꽤 많은 팬의 사랑을 받는 영화감독 켄 로치는 평생 노동의 세계를 파헤쳐왔다. 그가 80대에 들어서 내놓은 〈미안해요, 리키〉(2019)는 택배노동자와 요양보호사, 즉 필수노동자의 세계를 그린다. 법적으로 그들은 노동자가 아니라 개별 사업자 혹은 자영업자지만 그들의 노동 세계는 실질적으로는 착취 구조 그 자체다. 자영업자 신분에 맞게 모든 물질적 책임마저 옴팡지게 뒤집어쓴다.

택배노동자 리키와 방문요양보호사인 그의 부인 애비는 이른 아침부터 밤늦게까지, 하루 13-14시간 노동한다. 두 사람은 분초를 다투며 시간을 달린다. 애비는 이 집 저 집 옮겨 다니며 노인과 장애인을 돌본다. 차가 없어 버스로 이동하는 그는 시간을 맞추지 못할까 늘 전전긍긍한다. 간병 할당량은 지나치게 많고 자신이 원하는 만큼, 원하는 방식으로 최선을 다해 돌볼 수 없기에 애비의 몸과 마음은 황폐해져간다. 마주 볼 시간

조차 없는 남편과 어린 딸과 방황하는 사춘기 아들까지 애비가
돌봐야 할 대상이다. 다른 이를 돌보느라 자기 돌봄도, 자녀들
돌봄도 어려워진 상태에서 애비는 버스를 기다리며, 버스 안에
서, 방문 간병을 막 끝내고 현관문을 나서며 끊임없이 아들과
딸에게 전화한다.

애비는 탐욕스럽게 이윤을 추구하는 자본주의가 허용한
시간 배당과 '좋은 돌봄'이 얼마나 심각한 대치 상태에 있는지
를 고통스러울 정도로 잘 보여준다. 한 노인이 애비의 머리를
빗겨주겠다고 한다. 애비가 시간이 없어서 안 된다고 하자 상심
한 노인은 식탁 위에 있는 접시를 일부러 떨어뜨린다. 시간도
부족하고 고객과는 친해지면 안 된다는 지침도 있지만 애비는
친밀함과 마음 씀으로 최대한 노인에게 다가가려 애쓴다. '더
취약한 노인이기에 더 많은 도움을 줄 수밖에 없어' 업무를 초
과하는 돌봄도, 대상자의 심리 상태를 고려해 돌봄 시간을 조절
해보는 애씀도, 각자 오래된 사진을 가져와 추억을 공유하는 것
도, 모두 계약을 넘어서는 행동이다.

계약 내용을 넘어서는 이 '행동'에는 물론 애비를 돌보는
노인들의 몫도 빠지지 않는다. 인지장애로 일상에서 혼란을 겪
고 혼자서는 화장실에도 가지 못하는 이 늙고 병든 사람들이
'최선을 다하는 것만으로는 부족한 삶' 앞에 무너져 울고 있는
그녀의 머리를 빗기며 노래를 불러준다. 돌봄은 일방향이 아닌
쌍방향의 정동적인 움직임이며, 어떤 형태로든 관계 속에서 관

계를 변화시키고, 또 관계를 생성한다.

〈조작된 도시〉처럼 흔한 배경적 사실로 쓰건 〈미안해요, 리키〉처럼 그 노동의 깊은 골을 파헤치건 영상 속 중년 여성들의 직업이 요양보호사/간병인으로 등장하는 일이 꽤 흔해졌다. 시대마다 다른 모습을 띠긴 해도 드라마, 영화 속 엄마들은 늘 일을 해왔다. 밥 차리고 빨래하고 청소하고, 양육과 간병도 하는 사이사이 돈을 벌러 '나갔다.' 가내부업, 밭일, 식당, 노점상, (파출부라 불렸던) 가사도우미, 청소 등이 엄마들의 '일'이었다. 어떤 일을 하건 그녀들은 귀가하자마자 소매를 걷어붙이고 엉망진창인 집안을 건사하는 일을 또 시작한다. 요즘의 대세가 요양보호사인 것은 창작자들의 감이 아니라 현실의 반영이다.

2008년 7월 노인장기요양보험제도가 시행되면서 요양보호사제도가 마련되었다. 요양보호사란 거동이 불편한 노인을 요양시설, 데이케어센터 등에서 돌보거나, 노인이 거주하는 가정을 찾아 방문요양을 하는 사람들을 말한다. 2021년 국민건강보험공단의 〈2020 노인장기요양보험 통계연보〉에 따르면 장기요양기관이 2만 5천 개 있으며 거기서 일하는 요양보호사가 45만 명이다. 요양보호사의 95퍼센트가량이 여성이고 대부분이 50-60대 여성이다.

돌봄노동자에는 요양보호사뿐 아니라 간병인, 아이 돌보미, 장애인활동지원사, 노인생활지원사, 보육교사, 아동복지교사, 다문화방문지도사, 초등 돌봄 등이 포함된다. 아이부터 노인까지 누구나 돌봄을 필수로 요구하기에 돌봄 분야는 다종다양하며 해당 분야 노동자는 110만 명 이상으로 추정된다. 이 모든 돌봄노동자에게는 각각의 사정과 특이점이 있겠지만 이 글에서 요양보호사를 집중적으로 살피고자 한다. 이들의 노동에 돌봄노동 전반의 전형적인 문제점이 농축돼 있기 때문이다. 게다가 요양보호사의 돌봄노동에는 2025년 초고령 사회에 진입하는 한국 사회의 돌봄'위기'와 그에 따른 공포나 두려움, 모순적인 대처 방안 그리고 후기/근대 첨단 의료기술 시대의 저변에 깔린 죽음 회피 현상 등이 고스란히 반영되고 있다. 구조의 큰 그림과 현장의 세밀화가 동시에 필요한 이유다.

요양보호사의 '일', 더 깊이 알아야 할 시민사회의 '필수 지식'

대중문화나 언론에서 요양보호사와 그의 노동에 관해 말하는 일정한 패턴이 있다. 최저임금 언저리를 맴도는 저임금에 사회적 인정 역시 최저라는 빤한 현실 때문일 수 있다. 그래서 최근 만들어지기 시작한 돌봄 관련 노동조합이나 사회단체의 요구사항이 '고작' 최저임금의 130퍼센트를 보장하라는 것이다. 누구를 대상으로 어디서 어떤 형태로 행해지든 돌봄에서는 안정적인 관계 형성이 정말 중요한데 요양보호사는 기간제의 불안정 노동자다. 언제 일이 끊길지 모른다. 그리고 앞에서 소개한 영화 〈미안해요, 리키〉의 애비가 호소하듯 언제나 과로

한다. 요양시설에서는 3교대제에 야간 근무까지 있으니 휴게시간 같은 걸 챙길 형편이 안 된다. 동료 중 누가 쉬기라도 하면 노동시간과 하중이 엄청나게 늘어난다. 반면 방문요양을 하는 경우에는 하루 서너 시간밖에 허용되지 않는 초단시간 노동이라 이 일만으로 생계를 도모할 수 없다. 십수 년을 일해도 경력이 인정되지 않는다. 말로는 '국가책임제'인데 대개 민간에 고용되어 있다. 국가책임제가 반드시 노동자 직고용이어야 하는 건 아니지만 운영기관이 달라도 같은 기준에 따라 노동자를 대우해야 한다는 인권의 원칙이 잘 지켜지지 않는다. 완전직고용, 위탁 또는 완전히 민간의 손에 맡길 때, 국가가 동일한 원칙으로 감시와 통제, 관리를 하느냐의 문제인데 운영기관에 따라 요양보호사들이 겪는 노동환경의 격차가 크다.

요양보호사들은 소비자 마인드로 충전한 이용자들에게 멸시와 의심의 추궁을 당하는 경우도 드물지 않다. 성희롱이나 멸칭 등 여러 인권 침해에 노출되어 있지만 요양보호사가 문제를 제기할 수 없는 분위기다. 국가는 처우를 실질적으로 개선하기보단 '아줌마가 아니라 요양보호사입니다' 식의 공익광고로 계몽할 뿐이다. 기관 차원에서는 '그것도 못 참으면, 이 일 못한다'는 응답으로 문제 제기를 봉쇄한다.

엄마가 요양보호사 일 한다고 자식이 떳떳하게 말할 수 있을까 염려하는 마음에 스스로 남들 앞에서 직업을 숨기는 '모성'의 아픔도 있다. 그런데 이 엄연한 현실은 대중매체와 언론에서 묘하게 신파조로 재현되곤 한다. 고생하는 엄마, 철없는 자식들의 구도처럼 노동 현장 역시 갑질하는 보호자와 이용자, 고개 숙인 요양보호사로 그려진다. 권리를 요구하는 노동자의 이미지로 등장하면 도리질하며 돌봄노동을 할 소양이 안 된다고 공격이라도 할 태세다.

자극을 추구하는 언론이 반복해서 배포하는 전형적인 요양보호사/간병인의 이미지는 상투적인 집단화와 타자화를 넘어서기가 어렵다. 이들의 노동을 전환 사회의 핵심 추동력으로 깊게 이해하려는 태도가 없기 때문이다. 통상적으로 사람들의 반응 또한 '왜 상투적일까?'를 묻지 않고 대충 그러려니 한다. 그러니 돌봄노동자의 척박한 상황을 신파극의 요소가 아니라 돌봄을 둘러싼 사회구조와 관계, 특정 방향으로 몰아가는 정부의 의도적인 무지와 무능이라는 맥락에서 파악하지 못한다. 의도적 무지란 돌봄이 무엇인지 제대로 파악하지 않으려는, 아니 파악할 필요가 없다고 이미 상정해버리는 무지를 말한다. 국가는 일종의 남성으로 젠더화되어 있는 결정권자다. '국가지원금 줬으니까 되겠지'는 '생활비 벌어다 줬으니까'란 대사의 국가 버전이다. 그러나 돌봄노동자의 현실은 지원금을 주면 끝나는 문제가 아니라 포괄적(comprehensive) 책임의 문제다. 모든 영역, 상황, 우발적인 변수를 포괄할 수 있는 어떤 원리 원칙을 세우고 지키려고 노력하는 게 포괄적 책임이다.

그러나 이게 다가 아니다. 희생과 헌신의 드라마는 곧잘 공포물로 돌변한다. 잊을 만하면 등장하는 것이 바로 학대와 방임 이야기 아닌가. 불신과 의혹, 이어지는 소송, 소송이 무서워 사건만 피해 가려는 운영, '끔찍한 곳'이라는 이미지만 불쾌할 정도로 은근하게 조명하고 왜 그런지, 뭐가 문제인지, 어떻게 고칠지는 얘기하지 않는다. '공포물'의 배경이 사실은 척박한 노동 구조와 환경이라는 것은 치열하게 파헤치지 않는다. 그 결과 끔찍한 사건의 책임은 돌봄 대상자와 가장 밀착된 관계인 요양보호사의 몫이 되어버린다. '이 일은 잘한 건 티가 안 나도 조금만 잘못하면 큰일 나요.' 요양보호사들이 늘 하는 말이다.

> 어르신들 몸에는 정말 아주 조그만 멍이라든지 뭐라도 나면 요즘에는 이제 학대로 들어가니까. (…) 혼자 걸어가던 분이 다리에 힘이 없어서 넘어졌어요. 낙상이 일어났을 때 사고보고서를 쓰면서 사무실에 불려가서 막 얘기를 하면, '그럴 때에는 이렇게 했어야지', 이런 얘기가 나오고 그러면 정말 이 일 안하고 싶다. 그런 소리들을 많이 해요. 내가 눈이 뭐, 뒤에도 달린 것도 아니고, 앞에 있는 어르신 케어를 하다 보면 뒤에 있던 어르신이 혼자 걸으시다가 쿵 했어요. 근데 못 봤다고 혼나죠.
>
> 요양보호사 H (요양시설 근무)[*]

---

[*] 전희경 (2022), "'요양보호'와 '삶'의 경계에서: 요양보호사의 경험으로부터 생각하는 노년돌봄', 2022년 한국여성학회 춘계학술대회 발표문.

권한은 없는데 책임은 져야 하는 이 불합리한 구조적 상황 자체가 공포 드라마의 배경이다. 물론 실제로 노인 학대 혹은 방임이라고 부를 수 있는 일들이 요양시설에서 발생하기도 한다. 보호자와의 충분한 상의 없이 수면제나 신경안정제 등 약물을 복용케 하거나 억제대를 사용하는 것, 기저귀 케어나 목욕 수발시 프라이버시 존중이 지켜지지 않는 것, 욕창 방지 조처를 제대로 취하지 않는 것, 노인의 몸을 거칠게 다루는 것 등이 가장 빈번하게 보도되는 사례다.

그러나 좀 더 큰 맥락에서 볼 때 노인요양시설이 공포나 두려움과 직결되는 것은 실제로 그곳 상황이 어떤지, 어떤 돌봄이 수행되고 있는지 제대로 알지 못하기 때문이다. 6장에서 상세히 언급했듯이 요양시설 입소는 집중 돌봄이 필요한 노인을 그곳에 '모신다'의 의미나 목표보다는 '맡긴다', 더 심하게는 '넣는다'는 의미를 지니는 경우가 드물지 않다. 그래서 '보호자'조차도 시설 안에서 돌봄이 구체적으로 어떻게 수행되고 있는지, 요양보호사를 비롯한 돌봄 종사자들이 그곳에서 열악한 환경에도 '불구하고' 얼마나 고군분투하는지 자세히 알고자 하는 게 어렵다. 죄책감을 떨치기가 어려운 죄인의 마음이기 때문이다.

이 알고자 하기 어려움, 그래서 실제로 알려고 하지 않음은 늙고 병들어 의존하는 삶을 사는 것 그리고 죽는 것 일체를 자신의 삶으로 통합하지 못하는 심리적 기제와 연결된다. 그리고 이것은 다시 늙음과 죽음을 추하다고 여기는 사회문화적 이데올로기와 관련된다. 일상생활 활동을 더 이상 스스로 수행하지 못할 정도로 노화가 진행된 상태,* 더구나 치매 증상이 심해져 자기 통제력이 떨어지는 상태에 대해 개인이 갖는 내재적 두려움과 사회문화 통념이 상호 강화하는 악순환 속에서 요양시설을 공포스러운 '마지막 장소'로 타자화한다.

그리고 집에서 가족의 돌봄을 받으며 생을 마감하는 것이 살아온 삶의 의미를 완성한다고 믿는 문화적 관습이 여전한 한국 사회에서 부모나 배우자를 저 공포스러운 '마지막 장소'로 보낸 가족은 죄책감의 무게를 견디기가 어렵다. 악순환인 것이다. 이런 악순환의 한가운데에 요양보호사들의 돌봄노동이 위치한다. 이들의 이미지가 상투성을 벗어나지 못하는 것은 노화와 의존, 죽음을 정의로운 돌봄과 연결하지 못하는 사회 전반의 무능력과 연관된다.

탈가족화, 탈여성화, 탈시장화와 거꾸로 가는 구조

돌봄의 어려움을 토로하거나 간병 살인 등의 문제를 고발하는 이들은 하나같이 돌봄은 '가족에게만' 맡겨둘 일이 아니라고들 한다. 그래서 공적 제도로서 돌봄서비스와 돌봄노동자가 반드시 필요하다고 말한다. 그런데 정작 돌봄노동에 대한 대

---

*   일상생활 활동에는 식사, 목욕, 용변 보기, 이동 같은 기본적인 신체 활동, 전화 걸기나 쇼핑하기, 가사, 금전 관리, 약 복용 같은 수단적 활동이 포함된다. 일반적으로 일상생활 활동은 개인이 독립적인 삶을 유지하는 데 기본이 된다고 간주된다.

우가 형편없다. 돌봄 문제를 당장 모면해야겠으니 얕은수로 끌고 갈 뿐 돌봄 가치지향적인 목적에 따른 실천을 외면하기 때문이다.

법제도를 만들 때 정부나 국가가 돌봄을 책임진다고 했지만 지원금 주는 것 말고 국공립 기관 설립, 돌봄의 통합적인 연결망, 돌봄의 젠더화 시정, 노동자 권리 보장 등 얼마나 포괄적인 책임을 목표로 삼았는지 알 수 없다. 돌봄이란 어떤 행위이고 실천인지, 돌봄 행위에 누가 어떤 방식으로 연루되는지, '책임지는 것'은 그렇다면 누구의 어떤 필요나 욕구에 어떻게 응답해야 하는지 올바른 방향으로 고민이 있었던 것일까. 그렇지 않아 보인다. 노인장기요양보험 설계를 보면 국가는 공공화를 단지 '집 안에서 집 밖으로', '완전 무급에서 약간 유급'의 의미로 이해한 것 같다. 이것은 돌봄 위기의 핵심인 젠더 불평등 문제를 진지하게 고민하기는커녕 아예 기본으로 삼았기 때문에 생긴 일이다. 그리고 아예 처음부터 나이 든 여성, 소위 '경력단절(경력불인정)' 중노년 여성들에게 일자리를 창출한다는 의도도 있었다. 제도를 설계할 때부터 여성들의 일자리로 생각했으니 노동에 대한 대우를 반찬값 수준으로 생각했을 거다.

결과는 짐작대로다. 민간 기관들은 적은 수가에 의존하느라 시장에서 살아남기 위한 출혈 경쟁을 한다. 이들이 손쉽게 깎을 수 있는 것은 돌봄노동자의 임금과 처우다. 노동 환경이 열악하니 기대하는 바만큼 좋은 돌봄이 이루어질 수 없다.

무엇보다 인력이 형편없이 부족하다. 돌봄 대상자의 상황에 집중하고 마음을 써서 소통할 여지를 주지 않는다. 시간표대로 인력을 정신없이 굴려야 한다. '컨베이어벨트 시스템'이라 부를 수 있을 정도로 쉴 새 없이 시간표가 짜여 있다. 언제는 기저귀 케어, 언제는 세면과 양치, 언제는 간식과 식사, 이런 식으로 시간표에 따른 돌봄이 수행된다. 손 잡고 눈 맞출 틈도 없이 시간표대로 돌봄을 수행하는 요양보호사도 '이게 뭐 하는 건가' 자괴감을 느끼게 되고 무엇보다 돌봄대상자들이 자신에게 적합한 돌봄을 받지 못하는 상황이 된다.

　가족이 수행할 수 없는 일이기에 '공공화'하고 '사회화'하자고 한 돌봄인데 시장에서 사고파는 것이 되어버렸다. 이런 형태의 설정에서 보호자와 돌봄대상자, 다른 말로 돌봄 이용자들은 돌봄을 함께 구성하는 참여자이자 협력자가 아니라 '소비자'로 자신을 이해한다. '내 돈 냈는데', '내 자식이 낸 세금으로 당신들이 먹고사는데'를 시전하며 군림하려 한다. 돌봄기관에 의탁한 후에도 '계속' 돌봄의 수행자이자 협력자여야 함에도 그 협력의 수행을 감시자의 역할로 오인한다. 가족으로서 한계에 부딪혀 '전문' 돌봄자에게 도움을 구한 것임에도 가족이 아닌 사람의 돌봄을 믿지 못하겠다고 돌봄노동자를 불신하는 모순에 빠진다. 돌봄이 이뤄지는 상황, 노동 조건을 개선하라고 요구하는 대신 돌봄노동자를 드잡이한다. 그러나 이런 드잡이 또한 가족인 내가 돌봄의 책무를 지키지 못하고 있다는 죄책감과 왜 내가 이 책무를 강요받아야 하느냐는 저항의 착종된 심리 구조를 배면에 깔고 있다.

정작 비판적으로 해체하고 바꿔야 하는 것은 가족 중심의 젠더화된 돌봄의 관행, 계속 지연되고 있는 돌봄의 공공화임에도 불구하고 구조적 부정의에 포획된 사람들 사이에서 엉뚱한 불신이 부추겨진다. 그런 관계로 치달을수록 서로에 대한 신뢰와 협업으로 돌봄의 지평을 확장하는 대신 '오늘도 무사히' '사고만 안 나면 된다' 하는 식으로 방어적인 돌봄을 할 수밖에 없다. 방어적이라는 건 돌봄대상자의 활동을 최대한 제약하는 것이고, 그만큼 그 사람의 남아 있는 잠재력과 남아 있는 삶의 가능성을 펼칠 기회가 사라지는 것이다.

가족의 울타리를 벗어나 보편적인 돌봄 의무와 책임을 논하기 위한 탈가족화, 성별화된 역할 전가와 그로 인한 열악한 노동 조건을 벗어나기 위한 탈여성화, 돌봄의 공공성을 확보하려는 탈시장화. 지금 돌봄 현장에는 이런 삼두마차도 마부도 없다. 그 대신 돌봄 현장은 가파른 비탈길을 굴러 내려가고 있다. 사적/가족 책임주의는 끈질기고 완강한 가운데 중노년 여성의 착취에 의존해 간신히 위기를 모면하면서, 능력에 따른 돌봄 서비스 구매를 부추기는 게 현재 한국 사회 '공적' 돌봄의 실상이다.

"결국 돌봄을 포기하고, 돌봄을 구매하기 시작했다."*

---

*   박정훈, '코로나와 돌봄, 그리고 쉴 권리', 〈경향신문〉, 2022. 8. 23.

부부가 차례로 코로나에 걸린 상황을 경험한 박정훈 라이더유니온 위원장이 털어놓은 심경이다. 처음에는 미감염된 한쪽이 상대를 돌본다. 격리 상태에서 약을 먹기 위해 삼시 세 끼를 꼬박꼬박 챙기는 것부터가 산 넘어 산이었다. 둘 다 확진되고 나니 배달 음식에 목매게 되었다. 일을 못하게 되니 하루하루가 두렵기만 했다. 그 기간을 버틸 돈이 없었더라면 아픈 몸을 끌고 일하러 나갔을 것이 분명했다. 다행히 돌봄을 구매할 돈이 있었다. 주변 동료들도 아프면 당연히 쉬어야 한다고 말해줬다. 끔찍한 고통의 순간이 지나고 나니, 보건의료, 배달 등 필수노동자들 덕분에 살 수 있었다는 걸 절감한다. 그 과정에서 그가 떠올린 공공성은 아프면 쉬는 게 당연한 권리, 개인의 경제력이 아닌 국가 제도로서의 소득 보장이었다.

단기 격리 상황에서도 난감했는데, 만약 만성 질병이거나 장기적인 소득 상실과 돌봄 공백이 닥쳤다면 어땠을까? 평생에 걸쳐 돌봄을 해야 하는 형편이라면 답이 안 나올 것이다.

답을 구하기 전에 질문이 먼저 있어야 한다. 주민센터에 지원서비스가 있다면? 긴급돌봄센터의 지원이 가능하다면? 돌봄협동조합이 있다면? 평소에 주위에 그런 것이 있고 접해본 경험이 있다면 다양한 가정을 하고 시도를 해보겠지만, 대개는 '당연하게' 시장의 손을 빌릴 것이다. 그런데 버틸 돈이 없고 단기간이라도 돌봄을 구매할 돈이 없다면 어떻게 될까?

박 위원장의 경험에 덧붙여보자면 민주적으로 관리되고

공유자원을 활용하는 공공서비스 기관, 그런 기관들을 관리하는 원칙과 규범, 돌봄을 지지하고 참여하는 관계망 등이 돌봄의 공공성에 담을 것들이다. 시장이 아예 필요 없다는 게 아니다. 너무 성급하게, 미리 먼저 시장을 해결책으로 상정하는 게 문제다. '뭐 하러 그러고 있어? 돈으로 해결하면 되지'가 먼저 자리를 차지하면 돌봄의 공공성이 뿌리내릴 틈을 찾을 수 없다.

노동이 아닌 일, 노동이고 싶지 않은 일

'돈 생각하면 할 수 있는 일이 아니다.'

'이 일 아무나 못 한다.'

'내가 잘하는 이 일이 내 자부심이 되려면 이것을 인정해주는 시스템이 필요하다.'

요양보호사들이 각종 인터뷰와 실태조사 등에서 하는 말들이다. '노동'이란 말은 단순하지가 않다. 누구는 노동을 인간성의 핵심으로 보고 칭송하지만, 누구에게 노동은 고역이고 되도록 피하고 싶은 것이다. 돌봄노동에서는 더욱 그러하다. 돌봄은 '사랑의 행위'라고 인식되고 칭송돼왔다.* 그런 숭고한 행위에 '노동'이란 말을 붙이기를 거북해하거나 거부하는 입장도 있다. 돌봄을 '돌봄노동'이라 칭할 때 그 의도나 효과는 양가적이다.

---

* 에바 페더 커테이 (2016), 『돌봄: 사랑의 노동』, 나상원·김희강 옮김, 박영사.

우선 '노동이 아닌 일'에 대해 살펴보자. 그간 주로 여성이 해온 일은 '노동'으로 대우받지 못했다. '엄마, 무슨 일 하시니?' '집에서 노세요.' 오랫동안 여성의 일을 무시하고 비가시화하는 대표적 문답이다. 해도 해도 끝이 없는 여성의 일은 '무급'으로서 임금노동을 뒷받침해왔다. 무급이기에 아무리 많이, 아무리 중요한 일을 하더라도 '논다'는 말로 표현됐다.

재생산을 공짜로 떠맡아주던 가족의 상은 더 이상 가능하지 않다. 무급으로 처리되던 일이 상당 부분 '임금' 노동이 됐다. 요양보호사를 비롯한 돌봄노동자들이 노동으로 취급되지도 대우받지도 못했던 일을 노동으로 하게 됐다. 이렇게 '노동'임을 드러내고 정당한 임금을 요구한다는 점에서 재생산노동/돌봄노동의 필수성과 생산성을 드러내는 효과가 있다. 돌봄노동자 스스로가 '노동한다'를 힘의 원천으로 삼을 수도 있다.

하지만 과연 좋기만 한 것인가? 돌봄이 '노동'임을 드러내야 가치를 입증할 수 있는 동시에 불리한 노동으로 낙인찍히는 역설이 존재한다. 집 안에서는 무급이었던 일이 집 밖에서는 저임금의 노동이 됐다. 여성이 집에서 아무런 보상이나 대가를 기대하지 않고 하던 일이라는 인식으로 인해 제대로 가치를 인정하려 하지 않는다. 여성화된 노동으로 성별화된 분업이 더 굳어지고, 성별화된 차별과 착취도 계속된다.

둘째, '노동이고 싶지 않은 일'의 문제가 발생한다. 여기서 노동은 '임금노동'인데, 돌봄노동은 임금으로 평가될 수 없는 일, 임금을 초과하는 행위를 담고 있기 때문이다. 돈이 오가는 것으로 끝나지 않는다. 모든 돌봄 행위가 임금을 매개로 교환될 수 있는 것도 아니다. 이에 요양보호사들의 표현은 양가적이다. '이 일이 좋은데 싫다', '돌보러 왔는데 노동하고 있다'는 식의 말이다. 그 심중을 짐작해 더 길게 써보면 '사람을 돌보는 건 좋은 일인데 잘 돌볼 수 없는 환경이라 싫다'는 것이고, '마음과 정성을 다해 돌봄을 하고 싶은데 컨베이어벨트를 돌리는 식의 노동에 쫓기고 있다'는 것이다.

돌봄을 고귀한 것으로 숭배한다는 미명하에 '노동'으로 인정하지 않고 대가를 지불하지 않는 것, 동시에 돌봄에 대한 가치 인정을 회피하려고 '(저임금, 불안정, 비숙련)노동'의 낙인을 찍으려는 것, 이런 양가적 모순 사이에 낀 존재가 돌봄노동자다.

당장 임금이 너무 낮기에 올려야 하는 것은 당연하다. 하지만 돌봄노동의 가치는 임금만으로 인정받는 게 아니다. 임금을 초월한 그 무엇이 필요하다. 돌봄노동의 가치를 돈으로 계산하기는 불가능하다. 돌봄노동을 재평가하고 존중해야 한다. 정당한 가격을 지불하면서 동시에 돌봄의 가치는 그 지불을 언제나 초과한다는 것을 인정한다고 해서 서로 모순되는 것은 아니다. 사회적 관계 속에서 경력과 전문성을 인정하면서 돌봄노동의 위치를 재정립해야 한다.

그럼에도 불구하고, 해내고 있다

말도 안 되는 조건 속에서도 눈부신 돌봄이 존재한다. '사람이 사람에게 저렇게까지 할 수 있구나' 감탄과 감동을 자아내는 돌봄 사례들이 있다. 누워서만 지내던 노인이 다시 밖으로 나가 산책하고 도서관에 가고 사람을 만날 수 있게 만들고, 쓸 만한 물건이라고는 하나도 없던 휑한 독거노인의 방에 지역사회의 자원을 연결하여 가전제품을 구비하고 제철 채소로 냉장고를 채우는 '기적'을 발휘한 방문요양보호사가 있다. 코로나19 감염병 상황에서도 돌봄 현장을 떠나지 않고 마지막 순간까지 손을 잡아주며 임종에 동행한 요양시설의 보호사들이 있다. 치매 노인의 망상을 비웃지 않고 그의 입장에서 상상해서 이야기에 맞장구치고 새로운 이야기를 만들어내는 창조적인 돌봄도 있다.

요양보호사들의 글과 인터뷰에 등장하는 사례들이다. 마지막 사례는 '똥칠하는 치매 어머니'와 밭도 가꾸고 어머니가 자란 마을로 나들이도 가면서 너무나 고되지만 상상력과 도전, 의미로 충만한 삶을 산 아들의 이야기다. 그는 어머니와 동고동락한 경험을 책으로 쓰면서 자신뿐 아니라 어머니 이름도 저자의 자리에 올렸다. 두 사람이 함께 엮어낸 낮이고 밤이었기 때문이다.*

---

* 　전희식 · 김정임 (2008), 『똥꽃』, 그물코.

하지만 이런 사례를 미담으로 발굴하고 영웅 서사로만 소비하는 것은 부당하다. 아무리 조건이 나빠도 저렇게 해내고 있는 사람도 있다고, 지금의 돌봄노동자들을 더 채근하는 식이 되는 건 최악이다. 그나마 공공성이 확보된 요양기관에서, 어느 정도 고용이 안정되고 돌봄 시간이 확보된 가운데, 돌봄 철학과 리더십을 겸비한 운영 책임자를 만나서, 돌봄노동자 개인의 성품과 역량이 뛰어나서, 이런 조각들이 맞춰져 '우연히' 또는 '기적적으로' 나타난 사례를 두고 모든 돌봄노동자에게 '저렇게 해봐라' 할 수는 없다.

요양시설에서는 2.5 대 1이라는 기준이 법제화되어 있다. 돌봄종사자 1인이 노인 2.5명을 돌본다는 말이다. 그러나 여기서 돌봄종사자는 원장을 비롯해 직접 돌봄을 하지 않는 사무장, 간호(조무)사, 사회복지사 등은 포함하면서 3교대 근무나 휴일, 공휴일, 연차 등을 전혀 셈에 넣지 않은 공식이다.

열 분의 어르신을 4명의 요양보호사가 돌보는데 대상자는 24시간 4명입니다. 13년째 그대로입니다. 낮 근무에 최소 4명이 근무해야 하는데 3명이 근무합니다. 목욕시 목욕자 1명, 이동 도움, 옷 갈아입히기 1명, 침대 시트 갈기 1명, 룸을 지킬 사람이 없습니다. 나머지 1명은 저녁에 출근하여 나이트를 해야 하니까요. (⋯) 보호자들은 항상 눈앞에 2.5:1의 요양사가 근무하는 줄 알고 다 어디 갔느냐고 하고 요양원은 낙상 등 사고가 났을 경우 열심히 일한 케어자를 질책, 징계하기도 무안합니다.

이영숙, 2021*

돌봄 현장에는 한 번도 가보지 않은 사람들, 살면서 한 번도 제대로 돌봄을 해보지 않은 사람들은 우연이나 요행으로 일어난 좋은 돌봄 사례가 발굴되면 반색하고 안도할지 모른다. 그러나 우리가 해야 할 일은 좋은 돌봄의 기본 요소를 발견해 이를 돌봄 현장의 필수 요소로 만드는 것이다. 열악한 노동 환경에도, 늘 부족한 시간에도, 사회적으로 너무나 낮은 인정에도 불구하고 가슴 뭉클한 돌봄이 존재하는 건 오로지 돌봄을 하면서 "생겨버린 책임감"과 '차마' 외면하지 못하는 '마음'** 때문이다. 좋은 돌봄 사례의 가장 중요한 의미가 있다면 돌봄자를 지키고 돌보는 노동 환경과 제도적·사회문화적 지원이 마련된다면 믿고 기댈 만한 돌봄이 가능하다는 사실의 증명이다.

이것은 도움이 필요한 의존 상태에 있는 사람과 그 필요에 응답하는 사람의 관계 속에서 행해지는 실천이기에 가능한 일이다. '당신과 내'가 기댈 수 있는 그 돌봄을 공적으로, 조건을 갖춰 시민사회 안에 기본값으로 만드는 일이 절실하다. 그때 우

---

* 전희경 (2022), "'요양보호'와 '삶'의 경계에서: 요양보호사의 경험으로부터 생각하는 노년돌봄', 2022년 한국여성학회 춘계학술대회 발표문에서 재인용.

** 같은 글.

리는 요양보호사의 지식과 역량을 마음껏 기대할 수 있다. 이 지식은 몸으로 체화한 실천지식이다. 이 실천지식이 돌봄의 생태계를 비옥하게 만들 수 있도록 돌봄노동자의 전문성을 소중히 여기고 돌보는 방향으로 사회문화 환경을 구축해야 한다. 이를 위해서는 시민사회 논의와 정책과 생명윤리, 인간의 취약함에 대한 이해, 정치 등을 현장에서의 실천을 중심으로 통합해 연결하려는 노력을 멈추지 않아야 한다.

통합적 연결은 현장의 돌봄 경험에서부터 시작해야 한다. 누가 어떻게 돌보고 있는지 돌봄의 보람과 기쁨, 좌절과 고립, 심지어 살해를 포함한 현장에서의 경험을 공론의 주제로 만들어야 한다. 이때 시민사회가 등장해 다양한 돌봄 경험들을 통용 가능한 지식으로 만들고 논의의 장을 마련해야 한다. 이 과정을 통해 최적화된 합의를 만들고 이 합의를 정책으로 만들라고 압박한다. 권리의 이름으로 압박하는 것이 효과적일 수 있다. 시민사회의 압박은 개별 정책을 마련하는 데서 멈추지 말고 정치의 지평, 방향성, 철학으로까지 확장되어야 한다. 이 과정은 순차적이지 않고 끊임없이 섞이고 순환될 것이다. 그리고 언제든 현장에 입각해서 질문 받고 비판받고 수정되는 방식이 될 것이다.

좋은 돌봄을 바란다면

'나라면 어떤 돌봄을 받고 싶은가?'

'나는 어떤 돌봄을 하고 싶은가?'

이런 질문에 바로 나올 만한 답들이 좋은 돌봄의 요소다. 내가 몸을 움직이기 곤란한 상태일지라도, 인지가 떨어지고 혼란이 온 상태일지라도 누군가가 나를 같은 사람으로 대해주면 좋겠다. 한 사람에게 너무 과중한 부담을 주지 않도록 여러 사람이 넉넉한 시간을 가지고 자신들이 존중받는 환경에서 나를 돌봤으면 좋겠다. 내가 원할 때 먹고 자고, 내가 원하는 사람들과 교류할 수 있도록 나의 취향과 개성을 존중하는 환경에서 돌봄 받으면 좋겠다. 갑자기 획 잡아당기거나 혹 벗기거나 확 먹이거나 하지 않고, 나에게 지금 무엇을 하는지 알려줬으면 좋겠다.

이런 필자의 바람은 선구적으로 좋은 돌봄을 실천하거나 전문 역량을 계발하고 발휘해온 이들의 방안과 크게 다르지 않다. 가령『휴머니티드 혁명』에서는 돌봄노동자가 방문을 노크한 후 곧장 들어가지 않고 잠시 짬을 두고 들어가라고 한다. 와상 상태이고 인지장애가 있더라도 사람 간의 기본 예의로서 상대방이 노크 소리를 듣고 사람을 맞이할 준비를 한다고 생각하는 것이다. 그리고 돌봄 대상에게 앞으로 할 돌봄 행위가 무엇인지 먼저 말한다. 상대방이 제대로 응답할 상황이 아니더라도 계속 말을 건다. '지금 머리에 물을 부을 겁니다.' '물 온도가 어떠신가요. 이 온도 괜찮으시면 계속합니다' 이런 식으로 계속 말을 걸면서 돌본다. 돌봄 대상자에게 힘이 남아 있는 한 눕히지 않고 가능한 자주 일으키고 움직이도록 돕는다.『휴머니티드 혁명』의 저자들은 또한 새벽 세 시에 자는 사람을 왜 저녁 여덟 시에 재워야 하는지 질문한다. 이런 구체적인 실천의 뿌리에는 돌봄의 철학이 자리하고 있다.

'휴머니튜드'란 프랑스어로 '인간다움'을 의미한다. 휴머니튜드 돌봄의 주창자는 '인간다움을 되찾다'라고 하는데 '나는 이미 인간인데 왜 인간다움을 되찾아야 하지?'란 반문에 대해 이렇게 말한다. "태어났다고 모두 인간이 되는 것은 아니다. 누군가에게 내가 필요하고 '당신은 인간입니다', '당신이 소중합니다'하며 존중받을 때 비로소 인간다움을 획득하고 인간사회에 속할 수 있다."[*]

고립된 상태란 인간다움의 유대가 끊긴 상태다. 인지장애 상태에서라도 사람은 말 걸어주는 것을 반기고 그 소통의 상태를 기억한다. 친절하고 성실하더라도 상대방에게 말 한마디 걸지 않고 몸을 닦아주거나 식사를 보조한다면 과연 좋은 돌봄일 수 있을까? 좋은 돌봄은 자유로운 두 사람의 만남 자체로, 돌봄 대상자 중심이 아니라 사람과 사람 사이 관계, 돌봄 관계의 질을 중심에 둔다.

요양보호사들이 말하는 일과 보람, '그럼에도 불구하고' 해내는 돌봄은 이런 좋은 돌봄을 갈망하고 있다. 물론 갈 길이

---

[*] 이브 지네스트·로젯 마레스코티 (2019), 『휴머니튜드 혁명』, 대광의학. 업무나 계획표가 아니라 사람을 중심에 두는 '사람 중심 케어'도 비슷한 흐름 속에 있다. 미즈노 유타카 (2011), 『퍼슨 센터드 케어』, 어홍선 옮김, 노인연구정보센터.

멀다. 좋은 돌봄을 할 수 있는 환경은 요양시설의 환경과 요양
보호사의 노동 조건을 개선하는 것만으론 가능하지 않다. 교육
을 강화하고 전문적인 돌봄 기술을 연마하는 것으로도 충분하
지 않다. 사회구조는 그대로인데 특정 공간만 변하는 것도, 한
직군의 노동 조건만 바꾸는 것도 불가능하기 때문이다. 돌봄 현
장은 노동 시스템, 성별화된 직군, 무리한 시간 배치, 의존과 돌
봄을 바라보는 차별과 편견, 소비자 마인드, 이런 것들과 연동
해 같이 변해야 한다.

　　임금을 비롯한 노동 조건, 여성에게 전가되고 여성화된 일
이라는 점을 떠나서 보면 돌봄노동은 좋은 노동일 수밖에 없다.
타자에게 관심과 보살핌을 기울이는 것은 사람 사이/관계를 만
들고 확장하는 활동이다. 돌봄이 기꺼이, 즐겁게 같이 나누고
같이 할 수 있는 활동이 되어야 돌봄노동의 가치와 대우도 높아
질 것이다. 돌봄노동의 의미와 가치는 전체 사회가 어떤 가치를
우선에 두는지에 따라 위계와 위치가 달라진다. 당장의 급한 불
끄기, 또는 시혜적 조치로서 임금 인상에 그치는 것이 아니라
돌볼 만한 환경을 위해 사회 전반이 공유하는 책임, 돌봄노동자
를 돌보는 사회적 연대의 장치가 작동하는 시스템의 변화를 같
이 고려해야 한다.

8장

보편적 돌봄을 상상하기

'아무도 남을 돌보지 마라' vs '아무나 돌봐라'

아무도 남을 돌보지 마라

『아무도 남을 돌보지 마라』라는 매우 도발적인 제목의 책이 있다. 사회학자 엄기호가 2009년 쓴 책이다. 부제로 달린 '인문학의 눈으로 본 신자유주의의 맨얼굴'이 제목의 도발성이 무엇을 향하고 있는지 어느 정도 알려준다. 신자유주의라는 말에서 도대체 저 '자유'는 누구의 어떤 자유인지, 무엇을 하고 무엇을 하지 않을 자유인지 묻고 있다.

이 책에 따르면 우리는 자유라는 말이 넘쳐나는 세상에 살고 있다. 자유로워지라는 명령이 가득한 삶 속에서 저마다 부자유한 몸을 자유롭게 혹사한다. 그럴수록 자유는 저만치 멀어져 간다. 자유가 넘쳐나는 시대의 역설이다.

왜 이런 일이 벌어질까? 자유의 가치가 어그러졌기 때문이다. 자유를 타자와의 관계 속에서 누릴 가치, 상호의존하는 공동체 속에서 같이 만들어 누려야 할 공통의 가치가 아니라 저마다의 선택의 자유로만 여기기 때문이다. 자유는 인간의 권리 (Human Rights)의 중심이다. 여기서 인간(Human)은 인류라는 공동체를 가리킨다. 그런데 자유가 파편화된 개인의 선택의 자유로 앙상하게 축소되면 그것은 자유라는 이름 아래 모든 실패와 탈락의 책임을 개별자가 홀로 짊어져야 한다는 논리로 귀결된다.

이런 신자유주의식 자유를 돌봄의 맥락에 적용하면 어떤 상황이 전개될까? 예를 들어 '자기 몸은 자기가 돌보라'는 말은 자신의 건강도 돌봄도 스스로 책임져야 한다는 말이 된다. 또 설령 병에 걸린다면 어떤 치료와 돌봄을 받을지, 즉 어떤 치료와 돌봄 서비스 상품을 구매할지 소비자로서 잘 선택하라는 말이 된다. 국가도 공공도 아닌 자유시장에서 돌봄을 사적으로 구매해야 하는 현실에서 구매력을 확보하지 못했다면 그것은 '자유'로운 개인의 책임이 된다. 공적 보험이 메꿔주지 않는 부분은 사보험이든 뭐든 개인이 알아서 준비했어야 한다. 이런 식으로 '돌봄 받을 권리'는 '돌봄을 구매할 능력을 갖출 책임'으로 바뀐다.

여기서 자유는 아무도 믿지 말고 스스로의 힘으로 자신을 계발하고 경쟁에서 승리하(라)는 것을 의미한다. 그리고 그 귀결은 '아무도 남을 돌보지 말라'는 명령에 충실한 몸이 되는 것이다.

자유로운 개인은 자기를 돌볼 책임이 있는데, 그런 책임을 감당하지 못해 도태된 자를 누구보고 돌보라는 것이냐? 그것은 자기 자유에 충실한 사람들에 대한 부당한 개입이고 간섭이다. 따라서 누구나 타자를 돌볼 책임에서 자유로워야 한다.*

이렇게 돌봄 받을 권리와 돌볼 권리/자유가 오로지 스스로를 알아서 돌볼 책임으로 전도될 때, 자유로운 개인들이 궁극적으로 맞닥뜨리게 되는 것은 공포다. 아프거나 늙고 병들어서 또는 불의의 사고를 당해서 절대적인 의존 상태에 빠지게 된 사람을 보면서 '나는 절대 저렇게 되지 말아야지'라고 다짐하는 것은 '나 또한 저렇게 될 수 있다'는 공포에 대한 부인일 뿐이다. 돌보는 사람으로 호출될 때도 같은 부인의 기제가 작동한다. 혹여 '이 정도는 내가 할 수 있겠지' 하는 마음으로 돌봄에 발을 담갔다가 감당하리라 예상했던 돌봄의 수위를 넘어 책임이 온통 자신에게만 몰릴 수 있다. '아예 빌미를 주지 말고 돌봄 문제에 거리를 두고 마음을 독하게 먹어야 한다'는 것이 '책임의 수렁에 빠져봤던' 주변인의 조언이기도 하다.

시민사회와 복지 체계 차원에서 보편적인 돌봄을 마련하기 위한 제도적 대안이 전혀 없는 것은 아니다. 하지만 적극적

---

* 엄기호 (2009), 『아무도 남을 돌보지 마라: 인문학의 눈으로 본 신자유주의의 맨얼굴』, 낮은산.

자발성으로 신자유주의식 '자유' 문화를 추종하는 파편화된 개인은 그런 대안들을 냉소하며 비웃는다. 보편적인 돌봄에 어떻게든 손을 보태려는 노력이나 시도는 그의 몫이 아니다.

여기서 '아무도 남을 돌보지 말라'라는 감수성이 대세로 자리 잡는다. 자기관리를 강조할수록, 경쟁에서 살아남지 못할까 봐 공포가 커질수록 돌봄에 대한 구조적 무관심도 커진다. 돌봄의 결핍은 채워지지 않은 채 돌봄에 관한 모든 것이 공포의 연쇄작용을 일으킨다.

'아무나' 돌봐라:
부정의(injustice)의 부정으로 이루는 돌봄의 전환

'아무도 남을 돌보지 마라'를 '아무나 돌봐라'로 바꾼다면 어떻게 될까? 그것은 무슨 의미일까? '아무나 돌볼 수 있는 건 아니다'라고 하면 돌봄은 무슨 특별한 능력이나 자격이 있어야 가능하다는 뉘앙스를 풍긴다. 이때 '아무나'는 주격만이 아니라 목적격에 해당할 수도 있다. 그럼 '아무나 돌봄의 대상자가 될 수는 없다'는 의미가 되고, 이 역시 특별한 관계나 자격을 요구하는 듯하다. 어떤 사람은 돌봄을 받을 수 없다는 말이 된다. 반면 '아무나 돌봐라'는 아무나 돌봄의 제공자이자 대상이 될 수 있다는 의미다.

이와 비슷한 논의로 런던에서 시작된 돌봄 단체인 '더 케어 컬렉티브'는 『돌봄선언』에서 "난잡한 돌봄"을 말한 바 있다.

돌봄의 위계를 해체하고 급진적 평등주의로 방향을 전환해야
한다는 취지에서 제안한 표현이다. 난잡한 돌봄 윤리는 "인간,
비인간을 막론하고 모든 생명체 간에 이루어지는 모든 형태의
돌봄이 필요와 지속가능성에 따라 공평하게 그 가치를 인정받
고 사용되어야" 함을 강조한다.* 돌봄에는 어떠한 차별도 위계
도 있어서는 안 된다. 그러나 구별 짓기나 경계 짓기가 없다고
해서 그 돌봄이 가볍거나 진정성을 결여하고 있는 건 아니다.

가볍고 진정성 없이 거리를 두고 행하는 돌봄은 신자유주
의적 자본주의의 돌봄이다. 그리고 그 결과는 끔찍하다. 우리는
난잡한 돌봄이 가장 가까운 관계부터 가장 먼 관계에 이르기까
지 돌봄의 관계를 재정립하며 증식해가는 윤리 원칙이라고 생
각한다. 난잡함이란 더 많은 돌봄을 실천하고 또 현재 기준에서
는 실험적이고 확장적인 방법으로 실천하는 것을 의미한다. 우
리는 너무 많은 돌봄 요구를 너무 오랫동안 '시장'과 '가족'에 의
존해 해결해왔다. 우리는 그 의미의 범주가 훨씬 넓은 돌봄의
개념을 만들 필요가 있다.**

아무나 이웃
'아무나' 돌봄에서 상상할 수 있는 존재는 '아무나'로서의

---

*   더 케어 컬렉티브 (2021), 『돌봄선언: 상호의존의 정치학』, 정소영 옮김, 니케북스,
      79-80쪽.
**   같은 책, 81-82쪽.

이웃이다. 그런데 이웃이라고 해서 꼭 친밀하거나 내 사정을 속속들이 아는 관계로 상정할 필요는 없다. 이웃이 꼭 얼굴을 알고 친근하게 지내야 하는 거라면 부담스러울뿐더러 경우에 따라서는 '두려운' 존재가 될 수도 있다. 여기서 말하는 이웃은 '연결망 안에 들어와 있는 관계'를 말한다. 이 연결망은 사적인 친밀감이나 자발성이 없더라도 협업으로 집단적으로 세울 수 있는 것이다. 그 연결망이 있다는 걸 거기 속한 개별 주민들이 알고 있고, 무슨 일이 생긴 사람에게 '거길 찾아갈 권리가 있다'고 또는 그 돌봄망에 '당신이 참여할 수 있다'고 알려줄 수 있다. 이런 연결망에서 내가 꼭 이웃을 깊이 알아야 할 필요는 없다. '아, 이게 우리의 공공의 영역이야'라고, 한 공간 안에 있다는 상호 인식 속에서 '당신, 저기 가봐'라고 알려줄 수 있으면 족하다.

사회학자 우에노 치즈코는 『누구나 혼자인 시대의 죽음』에서 혈연관계를 벗어나 노후와 죽음을 돌본 사례들을 풍성하게 내놓는다. 그중 하나가 별다른 연고 없는 사람들끼리 꾸린 돌봄 네트워크 이야기다.

저자의 모교 교사이자 싱글인 세키 선생님은 역시 혼자인 어머니 야스에와 살았는데 어느 날 어머니가 뇌경색으로 쓰러졌다. 교사 일을 관두면 생계를 꾸릴 수 없고 간병 비용도 델 수 없는 상황이었다. 그렇다고 어머니 병실에서 자고 학교로 출근하는 힘겨운 일상을 계속 버틸 수도 없었다. 어머니 곁에는 누군가가 늘 필요했다. 고민 끝에 선생님은 주변에 도움을 구했고 알음알음 주부, 회사원, 학생, 아르바이트생 등 다양한 서른 명의 여성이 모였다. 야스에 할머니는 누워 있는 상태에서 튜브 영양을 하며 눈을 깜박이는 것 말고는 의사소통을 할 수 없었다. 하지만 돌봄자들은 계속해서 말을 건넸고 할머니는 반응을 되찾았다. 웃음이 오가는 병실에서 할머니는 그렇게 3년 남짓을 사셨고 돌봄자들은 '그 3년은 우리에게 의미 있는 시간이었다'고 했다. 간병보험도 뭣도 없던 1980년대 중반의 일이었다.

당시 서른 명의 동료들은 할머니의 상태나 주의사항 등 서로에게 메시지를 남기는 노트를 만들었다. 이 노트는 간병 기록이었을 뿐 아니라 자신들의 마음을 털어놓는 교환일기 같은 것이 되었다. 은둔형 외톨이로 집에만 있다가 어떤 계기로 이 네트워크에 참여한 젊은 여성이 있었다. 그는 할머니에게는 숨을 쉬는 것도 대변을 보는 것도 큰일이었는데 나름으로 열심히 살고 있는 할머니를 보고 있노라면 자신은 이렇게 삶을 내팽개쳐도 되는지, 그런 자신이 부끄러워졌다고 털어놓기도 했다.[*]

"내가 연고자요!"

서울 동자동은 쪽방촌으로 알려져 있다. 이곳 주민들이 홈리스로서 맞닥뜨려야 하는 위험은 다양하다. 그중에서도 '무연고자'로서 맞는 사망 처리와 장례는 큰 공포다. 가족과 교류 없

---

[*]   우에노 치즈코 (2015), 『누구나 혼자인 시대의 죽음』, 송경원 옮김, 어른의시간, 282쪽.

이 살던 이가 사망하면 당국에서 연고자를 수소문한다. 혹여 찾아서 연락하더라도 대개는 오래 단절된 채 지내온지라 시신 인수를 거부하거나 큰 비용이 드는 장례 책임을 지려 하지 않는다. 그러면 행정기관에서 처리하는데 이때 망자를 다루는 방식과 절차에서 세심함을 기대하긴 어렵다. 오랜 관행상 무연고자가 사망하면 '장례'가 아니라 '처리된다'는 감각을 지울 수 없었다. 이에 쪽방촌 주민들을 포함한 빈민·사회운동의 요구로 서울시 공영장례조례(2018)가 제정되었다.

쪽방촌 주민들은 고인과 꼭 가까운 사이가 아니라 데면데면한 관계였더라도 무연고자 장례식에 참석하곤 한다. 자신들이 참여해 고인이 '무연고자'가 아니라 '연고 있는' 사람임을 보여주고 싶어서다. 법률상 연고자란 사망자의 배우자, 자녀, 부모 등 가족관계로 정해져 있다. 가족 이외의 사회적 관계에 해당하는 표현은 "시신이나 유골을 사실상 관리하는 자"로서 연고자의 최하순위에 속한다. 가족 이외의 연고자가 장례 당사자가 되는 경우는 드물다.

2019년 여름 '무연고자'인 동자동 주민 최경철이 사망하자 주민들은 이번에도 역시 장례 절차에 개입했다. 이들은 '처리'가 아니라 '애도'하는 죽음을 원했다. 이때 더 적극적으로 개입한 사람이 있었다. 최경철은 계단에서 쓰러져 머리를 다쳐 전신마비 증상을 보였고 고령의 기초생활수급자로서 받을 수 있는 치료에 한계가 컸는데, 주민 강영섭은 자발적 돌봄에 나서 그런 최경철의 곁을 1년 반 동안 지켰다. 쪽방촌 주민의 정이자 도리였을 뿐 다른 것은 없었다. 자신도 기초생활수급자이면서 비급여 치료비용을 조달하고 식사와 배설 같은 간병을 도맡았다. 마지막으로 최경철을 떠나보내면서도 그는 무연고 장례보다 비용이 훨씬 더 드는 일반 장례를 치렀다. 무연고임을 확인하는 행정 절차 때문에 고인을 더 오래 영안실에 두는 게 싫었다고 한다. 무엇보다 자신이 바로 최경철의 '연고자'이기에 고인을 '연고 있는 사망자'로서 보내드리고자 했다.* '무연고 공영장례'를 만들고 개선하는 힘도, 기존 제도가 그린 한계를 벗어나 최선을 다하려는 시도도 '아무나' 이웃들에게서 나왔다.

혈연관계와 성역할 통념을 넘어서

정의로운 돌봄 사회로 전환하기 위한 첫걸음은 돌봄의 현실을 둘러싼 부정의에 확실하게 '아니오'라고 말하며 맞서는 것이다. '넌 누구냐?'는 질문에 '아무나요'로 답하는 것이다.

첫 번째 '부정의'는 돌봄 수행자로 가족이 지목되는 관행과 관련된다. 돌봄은 가족, 그중에서도 배우자 또는 자녀에게, 기혼 자녀보다는 미혼/비혼인 자녀에게, 여기에 성역할 고정관념이 들러붙어 특히 아내, 딸, 며느리에게 부과되곤 한다. '가족이라야 믿고 맡길 수 있다', '여성은 자연적으로 잘 돌본다', '건

---

*   정택진 (2020), 『동자동 사람들』, 빨간소금, 109-152쪽.

사할 가족이 없는 미혼/비혼 자녀가 더 수월하게 돌볼 수 있다', 이런 통념은 돌봄을 향한 자발성과 돌봄의 확장을 가로막는 부정의다.

이 부정의를 부정하는 의미로서 '아무나'는 혈연관계나 성역할의 고정관념을 벗어나 돌봄 책임자의 범위를 바꾸고 확장하려는 의지를 표명한다. 돌봄자의 자리는 친밀한 관계, 믿고 의지하는 관계, 구체적인 삶의 장소와 일상을 공유하는 관계로 확장될 필요가 있다. 전통적 통념이 이 확장을 가로막고 있다. 법제도는 이 통념을 뒷받침하거나 강화한다. 이에 맞서 혼인과 혈연관계에 국한되지 않는 다양한 가족 형태를 인정하고, 실질적인 돌봄 관계를 보호하고 이에 대한 차별을 철폐하고, 생활과 돌봄을 공유하는 관계를 인정하는 제도적 지원이 필요하다.

돌봄을 혈연관계나 성역할 고정관념에 붙들어 매는 통념은 현실 속에서 수행되는 여러 다른 돌봄 형태를 인정하지 않을 뿐더러 그것이 구현하는 돌봄의 확장과 새로운 상상력을 방해한다. 성소수자, 중증장애인 등 사회적 소수자는 신뢰와 우정의 커뮤니티 안에서 통념을 벗어난 돌봄을 이미 하고 또 받고 있다. 이들의 돌봄은 사회적으로 기대되지도 않고 지원되는 바도 없기에 '실험적이고 확장적'이다. 이들은 허들 경기하듯 '보호자 자격 없음'이 가로막는 방해물을 계속 넘어야 한다.

"예상치 못했던 파트너 돌봄"을 받아 안게 된 성소수자 캔디는 돌봄의 시작에 '보호자' 문제가 있었음을 이렇게 말한다.

병원에서는 '법적 보호자'가 아닌 나를 크게 배척하지는 않았지만, 심각한 이야기를 할 때면 거듭거듭 어머니를 모셔 올 것을 제안하곤 했다. 나는, 존재와 몸짓으로 내가 보호자임을 끊임없이 알렸다. 주도적으로 궁금한 것을 묻고, 방향을 묻곤 했다. 어차피 이 병원에 하루이틀 다닐 것이 아니니, 내가 보호자임을 계속 주지시키는 것이 중요할 뿐이었다. 실제로 어느 순간 이후에 의사는 더 이상 어머님을 제안하지 않기도 했다. 병원이 '내가 보호자'임을 인식하게 하는 것은 다음 스텝을 논의하고 현재 상황을 알아야 할 때 정말 중요하다.[*]

파트너의 70대 노모에게 또 다른 주 보호자가 있음을 인식시키는 과정 또한 넘어야 할 허들이었다. 이 외에도 투병의 모든 과정은 동성 커플로서는 감당하기 어려운 많은 난관으로 이루어져 있었다. 2년간 지속된 투병의 시간 내내, 돌봄의 매 순간, 낯선 상황과 새로운 고민이 닥쳐온다. 이때 이 난관을 함께 헤치며 의존자와 주 돌봄자가 고립되지 않도록 도운 건 커뮤니티의 친구와 동료였다.

2년의 세월은 생각보다 길었고, 내가 마주했던 모든 돌봄의 순간은 사실 낯설거나, 어렵거나, 고민스러웠다. 상대의

---

[*]   캔디, '예상치 못했던 파트너 돌봄이 나에게 왔다', 〈일다〉, 2022. 6. 10.

판단을 존중하고, 나의 판단을 믿으며, 주변의 조언에 귀를 기울여야 한다. 모든 것을 내가 끌어안는 것이 아니라, 나의 한계를 받아들이고, 주변과 돌봄을 나누는 것이 무엇보다 중요했다. (…) 또한 동성 파트너 관계에서 돌봄은, 특히 사망이 동반되는 돌봄 경험은, 나의 위치를 절절하게 깨닫게 되는 순간이었다. 선의에 기대야 하는 모든 순간이, 그럼에도 불구하고 숨겨야 하는 모든 추억이, 어떻게 해서라도 함께 해야 하는 순간들이 내가 동성 파트너임을, 숨겨진 사람임을 실감하게 했다. '그럼에도' 해야 하고, 하고 싶고, 할 수 있는 것들이 있었다. 포기하지 않았고, 다양한 방안을 친구들과 함께 찾아갔기에 후회하지 않는 마지막 시간을 보낼 수 있었다.*

캔디의 돌봄 경험이 전하는 메시지는 한두 문장으로 요약할 수 없다. 시작도 없고 끝도 없는 게 돌봄의 내재적 속성이라면, 질서정연하고 일관되게 서술할 수 없는 건 돌봄 경험의 내재적 속성일 것이다. 게다가 돌봄은 예기치 않게 온다. 그래서 자발성과 진정성으로 행해진 모든 돌봄에는 '첫'의 실험과 '그럼에도'의 용기가 있다. 혈연관계와 성역할 규범에 갇힌 돌봄에서 가장 기대하기 어려운 게 바로 이 실험과 용기가 아닐까.

---

*   같은 곳.

위험한 '아무나', 보편적 돌봄의 극한을 생각하기

두 번째 부정의는 돌봄의 대상에 관한 것이다. '저런 사람까지 돌봐야 돼?'라는, '저런 사람'을 배제하는 부정의다. '저런 사람'에 지목될 가능성이 있는 이들의 목록은 길고 양상도 다양하다. 보험도 집도 친밀한 관계도 없는 사람, 시민권자가 아니거나 이주 배경을 가진 사람, 가망 없고 기약 없는 질병 상태에 있는 사람…. 돌봄의 자격을 따지다 보면 결국 돌봄이 가장 절실한 사람이 가장 차가운 응대를 받고 돌봄 결핍에 빠질 가능성이 높다. 그런데 이런 경우엔 그나마 보편적 돌봄의 이상과 윤리에 호소해 확장할 가능성이 있다.

'아무나'라도 말조차 꺼내기 힘든 대상이 있다. 가령 성희롱을 일삼는 남성 노인, 가족을 건사하지도 않고 정서적 학대를 일삼는 사람, 알코올중독이나 흡연 등 호감을 가지고 대하기 어려운 습관에 찌든 사람, 돌봄 장소의 질서와 규범을 해치는 사람….

아무리 돌봄 윤리가 중요하다 해도 돌봄자 쪽에서 볼 때 '저런 사람'에게까지 가닿고 싶지 않은 마음은 수긍하지 못할 바가 아니다. 나를 주어 '아무나'의 자리에 두고 다른 이를 돌보는 건 상상이 가능해도 목적어 자리 '아무나'에 이런 이를 두고 그를 돌보는 나를 상상하기는 어렵다.

앞서 말한 첫 번째의 부정의가 가족'만' 따지는 관계를 벗어나자는 취지여서 상대적으로 쉽게 받아들여질 수 있다면, 이

두 번째 부정의는 더 큰 곤란을 초래한다. 아무에게도 돌봄을 거절할 수 없다는 것을 받아들일 수 있을까? 이것이야말로 개인의 도덕적 역량으로 감내하라고 하는 대신 제도와 공동체의 윤리와 역량으로 감당해야 할 부분이다.

요양보호사, 사회복지사, 간호사 등 돌봄 영역에 주로 종사하는 이들은 여성이다. 현장은 달라도 이들이 공통적으로 고통을 호소하는 문제가 성희롱이다. 피해가 한 번으로 끝나지 않고 지속되어도 종사자들은 여러 형편상 현장을 벗어나지 못한다. '아무나' 돌볼 수 있으려면 예상 가능하고 오랫동안 반복되어온 폭력으로부터 돌봄노동자를 보호하는 장치가 필수다. 그러지 않고 개인적으로 감내하라고만 하는 것은 돌봄의 윤리와도 맞지 않는다. 돌봄은 상호적이지 일방적 행위가 아니기 때문이다.

관련 가이드라인*에 제시된 조치들은 분명하다. 피해를 입은 돌봄노동자가 사건 현장에서 즉각 벗어날 수 있도록 분리 조치를 취하고, 안정과 회복을 취할 수 있는 지원을 제공해야 한다. 독립적인 조사 기구를 운영하고, 법적 조치 등이 필요할 경우 개별 노동자가 알아서 하게끔 미루는 것이 아니라 그럴 경우를 위해 마련해둔 연계 시스템을 움직여서 해당 기관이 사건 후 후속조치를 담당하는 게 마땅하다. 동일한 문제를 계속 지적

---

* 영국공공서비스노동조합(UNISON), 〈재가돌봄노동자를 위한 건강과 안전 지침〉, 미국 사회복지사전국연합(NASW), 〈일터에서의 사회복지 안전지침〉 참조.

받은 가해 이용자는 유형과 상황에 따라 제재를 가하고, 그럼에도 여전히 필요한 필수 돌봄은 이전과는 다른 조치를 취할 수 있어야 한다. 가령 혼자가 아닌 2인 1조의 돌봄 방식을 취하거나, 피해자와 성별이 다른 요양보호사를 투입하거나, 보안요원이나 경찰을 대동하는 등이다. 그러려면 당연히 상당한 비용이 필요하다. 이 비용의 지출을 승인하는 것이 공동체의 윤리요 역량이다. 제도들의 골격은 갖춰져 있는데 그 안에서 돌봄자들이 언어적·물리적 폭력이나 각종 안전의 위협에 시달리도록 방치한다면 이는 돌봄자를 돌볼 책임을 방기하는 일이다.

가족에게 폭력을 행사해온 남편이 돌봄을 요구하는 상황은 또 어떠한가? 그걸 아내가 감당해야 할 이유는 없다. 아내는 폭력의 피해자로서 우선 돌봄 받을 권리가 있다. 그런 상황에서는 돌보지 않을 권리도 당연히 있다. 그러나 보통의 공동체의 윤리가 돌봄 책임에서 가족이자 여성을 먼저 따지기 때문에 아내는 자기 권리를 실현하기가 어렵다. 그런 아내에게 '당신이 돌봐야 할 이유가 없다'고 말해주는 공동체 윤리가 그 아내를 돌보는 사회적 역량의 출발이다.

폭력 피해자에 대한 돌봄 장치를 강화하는 일 또한 반드시 필요하다. 피해자를 돌보지 않은 채 방임하면서 가해자에게로 건너뛰는 돌봄 논의는 보편성을 강화하기는커녕 위험에 빠뜨린다. 여성에 대한 구조화된 폭력은 돌봄 현장의 주요한 위험 인자인데 젠더 문제를 건드리지 않고 개별 가해자의 성향만 따지는 것도 문제다.

　아내가 돌봄에서 마음 편히 해방되려면, 아내가 돌보지 않을 권리를 행사한다고 해서 그 남편이 돌봄을 받지 못하는 상황이어서는 안 된다. 그가 돌봄 받기 위한 '매개', '중간지대', '조정장치'가 있어야 가능하다. 탈가족화된 제도적 돌봄이 필요한 이유다.

　국가는 모든 구성원의 취약성에 응답해야 할 의무가 있다. '살인범에게도 밥을 줘야 돼?'라고 묻듯이 흔히들 묻는다. '그런 사람까지도 돌봐야 돼?' 살인자에게 그 행위에 따른 마땅한 벌을 내리는 동시에 우리는 그에게 밥을 먹이고 계속 돌봐야 한다. 왜? 모든 인간은 생명을 유지할 권리가 있고, 그도 타자에게 의지할 만한 가치를 지닌 생명이라는 것을 존중한다는 가치 위에서 우리는 사회를 구성했기 때문이다.

　극한적 돌봄을 행하는 것도 마찬가지다. 이것은 그의 존엄성에 대한 것만이 아니라 우리 자신의 존엄성에 대한 것이기도 하다. 아무나를 돌보지 못한다면 우리가 공통 토대로서의 존엄성을 보살피지 못하는 것과 연결되기에 극한적 사례의 돌봄도 지속되어야 한다. 사적인 감정에서는 용납이 안 되는 것이 사실이다. 그러나 사적인 판단을 넘어서는 보편적 판단으로서 작동하는 것이 공동체의 윤리이고, 극단적인 상황의 '아무나'도 돌봐야 하는 것이 제도의 역량이다.

'아무나', 인권에서 선언된 보편적 인간

'아무나' 돌봄은 돌봄의 원형을 가족 돌봄으로 두고 나머지 돌봄이 가족과 비교되는 것을 탈피한다. 돌봄의 원형을 상정하면 경기 후퇴, 재난 같은 위기가 발생했을 때 국가가 돌봄 재정을 오히려 줄이면서 돌봄을 다시 가족 책임으로, 가족 내 여성에게로 전가하는 악순환을 피할 수 없다. 혼인과 혈연관계가 아닌 '아무나(친밀한 사람, 유급 돌봄자 등)'의 돌봄이 '아무나(비용을 지불할 수 없는 사람, 관계망에서 배제되거나 주변부인 사람 등)'를 향할 때, 가능한 모든 자원으로부터 지원 받을 수 있는 구조를 만드는 것이 '아무나 돌봐라'의 지향이다.

'아무나 돌봐라'는 말을 '지식, 기술, 경험이 없어도 할 수 있는 일'이라고 오해하지는 말자. 돌봄은 전문 기술과 훈련된 태도, 인간에 대한 깊은 이해가 필요한 일이다. 비숙련 또는 여성의 일로 한정한 상태에서 돌봄의 전문성과 높은 윤리적 가치를 바라는 것은 염치 없다. 돌봄에 대한 인식과 실천의 폭이 넓을수록 돌봄의 가치를 고양할 수 있다.

돌봄의 가치에 대한 인정을 강화하기 위해서라도 '아무나 돌봐라'가 필요하다. 아무나 돌봄 역량을 가지고 있기에 돌봄 실천에 함께하고 기여할 수 있으며, 이로써 사회적인 것이 바람직한 형태로 재생산될 수 있음을 강조하는 것이다. '아무도 남을 돌보지 마라' 사회에서는 돌봄의 법적, 제도적, 경제정치적 구비를 외면한 채 개인들에게 잔 돌리기를 한다면, '아무나 돌봐라' 사회는 돌봄관계에 대한 인정과 지원을 같이 하면서 개별적인 독박 책임의 공포를 함께 벗어나려 한다.

돌봄과 인권의 만남에서 핵심은 '보편성'에 있다. 인권에서 선언된 인간은 아무런 조건과 자격을 따지지 않는 '아무나'다. 재산, 피부색, 성별, 연령, 장애, 국적 등에 관계없이 사람이라는 그 사실 자체로 존엄한 존재로 간주되며 존중받을 권리를 지닌다. 여타 조건과 자격에 따른 권리들과 인권의 차이다.

그런데 이런 '아무나'는 추상적인 존재다. 추상적인 인간으로서는 인권의 주체이지만, 진짜 현실에서 '아무나'가 되어서는 권리를 누리지 못한다. 추상적 인권의 역설이다. 현실에서 인간은 이런저런 특성을 가진다. 그에 따라 다른 대접 또는 배제와 차별에 당면한다. 인권의 추상성은 그런 배제와 차별에 맞서려는 사람들에게 믿고 따질 수 있는 원리일 수 있다. 위계와 차별에 맞서서 싸우려는 사람들, 다른 말로 인권의 정치에 나서는 사람들에게 인권의 보편성은 큰 힘이 된다. 그런데 인권의 보편성을 돌봄에 가져와도 마찬가지일까?

근원, 원리, 토대로서 인간이 인간에게 서로 의존하며 돌봄을 필수적으로 요구하는 존재라면 돌봄을 정당화할 어떤 특별한 근거가 부재하며, 또한 필요치 않다는 것을 뜻한다. 그런 의미에서 돌봄은 '아무나'에게 해당하며 아무런 자격이 필요치 않다. 만약 그가 이성적 능력을 발휘하는 한에서, 돌봄 상품을 구매할 능력이 있는 한에서, 직접 돌봄을 제공하거나 돌봄노동을 구매할 수 있는 가족이 있는 한에서 권리를 가진다고 말한다면, 그것은 이미 보편적인 성격을 지닐 수 없을 것이다. '아무나'의 권리로서의 인권처럼 '아무나' 돌봄 받을 수 있고 '아무나가 아무나를 돌볼 수 있다'는 돌봄에 대한 권리를 말할 수 있는 것은 역설적으로, 추상적인 보편성 덕분이다.

이런 보편성은 누군가 인권의 정치에 나서지 않는다면 현실에서의 무책임을 간과한 추상적 주장에 머문다. 현실에서 돌봄자나 의존자는 정치·경제·사회적으로 '대표성'을 띠기 어려운 고립된 상태에 있다. 돌보고 돌봄 받을 권리의 정치에 누가 나설 것이냐가 남는 문제다. 돌봄 정치에 참여자가 없다면 '돌봄의 보편성'은 묻고 따지는 이도 없는 상황에서 국가나 공공성의 책임이 하늘에서든 어디에서든 뚝 떨어지기를 바라는 공허한 구호에 그칠 수밖에 없다. 또 국가 책임이 곧 돌봄의 보편성과 동의어도 아니다. '아무나 돌봐라'는 국가 책임을 넘어서고 초과하는 그 무엇이다. 취약성에 대해 논의하면서 확인한 바를 다시 떠올려보자. '아무나 돌봐라'가 가리키는 보편성은 타자의 헐벗고 취약한 얼굴에 책임으로 응답함으로써 비로소 주체가 되는 사람들 간의 윤리적 관계의 보편성이다.

3부

돌봄권

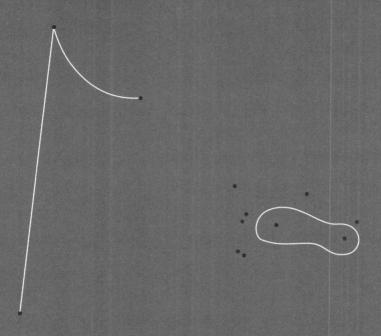

9장

'돌봄권'의 출발
권리의 문법을 바꾸는 권리

돌봄권 논의의 등장

2020년부터 시작된 코로나19 재난을 통과하며 지금에 이르기까지 '돌봄 공백', '돌봄 위기', '사회적 재생산의 위기'라는 말이 자주 언급되었다. 심지어 '사회의 붕괴'를 말하는 사람도 적지 않았다. 이 용어들을 사용할 때 각자 무엇을 염두에 두는지는 정확하지 않다. 객관적인 진단이든 사적인 두려움의 표현이든 이 용어들은 이성의 영역에서뿐 아니라 정동의 영역에서도 큰 진동을 일으킨다. 아니 특히 정동의 영역에서 그야말로 의미심장한 진동을 일으킨다고 말하는 게 더 적확할 것이다.

위기의 순간 공공성이 작동하지 않은 곳들은 대부분 돌봄과 관련이 있(었)다는 사실을 떠올린다면 이러한 정동의 동요는 그다지 이상하지 않다. 학교, 어린이집 등 아이들을 위한 돌봄서비스가 축소되었고, 장애인, 홈리스 등 사회적 약자에 대한 지원이 중단되었다. 노인요양시설은 코로나 바이러스를 퍼뜨리는 위험한 장소로 지목되면서 발병 초기부터 (예방적) 코호트의 대상 시설로 지정되어 면회가 금지되었고, 가족과 작별 인사도 없이 홀로 맞이한 죽음 또한 의례 없이 방역 조치에 따라 '처리'되었다.

이렇게 발생한 돌봄 공백을 메꾸는 일은 전적으로 여성에게 떠넘겨졌다. 예를 들어 발달장애인 자녀의 돌봄 공백이 길어지면서 부모 중 한 명이 직장을 그만둔 비율이 20퍼센트 정도였는데 그만둔 쪽은 압도적으로 어머니(78.8퍼센트)였다.* 돌봄이 철저하게 여성/성에 결부된 일이며 돌봄의 사회화가 어느 정도 이루어진 상황에서도 돌봄의 젠더화는 여전하다. '돌봄 위기는 도대체 누구의 위기인가'라는 질문이 거세진 것도 이런 맥락에서였다.

위기 '덕분에' 필수노동자가 조명을 받았다. 홍수가 나든 감염병이 돌든, 무슨 일이 있어도 현장을 지키며 일해야 하는 게 필수노동자다. 비대면 거리 두기 상황에서도 대면 서비스를 멈출 수 없었던 돌봄을 비롯해 보건의료, 환경미화, 복지, 물류, 운송 등을 핵심 영역으로 아우른다. 예전에는 허드렛일, 험한 일로 대했던 이 일들이 생명과 사회를 유지하는 데 반드시 필요한 노동임이 분명하게 드러났기에 새로운 관점에서 바라봐야

---

* 국가인권위원회가 2020년 12월 22일 발표한 '코로나19 상황에서 발달장애인과 가족의 삶' 설문조사 결과에 따르면 응답자 1174명 중 241명(20.5퍼센트)이 자녀를 지원하기 위해 부모 중 한쪽이 직장을 그만두었다고 답했다. ''코로나 돌봄' 부담에 발달장애인 부모 20% 직장 그만둬', 〈한겨레〉, 2020. 12. 22., 2022. 6. 26. 확인.

했고 새로운 이름이 필요했다. 그리하여 필수노동자란 이름이 생기고 보호 입법 등이 추진되고 있다.

그러나 그 노동에 대한 평가와 처우가 그리 달라진 것은 아니다. 오히려 '필수'라는 이름으로 언제든 호출 받을 수 있고, 불리하고 위험한 환경에서도 노동을 강요당할 수 있다는 취약성을 높인 건 아닌지 질문하게 된다. '먹여 살리는 기업주'와 '덕분에 먹고사는 노동자' 식의 세계관, 주요 노동과 부차적 노동이라는 식으로 노동에 매겨온 위계에서 벗어나지 않는다면 필수노동의 가치를 온전히 재평가할 수 있을까?*

그러니까 결국 문제는 '필수노동자 보호'만이 아니다. 돌봄은 역사상 한 번도 필수적이지 않은 적이 없고, 한 번도 제대로 평가 받고 정의롭게 분배된 적이 없다. 우리는 누구나 몸의 취약성과 유한성 속에 살아간다. 필수노동자를 넘어 필수노동이 무엇인지 근본적으로 숙고하고 우리 삶과의 관계, 우리 사회 전체를 재구조화하는 방향 설정이 필요하다.

모두가 반드시 배우고 이해해야 하는 지식, 시민적 책임이기에 누구나 참여해야 하는 일, 헌법적 권리이자 의무로서 정의롭게 분배되어야 할 사회의 기초, 돌봄이 이렇게 이해되는 사회를 상상해본다. 아마 지금과는 완전히 다른 사회일 것이다.**

이런 와중에 돌봄권에 대한 논의들이 여기저기서 시작되

*   국종애 (2021), "'필수노동자'의 등장과 정부 대응', 「노동정책리뷰」.
**   전희경, '필수노동을 필수교육하자', 〈한겨레21〉, 2021. 5. 28.

었다. 집회와 시위에서 대정부 요구사항으로 선포되기도 하고 인권운동 토론의 단골 의제가 되기도 한다. 보건복지, 경제, 건축 등 분야를 넘나드는 전문가들이 새로운 정책 대안의 핵심 가치로 돌봄을 제시하는 일도 흔해졌다. 정부 또한 돌봄 관련 '국가책임제'를 내세운 구호로 반응하고 있다.

당장 시급한 수급권과 서비스 확대, 돌봄노동자의 처우 개선 요구 등 압축한 구호에서부터 아예 돌봄을 기본권으로 헌법에 올려야 한다는 주장까지, 돌봄권의 폭은 넓다. 이 다양한 요구에는 돌봄과 관련된 (주거권, 건강권, 사회보장권, 교육권 등을 포괄하는) 사회권 강화가 바탕에 깔려 있다.

새로운 권리가 구성된다는 것은 그 권리가 절실하게 요구되는 구조적인 조건을 진단하는 데서 출발한다. 그 권리의 가치를 인정받기 위한 권리 주장이 다면적으로 펼쳐지고 이 과정에서 서로 다른 입장들이 갈등한다. 그래서 권리 주장 중 일부가 예산을 동반한 제도로 구축되거나 그 권리를 둘러싼 사회적 인식과 태도가 변화하고 성숙하는 효과를 보기까지는 얼마나 걸릴지 누구도 장담할 수가 없다. 길고 긴 행진일 수밖에 없다. 도중에 후퇴하기도 하고 대중적인 반발(백래시)을 맞기도 한다. 지금은 제법 안정적으로 구축됐다고 여겨지는 권리들도 마찬가지 길을 헤쳐왔고 지금도 가고 있다.

돌봄권을 향한 대장정에 나서려면 '돌봄은 인권'이라는 지평을 놓치지 말아야 한다. 그래야 이런저런 갈등 속에서도 계속 나아갈 수 있다. '돌봄'이라는 간판만 도용하고 실제 추구하는 가치는 그렇지 않은 선심성 대책들에 기만당하지 않고 권리의 가치를 지켜내야 한다. 그렇다면 돌봄을 모든 인간이 누려야 할 권리로 정립하고자 할 때 돌봄권은 어떤 형태로, 무엇을 목표로 삼아 설정될 수 있을까?

관계를 보살피는 돌봄권

돌봄을 경시하고 불가능하게 몰아가는 사회 구조의 문제를 드러내고 관계를 보살피고 살리는 것, 이를 위해 돌봄 관계에서 자유와 평등이 요구되는 구체적 현장을 만들어내는 것이 돌봄권을 주창하는 이유의 출발점이다. 시민권과 인권의 관점에서 돌봄권을 타진해보기 전에 돌봄권의 기본 정신이 무엇인지 먼저 검토해보자.

몸이 불편한 할머니는 종일 방에 누워만 있다. 할머니는 달이 보고 싶지만 방에서는 달이 보이지 않는다. 손녀는 할머니에게 달구경을 시켜드리고 싶지만 종일 돈 벌다 귀가해 믹스커피로 주린 배를 달래는 처지에 그 흔한 휠체어조차 없다. 손녀는 마트로 달려가 쇼핑카트를 밀고 와서는 할머니를 카트 안에 앉힌다. 힘겹게 카트를 민 손녀와 싸늘한 밤공기 속에 담요로 꼭꼭 싸맨 할머니는 함께 달구경을 한다. 할머니는 '좋다', '예쁘다'를 연발한다. 둘이 함께 보는 달은 아주 크고 풍요롭다. 2018년 드라마 〈나의 아저씨〉의 한 장면이다.

달구경을 함께 하는 두 사람을 '돌봄 대상자와 돌봄 책임자'라는 말에 담기는 마땅치 않다. 할머니도 손녀도 이미 상대방과의 관계 속에 들어와 있고 달구경이란 공통의 경험을 함께 만들고 있다. 서로 기대는 관계에서 돌봄을 주고받고 있다. 주고받는다고 하나, 순차적으로 또는 연쇄적으로 벌어지는 별개 행위가 아니라 동시적이며 '하나인' 행위다. 손녀는 마트에서 몰래 카트를 밀고 오고 산동네 비탈길을 오르내리는 수고를 하지만 일방적으로 할머니에게 달구경을 시켜드린 것이라 할 수는 없다. 할머니의 달구경을 함께 구성함으로써 자신의 헛헛한 마음도 기대고 위로받는다.

　여기서 달구경을 휠체어, 간병서비스 같은 특정 재화·서비스로 곧장 치환하면 어떻게 될까? 달구경하는 두 사람 사이의 관계 그 자체, '상호적인 의존과 돌봄 관계'를 물건과 서비스로 등치하자니 어색하다. 이렇듯 돌봄권에서 겨냥하는 권리의 대상은 특정 재화와 서비스 그 자체가 아니다. 그것을 둘러싼 관계의 문제다. 돌봄 관계는 두 사람만으로 완성되지도 않고 충분하지도 않다. 두 사람의 달구경(돌봄 관계)이 지속되려면 또 다른 관계의 동심원이 필요하다.

　드라마에서는 우연히 나타난 '아저씨'가 할머니를 업어드리고 달구경을 돕는다. 손녀의 직장 상사이자 처음으로 인간에 대한 신뢰라는 걸 느끼게 해주는 인물이다. 그는 장기요양 등급 판정을 받으면 형편에 따라 적은 돈으로도 요양원에 입소할 수 있다는 정보도 손녀에게 제공한다. 할머니와 손녀가 같이 살고 싶은지, 그렇다면 어떤 지원이 필요한지, 손녀가 왜 그토록 과중한 노동과 독박 돌봄을 홀로 짊어져야 하는지, 중복장애를 가진 노인에게 가파른 오르막길 위의 금방 바스러질 것 같은 집 말고 다른 지원주택의 가능성은 없는 것인지,* 돌봄 관계를 지탱해줄 만한 둘레 환경에 대해 질문할 게 많지만, 여기서는 일단 돌봄 관계의 확장에 주목해보자. 극도로 '고립'된 돌봄 관계에 새로운 관계, 외부 세계가 다가온다. 생판 남이던 주변 사람들, '아저씨'와 '아저씨'의 지인들이 차례차례 등장한다. 돌봄의 동심원이 확장될수록 독박 돌봄자였던 손녀가 갇혀 있던 세계의 문이 조금씩 열린다.

이번에는 드라마가 아니라 실제 사례로 옮겨 가보자. 의료인류학자 아네마리 몰은 『돌봄의 논리』에서 tinkering(팅커링)이라는 조어를 제시한다. 이 말은 조율하기, 매만지기, 땜질하기 등으로 번역할 수 있다. 구체적인 상황에서 인간과 비인간을 포함한 다양한 행위자들이 협력해 잘 맞출 때 케어가 출현한다는 개념이다.**

팅커링 개념을 실제에 적용한 휠체어 맞추기라는 작업을

---

*   예를 들어 신체적 또는 정신적 문제로 돌봄이 필요한 주거 취약계층의 주거 안정을 위하여 개인별 맞춤형 주거 유지 지원 서비스가 함께 제공되는 임대주택을 고려해 볼 수 있을 것이다.

** Mol, Annemarie (2008), *The Logic of Care: Health and the Problem of Patient Choice*, Routledge.

살펴보자. 휠체어를 이용하는 A라는 사람이 있다. 몸이 점점 더 마비되고 그에 따라 휠체어 조종장치에도 변화가 필요하다. 더 굳어진 몸으로 휠체어를 조금이라도 더 수월하게 조작하려면 매만져야 할 게 많다. 게다가 그의 휠체어는 심하게 마모됐으나 단종된 제품이라 수리할 부품을 구하기도 더 이상은 어렵다. 새 휠체어가 필수인데 어떻게 해야 할까? 상품소개서를 펼쳐놓고 선호와 주머니 사정을 고려해 그중 하나를 고르면 되는 것일까? 그리고 이때 선호와 비용 등 휠체어 이용 당사자의 조건들만 고려하면 되는 것인가?

실제 펼쳐진 과정은 이러하다. 돌봄지원센터의 케어매니저가 조율을 위한 자리를 만든다. 휠체어 이용 당사자를 포함해 휠체어 전문 기술자, 사회복지사, 주 돌봄자가 모였다. 휠체어를 자기 몸으로 여기는 이용자의 '몸' 자체가 최우선 고려 대상이다. 또 중요한 고려 대상은 돌봄을 수행하는 사람이다. 돌봄 대상자가 턱을 넘거나 경사로를 오를 때 휠체어를 밀고 동행하는 역할을 오래 해온 그의 몸도 노화가 진행돼 큰 힘을 쓰기 어렵다. 그가 힘을 덜 들이고 관절을 보호하면서 계속 돌봄에 참여할 수는 없을까? 사회복지사는 정부 지원 비용과 최적의 휠체어 값의 차이, 돌봄자의 경제 상황 등을 두루 고려해 가용한 최대 자원에 대한 정보를 내놓는다. 휠체어 기술자는 기성 제품 그대로를 구매할 때의 장단점을 설명하는 데 그치지 않고 어떤 장치를 개조하거나 부가해야 최적의 휠체어가 될 수 있을지 몇 가지 대안을 제시한다. 이때 휠체어를 이용해본 경험자들의 다양한 데이터와 사례가 참조된다. 이런 조율을 거쳐 비로소 새로운 휠체어를 결정한다. 완벽할 수는 없지만 주어진 상황에서 최선을 조합한 의사결정이다.*

한국 사회에서 '땜질한다'는 말은 임시변통, 근본적 조치 없이 대충 때운다는 부정적인 의미로 쓰인다. 하지만 몰의 관점에서 보면 그것은 아쉬운 점이 남더라도 끊임없는 조율 속에서 행해지는 돌봄 과정의 역동성이다. 돌봄은 어떤 상황에서도 멈출 수 없는, 실패를 무릅쓰면서도 지속되어야만 하는 것이기 때문이다. 휠체어 조율하기 사례에서 무엇보다 중요한 것은 당사자의 몸과 휠체어를 둘러싸고 형성된 관계와 그 관계의 확장, 관계 속에서 이뤄지는 자율적인 결정의 과정이다.

돌봄을 말할 때 핵심은 돌봄의 겹이다. 돌봄이 필요한 사람에게 돌봄을 제공하고, 돌봄을 제공하는 그 돌봄자를 공동체와 제도가 보살피며, 이러한 돌봄 행위들의 선순환 속에서 돌봄의 가치를 인정하고 지켜내는 것이 돌봄권의 대상이다.

결국 돌봄권이 시민 모두의 일상에 뿌리내려야 사회적인 것이 재생산된다. 돌봄 관계는 상호의존적이며 호혜적이어야 한다는 것, 이러한 상호성이 시민사회 전반에 실핏줄처럼 퍼져

---

* Winance, Myriam, 'Care and Disability' in Annemarie Mol, Ingunn Moser, Jeannette Pols (2010), *Care in Practice-On Tinkering in Clinics, Homes and Farms*, the Deutsche Natio-anlibibliothek. pp. 93-117. 여기에 나온 휠체어 조율하기의 여러 사례를 조합하여 재구성하였다.

야 한다는 것이 돌봄권의 기본 정신이다. 돌봄을 주고받는 것이 모든 사회구성원의 시민적 덕성과 활동의 기본이 되는 사회가 돌봄 사회다.

시민권과 인권으로서 돌봄권

인권의 토대적 가치이자 원칙인 존엄, 자유, 평등(비차별), 연대에 비추어 돌봄권을 타진해보면 다음과 같다.

자유로 이해하는 돌봄권

아버지와 나는 부모와 자식이 아니라 시민과 시민으로 관계 맺으려 한다. 내가 아버지를 돌보는 가장 큰 이유는 아버지가 사회적이고 신체적인 약자이기 때문이다. 아버지와 내가 가족이라는 사실을 증명하는 '가족관계증명서'가 있듯이, 아버지와 나의 돌봄 기간을 증명하는 '시민관계증명서'가 있어도 좋겠다는 생각이 들었다.

'시민관계증명서'는 아버지가 알코올의존증과 인지장애증 환자이기 이전에 한 사회의 성원이라는 점을 알려주고, 내 돌봄이 비가시적인 소모가 아니라 사회적 의미를 갖는 행위라고 인정한다. 아버지와 내 관계가 부모와 자식일 뿐 아니라 유동적이고 다양하게 연결되는 사회적 관계라는 사실을 증명한다. 가족이라고 말해지기 전에 우리는 하나의 '사회'라고 선언한다. 나는 효자가 아니라 시민이다.*

인권의 주인은 인간이자 시민이다. 돌보고 돌봄 받을 권리를 인권 차원에서 정립하는 것은 돌봄의 당사자들이 서로를 시민으로 인정하고 존중하는 데서 시작한다. 나의 반응과 손길을 요구하는 취약함을 대면할 때 마음이 쓰이고 손을 내밀게 된다. 이것이 시민이자 인간으로서의 돌봄이다.

시민으로서 돌보고 싶다는 것은 젠더 역할, 가족 내 위계 등에 따라 전가된 부담으로서가 아니라 돌볼 자유를 실천하고 싶다는 뜻이다. 돌볼 자유가 있다는 말은 마음만 먹으면 돌볼 수 있다는 의미가 아닐 것이다. 돌볼 자유를 행사하려면 노동시간 축소, 돌봄에 집중해도 소득이 보장되는 지원, 돌봄을 특정 관계자의 의무로 가두지 않는 사회적 환경이 마련되어야 한다. 노동자가 누군가를 돌보는 사람이기도 하다는 걸 망각한 듯 야근과 불시 호출을 당연시하는 상황, 돌봄 비용으로 파산할 위기에 내몰리는 상황, 자식이니까 배우자니까 비혼이니까 억지로 돌봄을 떠안은 상황, 반대로 정말 돌보고 싶은 친밀한 사람이라도 사회적·법적으로 인정해주지 않는 관계라 몰래 돌봐야 하는 상황이라면 그에게는 돌볼 자유가 없는 것이다.

돌봄을 방해하는 조건들로부터의 해방이 돌볼 자유의 출

---

* 조기현 (2019), 『아빠의 아빠가 됐다』, 이매진, 169-170쪽.

발점이다. 자발적 돌봄을 보호하고 격려할 때, 즉 (기업과 국가를 포함한) 타자가 일정한 의무와 책임을 보장할 때 돌볼 자유가 가능하다.

자유는 방해만 없으면 되는 게 아니다. 자유의 내용을 실현할 만한 강한 제도들로 쌓아올린 방벽이 있어야 한다. 흔히 사회적 권리라 부르는 주거, 노동, 교육, 여가, 사회보장 등과 관련된 방벽 없이는 돌보고 돌봄 받을 자유를 이야기할 수 없다. 흔히 자유로 논해지는 자기결정, 자율 같은 것은 돌봄이 처한 상황을 고려하지 않은 상태에 있는 경우가 많다.

자유는 동료 시민과 함께 무언가 새로운 것을 시작하고 새로운 것을 사회에 보태는 활동이다. 그간 자유는 생산이나 정치 활동에 참여하는 데 국한되어왔다. 돌봄 또한 자유의 영역에 응당 입장해야 한다. 돌볼 자유를 중시하는 시민은 독박 돌봄을 가만 두고볼 수 없다. 그것은 강제노동이자 자유에 대한 침해이기 때문이다. 다른 누군가, 즉 다른 시민, 동료, 벗이 부자유한 곳에서 시민인 내가 자유를 누릴 수 없다. 돌보기를 원하는 사람이 언제든 돌볼 수 있고, 돌봄에 참여한다는 이유로 부당한 대우를 받지 않아야 한다. 돌볼 자유가 있는 사람은 언제든 돌봄에서 물러날 자유도 있다. 혈연이라는 이유 등으로 돌봄을 강제로 할 필요는 없다.

돌봄 받을 자유도 마찬가지다. 보호자에게 일방적으로 맡겨지는 상황이라면 돌봄 받는 이에게 돌봄에 대한 권리가 있다고 할 순 없다. 이는 아동의 권리에 대한 논의를 참조할 만하다. 사랑과 애정을 주면 되지 아동에게 무슨 권리가 필요하냐는 반대가 많았다. 하지만 권리가 있다고 하면 권리에 대한 의무자가 생긴다. 아동 자신이 직접 청구하지 않더라도 아동을 권리의 주체로 인정한 사회에서는 각종 제도로 아동의 권리를 뒷받침하며 보호자의 전횡을 감시하고 아동이 보호·생존·발달의 권리를 누릴 수 있도록 보장한다. 돌봄 받을 자유에는 돌봄의 내용과 성격에 의사를 표현하고 그 의견이 진지하게 경청되며 돌봄 과정에 참여할 권리가 포함된다.

　돌봄이 사회적으로 필수노동으로 인식되지 않는다면, 돌봄이 무급의 헌신으로 치장되어 (젠더, 인종, 계급에 따라) 불공평하게 분배되는 현실에 맞서지 않는다면, 돌봄노동의 가치 저하와 하위노동, 외주화, 위험의 최전선에 내몰리는 현실을 방치한다면, 양질의 윤리적인 돌봄 관계를 맺을 자유는 막히게 된다.

　'○○할 권리'는 '△△하지 않을 권리'이기도 하다. 가령 믿고 의지할 만한 사람과 돌봄으로 '연결될 권리'는 혈연을 이유로 돌봄으로 '연결되지 않을 권리'일 수 있다. 돌봄 의존이 필수라는 이유로 원치 않는 상대에게 자기 삶을 맡길 이유는 없다. 돌봄 관계에서 물러나고 새로 관계를 맺을 자유가 있어야 한다. 이에 앞서 말한 돌봄 받을 자유는 돌봄 받지 않을 자유로도 바꿔 말할 수 있다.

　이런 조건에서야 돌봄은 자유로운 인간의 행위일 수 있다.

돌봄을 속박, 구속과 떼어낼 때 돌봄은 할 만하고 지속가능한 행위가 될 수 있다. 독박을 쓰고 소진하는 일, 다시 돌이켜보고 싶지 않은 일, 동료 시민에게 권할 수 없는 일이 아니어야 한다. 돌봄이 자유라는 이름으로 실천되어야 서로 권유하고 초대할 수 있는 활동일 수 있다.

평등으로 이해하는 돌봄권

자유는 평등과 뗄 수 없는 관계다. 부자유한 돌봄 또한 불평등하고 부정의하다. 여성에게 돌봄을 전가한 상태로 지원비를 찔끔 늘리는 식이면 여성은 더욱 돌봄에 붙박이가 된다. 학업과 임금노동을 '생애 과업'의 위계 최상위에 고정해둔 채 영케어러를 지원하는 식이면 영 케어러는 늘 생애 과업에서 뒤처진 존재가 된다. 마찬가지로 더 가난한 나라에서 온 돌봄노동자에게 돌봄노동을 전가한 채로 여성의 직업 커리어를 늘리고 중산층 가족의 '평화'를 추구하는 돌봄 또한 돌봄의 가치와 원리를 벗어난 소비 활동일 뿐이다.

돌봄의 평등은 누구나 타자에게 의존한다는 근원적 평등에서 출발해 우리 삶에 그어진 각종 이분법의 위계를 걷어내는 일이다. 생산노동과 재생산노동의 위계는 돌봄의 평등과 관련한 문제다. 젠더, 계급, 인종을 둘러싸고서 돌봄노동을 전가하고 보상을 착취하는 사슬 또한 돌봄의 평등과 관련된 문제다. 장애, 질병, 노화 등과 관련된 인간학적 차이에 대한 차별 또한 돌봄 평등의 문제다. 인간학적 차이를 존중하는 것뿐 아니라 존중을 넘어 서로가 공유하는 성질로 되새김질해야 한다.

삶 자체를 상호 돌봄으로 이어진 공생으로 이해할 때라야 생산적인 '하기(doing)'가 없어도 '존재(being)'만으로 평등한 존중과 인정의 대상으로서 온전한 인간임을 서로 확인하고 감각하는 것이 가능하다. '그 사람도 사람인데…'라는 동정과 두려움 섞인 반응은 '○○임에도 불구하고 사람으로 대하라'는 명령이나 '여전히 사람이다'라는 선언만으로 가능하지 않다. 구체적으로 매개하는 활동이 필요하다. 그것이 돌봄이다. 인간을 인간이게끔 하고 인간이 되게 하는 활동이 돌봄이다. 인간의 얼굴을 지켜주는 한 겹의 옷, 그것이 돌봄이다.

연대로 이해하는 돌봄권

돌봄은 같이 하려는 사람이 있어야 가능하다. 돌봄에는 적어도 세 개의 동심원이 필요하다. 가운데 핵심에는 두 당사자가 있다. 그리고 두 사람을 돌보는 둘레 세계가 있다. 커뮤니티, 친지, 이웃 등이 여기에 해당한다. 둘레 세계는 두 사람에게서 떨어져 독립적으로 있는 게 아니라 돌봄에 계속 드나드는 것이어야 한다. 돌봄 관계가 적절하게 유지되도록 개입하고 중재할 수 있어야 한다. 돌보는 사람을 돌보는 이 두 번째 동심원의 역할이 중요하다. 돌보는 사람이 소진되거나 두 당사자가 서로 착취하는 상태가 되지 않도록, 위험하면 언제든 벗어날 수 있도록,

자발성을 잃지 않고 간직한 상태에서 돌볼 수 있도록 해야 한다. 그래야 두 사람이 고립되지 않고 돌봄이 순환한다.

세 번째 동심원은 '연대'라 할 수 있는 더 넓은 의미의 돌봄이다. 내가 누군가를 돌볼 때 나를 돕는 친지, 친구, 동료가 있을 수 있다. 하지만 그것만으로는 안 된다. 복지제도 같은 게 필요하다. 또 이보다 더 넓게 단체와 단체, 공동체와 공동체 사이에, 국가 내부뿐 아니라 국가 경계를 넘어서는 연대가 필요하다.

돌봄은 지구적 차원에서 연결돼 있다. 그런데 이 연결이 매우 정의롭지 못한 불평등 구조 속에 있음을 주목해야 한다. 가령 지구적으로 진행되는 양육, 가사, 간병 등의 돌봄노동을 떠올려보자.

휴양지로 유명한 태국 치앙마이의 요양원에서 일하는 여성 폼은 유럽인들을 돌본다. 폼이 돌보는 엘리자베스는 스위스에서 온 알츠하이머 환자다. 고향에는 남편과 세 딸이 있다. 자신들에게는 엘리자베스를 돌볼 시간도 능력도 충분치 않다고 여긴 그들은 엘리자베스를 치앙마이로 보내기로 결정한다. 치앙마이의 요양원에서 엘리자베스는 폼을 포함하여 세 명의 돌봄노동자에게 24시간 케어를 받는다. 그런데 낯선 나라에서 온 '손님 환자'를 돌보느라 폼은 정작 자신의 어린 딸은 돌보지 못하고 있다. 딸은 노모가 키운다. 폼은 치앙마이에서 일곱 시간이나 떨어진 집에 한 달에 한 번 간다. 엄마가 집에 온 순간부터 어린 딸은 울기 시작한다. 오랜만에 온 엄마가 곧 다시 떠나리란 걸 알기에 만나는 순간부터 이별의 고통을 느끼는 것이다. 폼은 계속 울먹이는 딸을 놀이동산과 선물 꾸러미로 달래다가 곧 다시 돌봄 노동을 하러 길을 나선다.*

인도네시아 자바섬에는 간병인으로 해외 취업을 원하는 여성들을 훈련하는 학교가 있다. 열악한 환경에서 숙식하면서 기저귀 케어 같은 돌봄 기술과 고용주를 응대하는 법 등을 배운다. 이들의 목적지는 대만이나 홍콩이다. 현지 고용주들과는 영상으로 면접이 이루어지는데, 자주 등장하는 질문은 몸무게에 대한 것이다. 무거운 환자를 들어 올릴 만한 몸인지 미심쩍어서다. 학교 관리자는 20대 초중반인 여성들에게 자꾸 몸집을 늘릴 것을 요구한다. 예비 간병인들은 빈약한 식사를 하면서도 구직 요건을 충족할 만큼 살이 안 찐다고 걱정한다. 해외에서 돈을 벌어 송금해주길 기대하는 부모의 마음도 이들을 돌봄노동 이주로 유도하는 주요 동인 중 하나다.**

전 세계적으로 발생하고 있는 돌봄 위기는 이처럼 부유한 글로벌 북반부와 빈곤한 글로벌 남반부 사이에 두 방향의 돌봄 (노동) 이주를 추동하고 있다. 돌봄이 필요한 '부자 나라' 노년들이 돌봄서비스 비용이 낮고 서비스 질은 높은 태국이나 동유럽의 헝가리 등으로 이주하는가 하면, '가난한 나라' 여성들이 부

---

* 영화 〈마더(Mother)〉(2019, 감독: 크리스토프 빌슨).
** 영화 〈무엇을 도와드릴까요?(Help Is on the Way)〉(2020, 감독: 이스마일 파미 루비쉬).

자 나라의 노년을 돌보러 이주해간다.*

북미 여성이 커리어를 쌓기 위해 멕시코 여성 등 이주여성에게 저임금 불안정 노동으로 돌봄을 감당케 한다. 한국은 또 어떤가? 중국 동포 등이 간병을 담당한 지 오래되었다. 지구적 차원에서 약하고 가난한 나라의 여성들이 힘세고 부유한 나라에 가서 돌봄노동을 대신하는 사이 본국에 남겨진 이들의 돌봄 필요는 방치된다. 아주 부정의한 일이다. 이런 문제를 안고 씨름하는 것이 '연대'의 차원이다.

세 동심원을 동시에 고려해 함께 작동할 수 있도록 잘 연결하는 것이 시민의 자리에서 행하는 돌봄이다. 가족, 친밀한 공동체, 한 지역, 한 나라에서만이 아니라 지구적 차원에서도 돌봄이 정의롭게 순환하도록 보장하는 데에 시민의 역할이 있다.

시민적 돌봄은 젠더 부정의, 계급 부정의 등을 놔둔 채 국가의 책임이나 정책 확충만을 요구하는 것이 아니다. 돌보는 시민은 시민의 권리이자, 시민의 공통된 지위이자, 시민다움을 유지하고 발휘하는 것으로서 돌봄을 생각한다. 국가에 요구하는

---

* 최근 활발하게 토론되고 있는 글로벌 돌봄 연쇄, 즉 타국으로의 돌봄 외주를 다룬 연구로는, 태국처럼 임금이 낮은 나라로 노년 돌봄을 외주하는 독일 사례와 글로벌 북반부의 돌봄 위기를 다룬 다음과 같은 논문이 있다. Schwiter, Karin, Brütsch, Jill, Pratt, Geraldine (2020), "Sending Granny to Chiang Mai: debating global outsourcing of care for the elderly", in *Global Networks*, vol. 20(1) pp. 106-125, Johnston, Caleb & Pratt, Geraldine (2022), "Anticipating a Crisis: Creating a Market for Transnational Dementia Care in Thailand", *Annals of the American Association of Geographers*, 112:7, 2064-2079.

것 말고는 별로 할 일이 없는 시민이 아니라 다양한 동심원 속에서 여러 위치들의 경로를 운행하는 시민이다. 돌봄 문제를 모두의 문제로 인식해야 한다는 것은 '국가책임제'와는 다르다. 돌봄 문제가 시민 모두에게 해당하는 공통의 문제임이 합의된 가운데 국가의 돌봄 정책은 시민의 공통 문제에 대한 지원이 될 수 있다.

정치적 주체의 관점에서 이해하는 돌봄권

정치에 보편적으로 참여할 권리는 인권 중의 인권이다. 그런데 내가 침상에 누워 24시간을 보내야 한다면? 혹은 24시간 누군가를 돌봐야 하는 상태라면? 그러기에 광장으로 나가서 정치를 논할 수 없는 나, 정치적 의제 채택과 정책, 예산을 주장하고 강제할 힘이 없는 나는 더 이상 시민이 아니란 말인가? 광장으로 나가는 시민이 침상으로 모여들 수는 없는 것인가? 왜 침상은 광장이 될 수 없는가? '집으로 돌아가지 말고 광장을 지켜라'라고 요구할 때 그 시민에게 '집'은 무엇인가?

시민의 자리에서 돌본다는 의미는 돌봄권이라는 권리를 창조하고, 돌봄으로써 서로의 시민이자 인간됨을 선물하면서 사회활동의 윤리적 기초로서 돌본다는 뜻이다. 권리와 규칙을 강조하는 정의 윤리와 책임과 관계를 중시하는 돌봄 윤리를 통합시키는 시민은 개인의 능력으로서가 아닌 사회적 역량으로 돌봄을 가꾸고 성장시킨다.

권리의 문법을 바꾸는 돌봄권

사람들이 흔히 구사하는 권리 문법에 따르면 권리 주체-권리 내용-의무 주체로 이루어진 삼각형이 그려진다. 이때 권리 주체는 타인과 분리되고 구별된 개인, 소유자이거나 생산노동의 주체로서 자율적이고 독립적이며 합리적인 주체다. 그리고 의무자는 일종의 계약 관계에서 상정된 상대방이다.

돌봄권을 말할 때 이런 권리 문법을 적용하자면 문제가 많다. 돌봄의 철학적 토대와 원리가 사라질 우려조차 있다. 권리 주체의 능력을 따지게 되고, 권리의 내용은 특정 재화와 서비스로 국한되고, 의무자는 인과관계를 따져 책임을 추궁할 수 있는 존재로 한정되기 때문이다.

돌봄권은 이런 권리의 문법을 바꾸려는 시도에서 출발한다. 앞서도 말했듯이 권리의 주체인 고유한 개인은 이미 타자와 관계 속에 있는 자아다. 권리 내용은 특정 재화와 서비스가 아니라 돌봄 관계다. 의무와 책임은 인과관계를 따진 법적 책임을 넘어서 돌봄의 가치와 윤리를 지탱하는 사회문화적, 정치적 책임을 포함한다.

그렇기에 돌봄권을 기존의 권리 문법에 욱여넣는 것이 아니라 인간 존재의 본질을 재확인하는 데서 출발해야 한다. 누구도 의존을 피할 수 없다, 그래서 돌봄을 주고받는 활동은 특정 취약자에 국한되지 않는다, 보편적인 인간의 의존성에 근거하기에 돌봄 관계는 '동등'하다는 것 말이다. 한쪽이 더 많이 기댈 수밖에 없는 비대칭적 관계를 부러 '동등'하다고 강조하는 것은 의존의 불가피성이라는 근원적 평등을 강조하기 위함이다. 돌보는 사람의 행동에 의지하는 그 사람의 취약성 때문에 잘 돌봐야 할 윤리적 책임을 공동의 책임이자 보편의 인권으로 바꿀 수 있어야 한다.

10장

돌봄권의 의의
인간의 존재를 재발명하기

세상의 거의 모든 안전법은 유족들이 만들었다. 몇 백 년 전부터, 어느 나라에서든 그래왔다. 왜 사회는 가장 슬퍼하는 사람들에게 크나큰 책임을 지우는 방식으로 발전해왔을까? 그 책임을 모두 조금씩 더 나눠 졌으면 좋겠다. 한 사람이 말하면 다음 사람이 이어 말하고 어깨와 어깨가 촘촘히 맞닿았으면 하고 바라본다.*

'돌봄권'도 마찬가지인 것 같다. 돌봄의 수고를 가장 많이 하는 사람들이 더 큰 책임을 져왔다고 할 수 있다.

1963년 어느 날 메리웹스터는 신문에 투고를 했다. 목사직을 사임하고 10년 가까이 부모를 돌본 자신의 처지가 '가택연금' 상태와 같다며 돌봄자에게 더 많은 지원이 필요하다고 주

---

* 정세랑, '기억이 굳어가는 동안, 울타리처럼 서서', 월간십육일, 4·16재단.

장한 것으로 알려져 있다.* 그는 고충을 토로하고 분노하는 데서 멈추지 않았다. '싱글 여성 돌봄자와 의존자를 위한 전국 회의(NCSWD)'를 결성했다. 돌봄자권리운동의 시초가 된 조직이다. 이 조직은 훗날 '영국의 돌봄자들(Carers UK)'로 발전했다. 돌봄자의 결혼 여부나 돌봄 대상의 장애·연령 등에 관계없이 모든 돌봄 관계를 아우르는 운동 조직이다. 이들은 1967년 돌봄자에 대한 최초의 법적 권리로서 돌봄 관련 조세지원법을 쟁취했고, 이후 돌봄수당을 비롯한 복지권을 하나둘 쌓아왔다. 2000년대 들어서는 돌봄을 이유로 일터에서 행해지는 차별을 반대하면서 긴급한 돌봄이 필요할 때 휴가를 사용하고 노동시간을 유연하게 사용할 권리, 돌봄 시간을 노동시간의 일부로 인정하는 연금법 등을 위해 투쟁하고 있다.**

휠체어를 탄다는 이유로 다섯 살에 학교 입학을 거부당하면서 평생에 걸친 권리 투쟁을 시작한 주디스 휴먼은 자서전 『나는, 휴먼』에서 '돌봄권'이 별도의 권리가 아닌 시민권 그 자체임을 드러낸다. 휴먼의 부모 세대는 장애를 광범위한 정치적 이슈로 보지 않고 자기 아이의 특수한 문제 혹은 특정한 학교의 정책과 관련한 문제로 보았다. 하지만 휴먼과 동료들은 가장 기본적인 정치 참여의 권리, 자신의 삶에 영향을 미치는 결정에 대한 권리를 강조한다.

---

*   샘 밀스 (2022), 『돌보는 사람들』, 이승민 옮김, 정은문고, 245쪽.

**   https://www.carersuk.org/about-us/who-we-are/our-history

'우리 삶에 영향을 미치는 결정에 대해 우리와 상의하지 않는 사람들에 완전히 지쳐버렸다.' 휴먼과 동료들은 24일간 샌프란시스코 연방정부 건물을 점거했다. 이들은 농성하는 과정에서 '참여하고 의사소통할 권리'를 스스로 실현한다. 시위자가 모두 모이고 수어통역사가 준비를 마치기 전까지 회의를 시작하지 않는다는 방침을 고수했다. 모두 발언할 기회를 얻기 전까지는 회의를 끝내지 않았다. 발화에 어려움이 있는 뇌성마비 장애인이 보조도구를 이용해 발언하는 시간을 모두가 기다리고 경청했다.

발달장애인, 시각장애인, 청각장애인, 지체장애인, 이처럼 서로 다른 장애를 가진 사람들이 활동지원인이 없거나 부족한 가운데서도 서로를 돌보면서 24일이나 이어진 농성을 성공적으로 이끈다. 의회 청문회 장소를 자신들의 농성장으로 정하도록 하고, 의원들이 직접 찾아와 의견을 듣게끔 했다.[*]

휴먼과 동료들이 벌인 투쟁이 증명하듯 돌봄권은 '○○권' 목록의 나열이나 추가라기보다는 삶과 관련된 모든 문제를 아우른다. 삶의 모든 영역에서 돌봄이 근간이고 필수임을 생각할 때 돌봄권은 '권리들에 대한 권리' 위치에서 자유와 평등을 확장하려는 도전들로 계속 새롭게 채워질 것이다.

돌봄권 투쟁에 가족 돌봄자들이 우선 나섰다는 사실을 곡

---

[*]   주디스 휴먼 · 크리스틴 조이너 (2022), 『나는, 휴먼』, 김재원 · 문영민 옮김, 사계절.

해하지는 말자. 지원을 조금 늘려주면 가족이 돌봄 책임을 계속 감당하겠다는 것도 아니고 가족의 돌봄 책임을 더 강화하는 쪽으로 정책을 설계하라는 뜻도 아니다. 오히려 돌봄 책임을 탈가족화하고 사회화할 필요성과 당위성을 강조하는 것이다. 가족이 아닌 지자체와 중앙정부의 공적 책임을 강화하는 방향성을 지시하는 것이다. 그리고 '의존자' 또는 '피부양자'라 불리던 당사자들이 그런 명명이 강요하는 수동성과 통제에 저항하면서 앞으로 나서는 것이야말로 돌봄권 투쟁에서 중요한 변화다.

돌봄권을 '외치다'

2021년부터 서울에서 장애인들이 이동권을 보장하라며 출근시간에 지하철 탑승 투쟁을 벌였다. 2022년 5월에는 급기야 휠체어에서 내려와 온몸으로 기었다. 자신이 이미 이동권이라는 권리의 주체이자 행위자임을 온몸으로 외쳤다. 자신의 권리를 부인하려는 시스템을 향해 이미 존재하는 자신의 권리를 이렇듯 몸으로, 반복 수행으로 확인시킴으로써 매번 기지 않아도, 언제 어디서든 이동의 권리가 실현되도록 이 권리의 제도화를 요구하는 것이다.

기존의 규범 체계에 맞서 자신이 처한 실존의 총체적이고도 구체적인 상황 한가운데서 자신을 드러내는 일은 몸의 외침과 목소리의 외침 사이에 어떤 차이도 알지 못한다. '그림자'로 존재하고 일하며 느끼던 사람들이 이름을 부여 받고 권리를, 자신의 몫을 찾는 과정은 언제나 동시에 언어 투쟁의 과정이다.

또 '외친다'는 권리 주체의 자리를 재구성한다는 의미이기도 하다. 기존의 권리 체계에 기존의 언어로 끼어드는 게 아니라 권리 주체가 재발명되어야 나타날 수 있는 권리가 있다.

근대 자유주의 인권은 구별되고 분리된 개체로서 개인이 자기의 몸과 재산을 소유할 권리를 갖는 데서 출발했다. 그것이 어떠한 몸이고 어떠한 성격의 재산인지는 구별하지 않았다. 누구나의 소유의 자유와 평등을 선언했을 뿐 그 안에서 벌어지는 부자유와 불평등을 애써 무시했다. 타자에게 명령하고 지시할 수 있는 몸과 순종해야 하는 몸, 타자의 노동을 억압하고 착취할 수 있는 재산과 개인이 자유롭게 누릴 수 있다고 간주한 소유를 구별하지 않았다. 노동권은 이런 부조리에 맞서 노동하는 몸들의 존엄성을 해치는 구조적 고통을 드러내고, 생활을 위한 소유와 축적·지배를 위한 소유를 구별함으로써 등장했다.

그런데 여기서 배제된 존재들이 또 있다. 임금노동 체계 안팎으로 무시된 노동이 있다. 재생산-돌봄노동이자 의존하는 몸들의 활동이다. 장애인 인권의 역사는 임금노동을 해낼 수 있는 몸을 기준으로 한 위계질서에 도전하면서 새로운 권리의 장을 열어왔다. 돌봄권이라는 새로운 권리는 돌봄의 주체를 구성해내는 데서 출발한다. 다시 말해 각자가 시민의 자리에서 돌봄권의 주체로 자신을 재발명해야 한다.

권리를 외친다는 것은 '자신'을 드러내고 자신을 설명하는 행위다. 자신에 대해 설명하려면 자기를 둘러싼 세계에 대해 말하지 않을 수 없다. 자기를 받아주지 않는 사회적 인프라, 자기와 돌봄자를 고립과 빈곤으로 내모는 노동시장과 복지 수준, 사회문화적 감수성과 태도, 24시간 요구되는 돌봄을 몇 시간에 한정하려는 사회서비스, 돌봄을 가족의 책임과 성별화된 역할로 돌리는 지배적인 통념. 이 모든 것에 대해 말하지 않을 수 없다.

　돌봄권을 주창할 때 이렇게 외침으로써 재발명되어야 하는 주체는 누구인가? '목소리'나 '말하기'라 하지 않고 부러 '외침'을 쓴 이유가 있다. 법적 또는 정치적 의사 표현으로 소통될 수 있는 언어가 아니라고 간주되어온 것도 돌봄 관계 안에서는 마땅한 의사 표현으로 간주될 수 있다. 이 '외침'은 법적·정치적으로 인정된 방식으로 말하기와는 구별된다. 이 외침은 현존하는 몸에서 시작된다. 중증장애 혹은 와상 상태인 사람, 환자, 치매 걸린 노인 등은 사람 사이에 현존함으로써 자신을 사람이자 시민으로 존중할 것을 외치고 있다. 말할 수 없는 존재가 아니라 온몸으로 권리의 어그러짐을 고발하는 존재가 된다. 이들은 더 이상 조직이나 네트워크를 만들지 못해서 정치적 목소리가 될 수 없는 존재가 아니다. 보편적 권리의 맥락 아래서 이들은 연결될 수 있다. 돌봄에 기대어 타인에게 의존해 살아가는 것은 마땅한 권리이고, 타인을 돌보는 것은 인간이 서로에게 지는 책임이라는 것, 바로 이러한 보편적 '권리'와 '책임'의 관계가 모두를 연결한다.

자기는 의존하지 않는다고, 자립적이라고 자부해온 사람들이 돌봄의존자의 '외침'과 소통하면서 보편적 의존성과 관계 속의 자율성을 깨닫는 것이 한 축이라면, 돌봄에 의존한다고 해서 침묵의 세계로 추방되는 것이 아니라 존재의 외침은 계속된다는 것, 그 외침이 기존의 권리 체계를 보다 인간화하는 방향으로 재구성하는 데 핵심 요소라는 것이 다른 한 축이다. 일방의 결단이나 실천이 아니라 서로 연결되면서 서로에게 적응하며 변화하는 것이 돌봄권의 주체를 재구성하는 것이다.

권리는 보편적이지만 권리 역량은 다양한 방식으로 실현될 수 있다. 인권으로서의 돌봄의 실현은 개인적인 권리와 책임을 넘어 얽히고설킨 관계망 속에서 돌봄의 겹을 구성하는 것이다. 이 구성에 당사자의 '외침'과 그 외침에 '반응'하는 경청, 해석, 제도화가 겹쳐질 때, 우리 모두가 돌봄권의 보편적 주체로 새로 탄생할 수 있을 것이다.

권리를 외친다는 것은 이미 행위 주체임을 선언하는 것이다. 돌봄의존자도 돌봄자도 돌봄의 수동적인 대상이자 복지 서비스의 수혜자나 이행자로서가 아니라, 이미 돌봄 관계를 구성하고 돌봄을 실천하는 행위의 주체로서 등장한다. 돌봄이 놓인 장소가 호혜적인 공동체의 제도 안인지 밖인지 문제를 제기한다.

대개의 돌봄서비스는 '(그런 존재가 당연히) 있어야 할 곳'으로 지정된 장소(시설 보호)와 결합되어 제공된다. 격리, 통행금지, 집단생활 등에서 자유의 공기는 탁하거니와 개개인의 고유성에 대한 세심한 돌봄을 기대하긴 어렵다. 자유의 제한을 조건으로 해야만 받을 수 있는 급부와 서비스를 권리라고 부르기는 거북하다.

분리는 도처에서 일어난다. 장애인 등의 시설 입소를 당연시하는 게 강하게 표출된 분리 형태다. 시설이 아닌 일상적인 장소도 예외는 아니다. '왜 저런 상태인 사람이 돌아다니지?'라는 따가운 공기에서 벗어나기 힘들다. 대중교통에 타거나 식당, 공원, 문화 공간 등에서나 '외계인'이 출현한 듯 대한다.

권리 능력이 있다는 사람들이 타자의 권리 자격을 따져 묻는 효과는 타자에 대한 더 섬세한 보호가 아니라 자신들이 '무능력자'로부터 보호받고 싶다는 욕망으로 과감하게 표출되곤 한다. 합리적 의사소통 능력자라 자부하는 사람들에 의해 '무능력자'로 낙인찍힌 사람들이 인권 피해자가 아니라 도리어 잠재적 가해자로 간주되는 사태가 벌어진다.[*]

인권은 그 사람의 능력과 자격을 따지지 않는 누구나의 권리다. 따져 묻는 것이 합당하려면 그럴 만한 정당성과 제한된 범위 내에서여야 한다. 사회 속에 뿌리내리는 삶을 불리하게 만드는 조건을 찾아내서 사회 시스템에 변화를 꾀하려는 것이고, 당사자의 고유성에 적합한 지원을 하기 위함이어야 한다.

---

[*] 이와 관련된 포괄적인 논의에 대해서는 이 책을 참조했다. 나영정 외 (2020), 『시설사회』, 장애여성공감 엮음, 와온.

그런데 실제 표출되는 현상은 권리 능력이 있음을 입증하지 못하니까 보호와 통제에 순응하라는 것이다. 사회 안에 포함하지 않고 사회 부적격자로 재배치하면서 그런 시스템을 반성하기는커녕 보호와 통제를 돌봄서비스라 칭한다.

누가 먼저 이런 배제 대상에 지목될까 두렵다. 2025년이면 초고령 사회에 진입하는 한국 사회에서 특히 치매를 앓는 빈곤한 노인부터일까? 치매 상태인 노인이나 중증장애인에게만 위협이 되는 문제일까? 내가 당장 내일 사고라도 당하면 어떻게 될까? 치료비가 많이 들거나 일도 일상 활동도 어려워지는 병을 앓게 되면 바로 이등, 삼등 시민으로 내몰릴 수밖에 없는 불안한 처지에 있는 사람들, 간병 등 돌봄 책임을 지게 되면 일상의 루틴을 잃고 자기의 일도 욕구도 포기하게 될 위기에 놓이는 사람들 역시 같이 배제될 위험이 크다.

특히 비혼 여성이나 주거약자, '독거노인', 장애인, 불안정노동자, '정상가족' 구성원이 아닌 사람 등 사회 안에서 시민의 온전한 자격을 인정받지 못한 채 내부의 외부자로 살고 있는 소수자와 약자의 절실한 문제다. 그러나 모든 인간은 예외 없이, 취약성과 그로 인한 상호의존성이라는 기본 조건 속에서 삶을 산다. 그리고 언제든 특별히 더 취약한 위치에 내몰릴 수 있다. '취약계층'이라는 범주로 묶여 일방적인 동정과 시혜의 대상이 될 수도, 더 심하게는 혐오와 배제의 대상이 되어 비시민의 자리로 내쫓길 수도 있다.

비시민은 시민의 반대말이자 외부자라는 뜻이다. 민주공화국의 시민권과 헌법상 기본권의 외부에서 기거하는 사람을 가리킨다. 대한민국이라는 정치공동체 안에 있으면서도, 지역사회 안에서 살아가면서도 외부자로 취급받으며 기본 인권의 바깥에 거주하는 사람들이 비시민이다. 시민으로서 마땅히 누려도 된다고 하는 권리를 삭제하는 것, 온전한 권리를 주지 않는 것은 곧 시민의 자격을 주지 않는 것, 즉 비시민화다. 돌봄 위기 속에서 나를 비롯한 누구나가 비시민이자 외부자가 될 위험에서 자유롭지 못하다. 누구도 튕겨 나가지 않도록 서로를 함께 붙들어야 한다.

모두가 돌봄에 연루된 시민의 자리에서, 돌봄을 공통의 운명으로 인식하고 돌봄권의 주체로 자신을 재발명해야 할 필요성이 여기에 있다. 호혜적으로 서로 의지하고 돌보는 돌봄 사회로의 전환은 돌봄권의 상호 인정에서 출발한다. 어떻게 하면 돌봄권의 주체 자리를 함께 만들어갈 수 있을까? 돌봄권을 '외치며' 연대와 연합을 모색한다.

돌봄권의 형식과 내용, 권리의 재구성과 재구축

권리를 외칠 때 외침의 내용이 현실에 꼭 들어맞는 경우는 드물다. 당대의 기준과 통념, 가용한 자원의 한계를 초과할 때가 오히려 많다. 현실은 환멸을 느끼게 하는 것일 때가 많지 않은가? 그 환멸을 기대와 희망으로 바꾸려면 현실을 넘는 권리의 상상이 필요하다. 돌봄권 역시 표준적 사고방식에 따라 다수를 설득할 수 있는 내용으로 한정될 수도 없거니와 그럴 필요도 없다. 가용 자원의 한계는 돌봄권의 내용이 '소박'하고 '검소'해야 할 것을 의미하지 않는다.

'지금 당장, 정부는 '돌봄국가책임제'의 큰 틀을 마련하라.'
'발달장애인 24시간 지원 체계 구축하라.'

2022년 돌봄권을 촉구하는 현장마다 '전국장애인부모연대' 등이 외친 대표 구호다. 여기서 '지금 당장'의 의미는 가용 자원의 한계를 무시한 것이 아니다. 오히려 이를 고려한 표현이다. 가장 취약한 사람들에 관한 의무를 최우선으로 고려해 최대한 신속하고 효율적으로 행동하자는 의미다. 지금 당장 행동하지 않으면서 '차차', '나중에'를 말하는 것은 하지 않겠다는 의도를 드러낼 뿐이다. 지금 당장 구체적이고 명확한 초점을 둔 행동이 있어야 '점진적으로 단계를 밟아간다'는 말이 성립한다. 권리가 완전히 실현된 상태를 전제하고 이를 향한 시간표를 마련하고 자원 확충 계획을 지금 실천하면서 만드는 것이 '지금 당장' 권리를 구현하는 것이다.

최우선으로 고려해야 할 대상이 될 '가장 취약한 사람들'은 모든 사람에게 요구되는 '최소한의 필수적 기준'조차 위협받는 사람들을 말한다. '당신은 지원을 위해 설정해놓은 기준만큼 가난하지 않다'거나 '기준만큼 중증이지 않다'는 식으로 자격을 심사할 때 취약성은 가시화될 수 없다. 일률적인 기준만으로 취약자를 찾으려 한다면 별다른 장애가 없으나 사회적 고립 상태에서 홀로 죽어간 청년, 빚에 짓눌려 돌봄을 포기하고 방치한 청년 같은 사람을 찾아낼 수 없다. 만성 질환이 있더라도 주변의 최소한의 돌봄이 있으면 자기다운 삶의 기쁨을 누리는 사람도 있다. 각종 등급에 맞춘 획일적인 취약성을 벗어나 취약성의 맥락과 상황을 살펴 반응할 필요가 있다. 이를 위해 지역사회 시민들이나 민간 단체들, 지자체들이 나설 수 있다. 침대 길이에 사람의 키를 맞추는 게 아니라 사람에게 침대를 맞추어야 한다.

유엔 사회권 규약에서는 모든 사람에게 인권의 최소한의 질을 보장할 수 있도록 가용 자원을 지혜롭게 이용해야 한다고 말한다. 각 권리의 최저한의 필수적 수준(minimum essential levels) 충족을 보증하는 데 실패할 때, 국가의 최소한의 핵심 의무(a minimum core obligation)가 침해된다. 가장 취약한 사람들한테만 권리를 보장하라는 게 아니다. 모두에게 동등한 일반적 권리 체계 위에서, 취약성에 더 민감하게 대응하는 특별한 권리 체계를 한 층 더 입히라는 뜻으로 이해할 수 있다. 페인트를 한 겹은 반드시 칠해야 하는데 특히 어두운 곳은 한 겹 더 두텁게 칠할 필요가 있듯이 말이다.

위에서 '권리가 완전히 실현된 상태를 전제'하라고 했는데, 이 '완전한'이란 말에 고개를 갸우뚱할 것이다. 완전한 실현이라는 목표는 결코 달성될 수 없고 측정될 수도 없기에 말이다. '완전한 실현'이라는 궁극적 목표를 제시한 이유는 지금보다 더 높은 목표들이나 기준점들이 없다면 최저수준을 넘어서야 할 필요성을 느끼지 못하니 미루지 말고 '최대한 신속하고 효율적으로 행동할 의무를 부여한다'는 의미다. 자꾸 미루면서 지금 해야 할 일을 회피할 핑계로 삼지 말라, 오히려 갈 길이 멀고 바쁘니 지금 당장 서두르라는 의미다.*

　가령 '발달장애인 24시간 지원 체계 구축하라'라는 요구의 정당성은 무엇인가? 24시간 돌봄이 존엄한 실존에 필수이기에 24시간을 요구하는 것이다. 24시간 권리의 실현 상태를 불가능한 것이라고 전제하면 '지금 당장'은 영원히 오지 않는다. 언젠가 나중에 형편이 좋아지면 차차 올 것으로서 한없이 미뤄지기만 할 뿐이다. '나중에 정치'는 '나중'을 끝없이 유예한다. 반면 '지금 당장 정치'는 '24시간 돌봄'의 완전한 실현을 지금 여기에서 감각할 수 있는 권리의 형태로 만듦으로써 '나중'을 앞당길 수 있다. 내일의 밥으로는 오늘의 배고픔을 해결할 수 없다. 내일의 권리로는 오늘의 부자유와 불평등을 상쇄할 수 없다.

---

*　　유엔사회권위원회 일반논평 3호 (1990): 당사국 의무의 본질(규약 제2조 1항), 일반논평 19호 (2007): 사회보장에 대한 권리(규약 제9조), 국가인권위원회 (2020), 『사회권규약위원회 일반논평』

돌봄/권의 자리에서 다시 생각하는 자기결정/권

권리가 있다는 것과 권리를 직접 '행사할 능력'이 있다는 것은 같지 않다. 권리 행위 능력이 없다 할지라도 권리는 의미가 있다. 영유아는 배설할 권리가 있지만 스스로 처리할 능력이 없다. 그렇다고 여러 번 배설한 축축한 기저귀를 갈아주지 않고 방치하는 것은 정당화될 수 없다. 배설할 권리의 내용은 영유아라는 권리 주체를 고려해 구성된다. 누워 있는 환자도 그 환자를 중심에 놓고 배설권의 내용이 정해진다. 인지장애가 있는 노인이라 해서 배설 행위를 두고 면박을 주거나 종사자들끼리 흉보면서 처리해서는 안 된다. 배설권의 내용은 구체적 맥락 속에서 권리 주체와 관계되고 권리 주체를 존중하는 방식으로 고려되어야 한다. 부축을 받아 화장실로 이동해 배설하고자 하는 의사가 있다면 힘이 더 들고 시간이 더 걸리더라도 그의 의사를 최대한 존중해야 한다. 권리 행위 능력을 최대한 보장하는 것도 권리의 내용을 구성한다. 의사를 표시하지 못하는 상태일지라도 최선의 이익이 되는 방식으로, 그의 고유성에 가장 적절한 방식으로, 기본적인 인권을 존중하는 방식으로 처우 받을 권리가 있다.

지금 먹고 싶지 않다, 지금 자고 싶지 않다, 지금 일어나고 싶지 않다, 일상에서의 이런 작은 결정들은 결코 사소하지 않다. 어떤 환경에 놓이느냐에 따라 돌봄의존자는 이런 결정조차 내릴 수 없는 상황에 내몰린다. 집에서 가까운 학교에 다니고 싶다, 병원에 오가기가 힘에 부치니 방문 돌봄을 받고 싶다, 획일적인 문화행사에 참여하고 싶지 않다 같은 많은 결정이 둘레 환경과 연결되어 있다. 다른 말로 하면 통합교육 환경, 의료·돌봄서비스 전달 체계, 복지기관·요양시설 운영 프로그램 등과 뗄 수 없는 관계에 있다. 이런 숱한 의사결정이 자기결정권과 연루된 문제다.

그런데 자기결정/권과 관련해 '조력사(안락사, 존엄사)'가 심각한 문제로 부상했다. 소위 이성적인 판단 능력이 있는 상태에서 결정한 내용만을 자기결정권에 해당한다고 여기고, 그 결정권을 소유 가능한 것으로 해석하는 문제는 더 깊이 고민해봐야 한다.

이성적이고 합리적인 상태의 '자기'가 있다. 그는 언젠가 사고, 노화, 질병 등으로 정신이 혼미해지고 신체 능력을 상실할 '자기'를 염려하고 혐오한다. 그래서 '그런 상태가 되면 살고 싶지 않으니 깔끔하게 살다 떠날 수 있도록 해달라'고 '미리 결정해놓는다.' 이때 자기결정권의 주체는 병들고 신체·정신 장애가 있고 늙은 자기를 분명 자기로 인정하지 않고 있다. 이럴 때 이성적 자기가 '행사하는' 것만 자기결정이고 취약한 상태의 자기가 '행사할 수도' 있는 그것은 자기결정이 아니라고 단언할 수 있을까? 마치 이성에 따른 결정을 내릴 수 있을 때까지만 '자기'가 유지될 수 있다는 듯이 말이다. 특정 맥락에서 자기가 포기하려는 것이 치료나 삶인지, 누군가가 해줘야 할 마지막까지

의 돌봄인지 묻고 싶다.[*]

돌봄권의 관점에서 볼 때 돌봄의 조건이나 환경이 확실하게 보장된다면 결정의 권리에 관한 생각도 달라질 수 있다. 조력존엄사법, 정식 명칭은 호스피스·완화의료 및 임종 과정에 있는 환자의 연명의료결정에 관한 법률 일부개정법률안이 2022년 6월 16일 발의되었다. 제대로 된 명칭은 조력자살법이어야 맞는데 자살에 대한 부정적 느낌을 없애기 위해 존엄사라는 용어를 사용한 듯 보인다. 이 법은 근원적으로 회복할 가능성이 없고 수개월 안에 사망할 것으로 예상되는 말기 환자가 의사의 조력으로 더 이상 수용하기 어려운 고통을 멈추고 죽음을 선택할 수 있는 법적 절차를 마련하려는 것이다.

이와 관련해 토론이 뜨거웠다. 서울대 가정의학과 연구팀이 국민 1000명을 대상으로 조사한 바에 따르면 해당 절차 도입에 찬성한 사람이 76.3퍼센트였다. 그러나 문제는 찬성한 사람들이 조력자살/조력존엄사를 오인하고 있다는 데 있다. 찬성한 사람 중 30.8퍼센트가 남은 삶이 무의미해서, 14.8퍼센트가 가족 고통과 부담 때문에, 4.6퍼센트는 의료비를 포함한 사회적 부담 때문이라고 말했다.

결국 이들이 조력자살/조력존엄사에 찬성하는 이유는 마지막까지 마음 편하게 돌봄 받을 가능성이 없다고 판단해서다.

---

[*]   다테이와 신야 (2008), 『좋은 죽음』, 정효운·배관문 옮김, 청년사.

'폐 끼치지 않겠다'는 심정으로 조력존엄사를 선택하려는 것이다. 돌봄 자원을 충분히 갖지 못한 개인에게 조력자살의 선택 내지는 권리를 강요하는 형국이다. 과연 이것을 자기결정권의 '향유'라고 할 수 있을까.

말기의 통증이 삶의 질을 철저하게 훼손할 때 스스로 선택할 수 있는 삶의 중단은 개인의 자유라는 측면에서 분명 인정되어야 하는 자기결정의 권리다. 그러나 이 자기결정이 돌봄의 결핍이나 부담 때문이라면 조력존엄사에 관한 올바른 지식, 삶과 죽음에 관한 다층적 논의 그리고 무엇보다도 누구나 누릴 수 있는 돌봄권이 먼저 마련되어야 한다. 돌봄권이 정초되기 전에 조력존엄사법 도입이 먼저 추진되는 흐름은 돌봄 위기에 관한 한국 사회의 인식이 정말 얄팍하다는 증거다.

병원에서 '보호자'와 보호 대상, 즉 환자를 한 몸으로 취급해 보호자에게 의사결정을 구하는 경우는 또 어떠한가. '피보호자' 자리는 무능하고 무력하다는 전제로 '보호자'가 대신 결정해야 한다는 것 아닌가. 이것은 돌봄 관계에서 돌봄자와 돌봄 대상 사이의 관계성을 만드는 상호의존성이나 호혜성과는 다르다.

게다가 보호자의 자리는 모호성으로 가득 차 있다. 일단 '정상가족'의 구성원, 직계가족을 가리키기에 돌봄의 우선 의무자로 가족을 호출하는 문제점이 있다. 병원 등 돌봄 현장에서든 가족 내에서든 '보호자'의 법적 권한과 결정권의 무게는 비보호자의 그것과 매우 다르다. 그래서 실제 돌봄자와 형식상 보호자의 서로 다른 자리가 일으키는 분열이나 갈등의 문제가 적지 않다. 피보호자, 즉 환자를 직접 돌보지 않기에 그의 상태를 잘 알지 못하는 보호자의 결정을 환자의 '자기결정'으로 합리화해주는 법 제도와 관행을 비판적으로 질문해야 한다.

돌봄의 현장을 구성하는 법제도에 대한 권리

돌봄권을 요구한다는 것은 원칙과 가치로서 선언될 뿐 아니라 만지고 느낄 수 있는 구체적인 법제도로 구현되는 것까지를 포함한다. 돌봄 관계를 형성하고 유지할 수 있는 환경은 법제도와 그것을 뒷받침하는 예산이 보장해야 한다.

이에 사회 일각에서 돌봄권을 법제화하려는 움직임이 일고 있다. 가칭 '돌봄기본권'을 제정하자는 국회 국민동의 청원 (2022년 1월 20일)이 있었다. 돌봄노동자들과 시민사회단체 등이 운을 떼고 많은 시민이 함께 했다. 이 법안은 '모든 사람은 좋은 돌봄을 받을 권리가 있고, 누구나 제반 사회활동에 동등하게 참여하며 돌볼 권리'가 있음을 천명한다. 그 내용은 국가와 지자체가 서로 책임을 명확히 하고 무상 돌봄의 원칙을 세울 것, 국가가 정례적으로 돌봄 정책을 세울 것, 국가가 돌봄제공기관을 직접 운영할 것, 돌봄노동의 고용 안정과 권리 보장, 처우 개선을 통해 돌봄노동자를 보호할 것, 무급 돌봄제공자의 균형 있는 삶을 보장할 것 등이다.

또 돌봄을 기본권으로 헌법에 명시하자는 주장이 연구자들의 논문으로 발표되고 사회운동의 의제로 등장했다. 2022년 6월 15일 발족한 '돌봄 공공성 확보와 돌봄권 실현을 위한 시민연대'는 차별 없는 돌봄권 보장, 국가가 책임지는 돌봄 체계 구축, 모두가 안전한 돌봄권 보장을 요구하고 있다. 다른 사회적 사안에는 권력 편향적인 논조를 펼치는 언론매체들조차 돌봄권을 강하게 주장한다. 정책 패러다임의 방향을 전환하고 예산이 수반된 권리를 보장하라는 직접행동도 펼쳐지고 있다. 가령 시설 중심에서 지역사회에서의 돌봄으로 전환하고, 가족에게 부양 의무가 돌아가지 않는 개인 맞춤 서비스 체계를 구축해 시설로 가지 않고도 살 수 있는 사회 조건을 만들자는 것이다. 이러한 법제도화 요구를 법에만 국한해서 이해할 수는 없다. '법은 중요하지만 법만으로는 안 된다'는 것을 바탕에 깔고 있다고 봐야 한다.

헌법에 돌봄권을 넣는다고 해서 돌봄의 의미가 격상될 수 있다는 주장을 이 책에서는 채택하지 않는다. 또 하나의 권리 목록을 추가하자는 것으로 '돌봄권'을 말하는 것도 아니다. 인권을 무시하고 민주주의가 작동하지 않는 국가 체제를 문제 삼고자 돌봄권을 시험지로 내미는 것이다. 법이 다른 사회규범을 모두 삼켜버리는 법화 현상, 정치적 논쟁을 죽이는 법률만능주의의 확산을 경계한다. 삶의 현실에 기반한 인권의 상상력을 통해 돌봄을 가능하게 하는 시민사회와 국회의 관계, 시민사회와 행정부의 관계를 재설정하는 정치가 우선 필요하다.

　헌법의 이념은 인권인데 실천적으로는 통치권력이 우위에 있다. 국회의원을 중심으로 한 입법부는 시민사회의 법안 발의를 검열할 뿐이고 행정부를 통제하는 힘은 매우 제한적이다. 국가의 재량 권력은 법치의 밖으로 넘나든다. 헌법재판소는 '인간다운 생활을 할 권리'를 이미 규정하고 있는 헌법을 개별 입법이 구체화하는지를 적극적으로 심사하는 것에 매우 소극적이었다. 구체적 사안에 들어가면 입법의 문제라며 물러선다.* 헌법의 최고 이념이자 구성 원리인 인간 존엄으로서 돌봄의 가치를 전면화하며, 자유권 중심의 인권 보호 담론을 넘어서 적극적인 인권 보장 체제로 전환하는 일이 필요하다.

　돌봄권의 법제도화를 주창하는 운동들은 헌법을 구체화하는 입법운동인 동시에 인권이 실현될 수 있는 구조와 질서에 관한 운동이자 정치에 대한 초대장이라 할 수 있다. 돌봄권을 주창하는 의의는 인권의 운동과 정치로서 돌봄의 가치를 전면화해 시민사회와 국가의 관계를 재설정하려는 데 있다.

　돌봄권은 인권의 원리에 맞게끔 모든 권리의 내용과 실현 방식을 재구성하는 것이다. 돌봄권이라는 큰 틀 안에서 주거권은 지원주택에 대한 권리로, 건강권은 아픈 사람을 치료한다는 의미만이 아니라 질병과 장애와 더불어 돌봄 속에서 살아갈 권

---

* 　2022년 4월 28일 인권연구소 '창'에서 가진 헌법학자 오동석 초청 세미나 '돌봄과 인권'에서의 토론 내용을 참조했다.

리로, 사회서비스는 장애 따로, 연령 따로 식으로 각각 분절된 상태가 아니라 한 사람의 상태를 통합적으로 고려해 조정되고 보완될 수 있다. 노동시간 배치가 생산노동 중심에서 돌봄노동을 중심으로 재배치될 수 있다. 아니, 되어야 한다. 그럴 때 노동권을 규정하는 노동의 의미와 범위 또한 달라져야 할 것이다.

인권학자 앤드루 클래펌은 "권리에 대한 논의는 곧 우리가 어떤 사회를 원하는지에 대한 논의와 같다"고 했다. 오늘날 우리가 돌봄권을 논의하는 것은 돌봄을 중심 가치로 삼아 삶의 전 영역에서 실천하는 사회로 전환하기를 원하기 때문이다.

인권은 신분, 태생에 따른 권력과 자원의 분배에 도전하면서 등장했다. 현실의 권력에 도전하기 위해 '자연적인 것'을 처음에는 끌어들였다. 인간은 '원래' 자유롭고 평등하다는 식의 주장이었다. 하지만 그것은 자연을 빙자한 현실에 대한 도전이었지, 사실상 동력은 인간 스스로의 현 체제에 대한 봉기와 저항이었다. 모든 사람이 사회의 일원으로서 자유롭고 평등한 삶을 살 권리가 있다는 것을 '인위적으로' 서로에게 인정하고 서로에게 권리로 부여했다. 인간에게는 자연적으로 인권이 부여된다고 했는데 그 인간이 특정 공동체와 동료 인간으로부터 내쳐질 때 아무런 권리도 누릴 수 없다는 사실에서 '권리에 대한 권리'가 인식됐다.

인권에는 동료 인간들의 승인 외에 다른 아무런 자격이나 조건, 혈연이나 태생, 능력 등의 조건이 필요치 않다. 오늘날 우리가 인권을 '아무나'의 권리로 주장하는 것은 인간 상호 간의 호혜적 약속에 근거한다. 여기에 인권의 힘과 딜레마가 동시에 있다. 우리가 노동할 수 없는 인간, 노동의 위계에서 하위에 위치한 인간들을 호혜적인 약속에서 배제하려 들 때 인권은 그 근거를 잃는다. 또 인권을 국가의 하사품으로 여기고 이미 수립된 법적·제도적 테두리 안에서만 권리를 논할 때 인권을 구성하는 힘을 잃는다.

돌봄 사회는 '자연적으로', 천부인권처럼 주어지는 것이 아니다. 서로를 동료 인간으로 여기는 사람들의 인위적인 상호 인정의 행위와 그에 걸맞는 제도의 수립을 통해 이뤄진다. 돌봄 사회를 구성하려는 사람은 돌보는 시민으로 자신을 재발명해야 한다. 돌봄 사회에서 필수적인 시민적 덕성이 무엇인지 서로 질문하며 만들어가야 한다.

사회적인 현장에서 돌보는 활동과는 유리되어 있으면서 돌봄을 정치적이자 공적인 의제로 올리기를 꺼리는 시민, 권력 기구의 장악을 정치적인 것이라 여기며 사회적인 것을 부차적으로 여기는 시민이 정치적으로 각성한 시민일까? 돌봄 현장에서 쉼 없이 돌보고 있는 사람들은 언제까지 '목소리 없는' '비정치적' 존재로 간주돼야 할까? 정치적인 것의 설정과 경계를 전환해야 하는 것 아닐까?

시민들은 국가와 시장과 다양한 관계를 맺고 살아간다. 저마다의 자리에 결박되는 대신 넘나들면서 돌봄을 위해 결속하며 국가와 시장을 견인하는 힘을 가질 수는 없을까? 서로의 자리는 다양하더라도 돌봄이라는 공유재를 만들고 가꾸는 것을 중심으로 결속할 수 있지 않을까? 국가와 대립하는 개인, 시장 친화적인 투자자 개인, 소비자 개인, 우리의 모습은 이런 것을 포함하는 한편 다른 것일 수 있지 않을까? 돌봄기획자, 돌봄집행자, 돌봄이란 공유재의 창조자의 모습도 상상해보자.

돌봄 위기가 기회가 되려면

돌봄을 표지에 내건 법제도나 재정 지출이 곧 돌봄권으로 직결되는 것은 아니다. 돌봄이라는 표제 때문에 무조건 옳다고 지지할 수는 없다. 누구의 자리에서, 누구를 중심으로, 무엇을 나누려고 설계되는지 엄밀히 살펴야 한다. 돌봄이라는 같은 언어를 사용하면서도 갈등을 조장하는 움직임도 있다. 가령 시설을 증설하고 지원하는 데 지출이 느는 것과 개인의 특이성을 고려하는 지역사회 통합 돌봄에 지출이 느는 것은 매우 다르다.

다양한 욕망과 성찰되지 않은 이기심이 돌봄의 간판 아래서 꿈틀대고 있는 것은 아닌지 무거운 마음으로 묻지 않을 수 없다. 건강하고 노동할 수 있는 몸들이 돌봄 부담을 더는 데 방점이 찍힌 것은 아닐까? 돌봄제공자를 우선 가족으로, 그중에서도 여성으로 설정하고 지원을 확대하면 밑돌 빼서 윗돌 쌓는 식은 아닐까? 국가는 '국가책임제'라는 이름만 가져가고 실제는 시장이 담당해서 돌봄서비스 장사를 부추기는 것은 아닐까? 돌봄권에 '내 부담을 덜어줘' 하는 바람을 담았을 뿐 돌봄의 의미와 가치, 돌봄을 둘러싼 관계를 갱신해보겠다는 수고는 건 너뛰려는 마음 아닌가? 국가책임제가 이 부담을 다 가져가버렸으면, 내 손을 떠났으면 하는 바람을 돌봄권에 실어 보내려는 것은 아닌가?

　무엇보다도 성별화된 특권으로서 건장한 남성 몸들의 돌봄 회피, 노동자의 돌봄권을 인정하지 않는 기업의 관행, 돌봄 의제를 정치 문제로 여기지 않고 취약자들의 '기구한 사연' 취급하는 정치 관행을 급진적으로 해체하려는 노력 없이 '돌봄권'을 말하는 이 뜨거운 유행이 우려스럽다. 코로나19를 계기로 모처럼 '표면에 떠오른' 돌봄 위기는 기존 관행을 굳히면서 간판만 교체하는 식이어서는 안 된다. 돌봄 체계를 구축하고 갱신하는 기회여야 한다.

　원하는 물건을 고른다. 가격에 해당하는 돈을 집어넣거나 카드를 꽂는다. 결제가 완료되면 원하는 물건이 나온다. 권리 관계는 이런 식의 자판기가 아니다. A에게 돌봄에 대한 권리가 있기에 B는 돌봄을 보장하고 실현할 의무가 있다. A가 돌봄을 주장·요구·청구하면 B는 돌봄을 내놓는다. 최간단의 권리 문법에 따르면 이처럼 간단한 도식이 나온다.

　A의 자리에 누가 서게 되는지, B의 자리를 회피하지 않고 응당 앉으려는 존재가 있는지, 좋은 돌봄을 가능케 하는 형식과 내용은 어떻게 구성되는지 어느 하나도 간단치가 않다. 저마다

어느 자리에서 어떤 책임을 공유하고 실천할 것인지에 따라 돌봄권의 문법은 다르게 구성될 수 있다.

그러하기에 시민의 자리에서 돌봄 관계를 어떻게 바라볼 것인가가 중요하다. 국가에 돌봄 책임을 묻는다는 것은 시민사회에서 국가로 돌봄을 미루는 것일까, 아니면 돌봄을 통치 원리로 삼도록 강제하는 것일까? 국가의 자리에서 돌봄을 책임지는 정치가 가능하려면 시민의 자리에서 어떤 돌봄 정치가 필요할까? 시민의 자리와 국가의 자리에 대해 차례로 살펴본다.

11장

시민의 자리
독박과 고립은 그만, 동심원을 그리는 시민들

둘만 남겨지다

디자인 회사에 다니는 한 여자가 있다. 그녀의 전화기는 시도 때도 없이 울린다. 사장은 그녀와 얘기할 때마다 '그 빌어먹을 전화기 좀 끄라'며 못마땅해한다. 하지만 여자는 전화기를 끄지 못한다. 정신병원에 입원해 있는 오빠에게서 오는 전화이기 때문이다. 오빠는 불안하고 힘들 때마다 동생에게 전화를 건다. 여자는 그때마다 그런 오빠를 위로한다.

여자에게는 입사 때부터 줄곧 짝사랑해온 남자 팀장이 있다. 일찌감치 눈치를 채고 있던 사장은 고백하고 데이트하라고 여자를 부추긴다. 크리스마스를 앞두고 열린 사내 파티에서 여자는 흠모하던 그와 드디어 춤을 추게 되고, 자기 집으로 함께 간다. 둘의 관계가 고조되려는 순간, 어김없이 전화가 울린다. 전화기를 끄면 될 텐데, 그녀는 그러지 못한다. 전화는 또 걸려온다. 여자는 고조되던 로맨스 대신 오빠와의 통화를 택하고,

결국 남자는 떠난다.

크리스마스 전야, 야근을 하던 두 사람. 뭐라 말할 것 같던 남자는 그저 '메리 크리스마스'라고 말하곤 어색하게 먼저 퇴근한다. 홀로 남겨진 여자의 얼굴은 금방이라도 울음이 터질 것 같다. 다른 이들은 시끌벅적 파티를 즐기는 시간, 그녀는 병원에 가서 오빠에게 목도리를 둘러주고 안아준다. 크리스마스 장식도, 경쾌한 음악도, 왁자지껄한 웃음도, 샴페인도 없는 회색빛 면회실 의자. 덩그러니 둘만 남겨진 크리마스다.

〈러브 액츄얼리〉(2003)라는, 고전이 된 크리스마스용 옴니버스 영화에 등장하는 이 에피소드는 돌봄이 독박이 될 때 발생하는 고립의 단면을 잘 보여준다. '보호자'로서 돌봄을 책임지는 사람은 일터나 사회가 요구하는 시간표대로 살기 어렵다. 욕망하는 사람과 친밀한 관계를 형성하는 데 적극적으로 몰입하기도 어렵다. 이 에피소드처럼 돌봄의존자가 특정 전문기관에서 일차 돌봄을 받아도 보호자의 일상이 제한받게 된다는 기본 구조는 크게 다르지 않다.

위험한 돌봄

돌봄은 복잡하고 위험하다. 이것은 생명의 연약함과 직면하는 일에서 발생한다. 돌보며 느끼는 '기쁨, 보람, 배움' 등이 돌봄을 지속하는 힘이다. '돌보며 배우며 성장하며'가 가능하려면 돌봄 관계를 받쳐주는 둘레가 필수다. 돌봄을 위험에 빠뜨리는 것도, 해봄직하고 뿌듯한 일로 만드는 것도 주변에 달려 있다. 그런데 돌보는 시민들의 연대보다는 '독박 돌봄' 이야기를 훨씬 더 자주 접하는 것이 현실이다.

독박과 그에 따른 고립은 돌봄의 고통, 어려움을 얘기할 때 가장 많이 언급된다. 혼자 뒤집어쓰고 감당해야 한다는 의미다. 독박은 돌봄자와 의존자 모두를 고립시킨다. '간병 살인'은 이러한 어려움이 한계치를 넘어설 때 어떤 일이 발생할 수 있는지 가장 극명하게 보여주는 예다. 그러나 "벼랑 끝에 선 간병 가족들의 극단적 선택"*이라는 간병 살인에 이르지 않았다고 해서 감당할 만했다고 할 수 있는 독박 돌봄은 없다. 독박과 고립은 서로 상승 효과를 내며 여러 위험한 상황을 만들다가 결국 돌봄 관계 자체를 위험에 빠뜨린다.

시민의 자리에서 돌본다는 의미가 무엇인지, 독박 돌봄의 위험과 돌봄의 부정의를 넘어서려면 왜 시민의 자리가 필요한지 논의하기 위해 우선 독박 돌봄이 빠져드는 위험, 위기와 관련한 저 공통의 특성들을 살펴보자.

돌봄을 위험에 빠뜨리는 공통의 특성들

우선 주변인과의 관계가 흔들린다. 〈러브 액츄얼리〉 에피소드가 보여주듯 주변인과의 관계는 축소되고 심하면 단절로

---

* 유영규 외 (2019), 『간병살인, 154인의 고백: 우리 사회가 보듬어야 할 간병 가족들의 이야기』, 루아크.

이어진다. 장애아나 회복 가망성이 없는 환자 등을 돌보는 지인이 있을 때 주변 사람은 수험생 눈치 보기보다 더 조마조마한 심정이다. '괜찮아?' '버틸 만해?' '뭐 도울 게 있을까?' 조심스레 상황을 물어보지만 돌봄 부담을 나누자고 제안하지 않는 한 미안함을 에둘러 표현하는 정도에 머물고 만다. 돌아오는 답 역시 '어림도 없는 소리, 나 말고는 손도 못 대', '마음만으로도 고마워' 정도를 넘어서기 어렵다. '나의 염려와 관심이 오히려 상처를 찌르는 게 아닐까', '내 걱정이 행여 동정으로 비치진 않을까' 하는 마음에 그다음부터는 안부를 묻는 것조차 삼가게 된다.

이렇게 당사자에게 곧장 묻지 못하는 상황이 지속되면 걱정과 관심은 떠도는 말들을 수집하는 쪽으로 방향을 튼다. '그 집 사정이 말도 아니래요.' '그 심정이 오죽하겠어요.' '가까이 가면 터질 것 같아 숨도 못 쉬겠어요.' 꽤 가깝다고 할 수 있는 사이라면 '그렇다고 우리를 죄인으로 만드는 건 너무하죠'라는 상태까지 갈 수 있다.

돌봄 당사자의 속은 더 복잡하고 불편하다. '내가 힘든 걸 말하기 시작하면 안 그래도 근처에 오기를 꺼리는 사람들이 더더욱 나를 꺼릴 거야.' '말을 하면 자기들이 뭘 해줄 것도 아니면서 동정 어린 말들이 더 짜증 나.' '왜 이렇게 힘든 돌봄을 하는 내가, 또 내가 돌보는 저 사람이 천덕꾸러기 취급을 받아야 하는 거지?'

힘겨운 돌봄 상황이 지속되면 이처럼 서로를 위하는, 위하고 싶은 관계의 사람들마저 답답하고 막막한 외길에 내몰린다. 소통은 중도에서 길을 잃고 회피의 심정이 쌓인다. 서로 배려하겠다는 태도가 오히려 골을 깊게 만들어 양쪽 모두에게 막연한 죄책감을 낳는다.

정의롭지 못한 독박 돌봄 현실의 두 번째 위험은 돌봄의 숭고화다. 돌봄을 일상 너머 숭고의 경지로 올려놓고 떠받드는 말로써 독박과 고립을 미화 내지는 정당화한다. '정말 대단해.' '다시없을 효녀/효자야.' '모성은 정말 위대해.' 이런 식으로 돌봄자를 영웅시하는 일이 흔하다. 비슷한 맥락에서 돌봄 관계의 당사자들은 원치 않는 힐링 스토리의 주인공이 되기도 한다. '봐라, 저런 사람도 있는데.' '정말 눈물겨워.' 당사자를 살피는 정의롭고 어려운 길을 공동의 책임으로 택하기보다는 칭송이라는 쉽고 편한 길을 택한다. 숭고할수록 돌봄은 아무나 할 수 없는, 특정한 누군가만 감당할 수 있는 것이 되어버린다. 돌봄자가 숭고할수록 돌봐지는 이는 시련을 검증하는 도구나 대상이 된다. 또 숭고하다면서 정작 돌봄자에 대한 사회적, 경제적 대우는 박하다. '맘충'이라는 혐오표현이 증명하듯이 모성은 숭고하다면서 아이 돌봄의 실상은 혐오하고, '치매 걸린' 노년의 돌봄은 아무나 못한다면서 요양보호사의 실상은 저임금과 모욕으로 박대한다. 결국 숭고하다는 말로 올가미를 씌울 뿐이다.

독박 돌봄과 고립의 세 번째 위험은 누군가의 돌봄을 당연하다, 자연스럽다 여기는 데서 파생한다. 배우자니까, 자식이니까, 부모니까 돌보는 게 당연하고, 그중에서도 아내니까, 엄마니까, 딸이니까 더욱 당연하다는 식으로 혈연·성별에 따라 돌봄을 할당한 결과, 정의롭지 못한 복합 현상들로 이어진다. 혈연이 아니면 아무리 친밀한 관계라도 돌보고 돌봄 받을 권리를 박탈당하고, 혈연이면 자신은 돌보지 않으면서도 다른 이가 행하는 돌봄을 감시·감독할 권력을 소유한다.

　혈연이나 성별, 가족 내 경제적 위상 등에 따른 역할 할당으로 누군가의 독박 돌봄을 '당연한' 역할이라 여기게 되면, 정작 돌보는 쪽에서는 돌봄을 감당할 마음이 오히려 사그라든다. '인간으로서 감당해보겠다'고 애써 먹은 마음이 존중받지 못하면, 자발적 돌봄이 아닌 강요이자 강제가 되어버리기 때문이다. 내가 그나마 형편이 되니 더 돌보겠다고 나섰는데 '장녀니까', '비혼이니까'라는 반응이 돌아온다면 하고픈 마음이 싹 가신다. '딸이 돼가지고'란 말에는 만약 돌보지 않으면 비도덕적인 것을 넘어 천륜을 저버린 사람으로 찍힐 거라는 위협이 있다. '요즘 여자들은 돌보려 하지 않는다'라는 비난은 당연시됐던 성역할을 반성하고 대안을 마련하는 대신 여성을 비난하는 편리한 방식을 취한다. 가족 내 경제력에 따라 '너는 돈도 안 벌잖아. 그 대신에…'라며 돈을 내는 쪽의 큰소리에 무시당하기도 한다. 이 모든 것을 무릅쓰고 행여 나섰다가는 독박이 돼버릴 수 있기에 욕을 먹느니 차라리 나서지 않는 것이 낫다고 마음을 다잡게 된다. 서로 돌봄을 나누고 협력하리란 기대는 없이 감시자들만 가득한 관계에서 도망치고 싶은 게 당연하다.

돌봄 관계가 직면하는 위험

주변인과의 단절, 돌봄의 숭고화, 가족, 특히 여성 가족 돌봄의 자연화 내지는 당연시는 돌봄 당사자들 모두에게 감당하기 어려운 위험을 안기고, 결국 돌봄 자체를 위기에 빠뜨린다.

첫째, 독박 돌봄은 두 사람의 관계를 위험에 빠뜨린다. 돌봄의존자와 돌봄자가 고립되면 학대나 방임 같은 폭력에 취약하다. 둘 사이를 들락거리는 관계, 개입하고 조정하는 관계가 없으면 둘은 공의존에 빠지기 쉽다. 돌봄 윤리와 실천에서는 인류학적 보편성으로서 상호의존(inter-dependancy)을 강조한다. 공의존(co-dependancy)은 다른 의미다. '너 없으면 나는 못살아', '내가 없으면 너도 없어' 관계다.

공의존에 빠진 사람들(가족, 사회복지사, 요양보호사 등)은 '나 아니면 안 된다'는 지나친 소명의식 때문에 자신과 주변을 소진시킨다. 사회적 관계 없이 둘만 남겨진, 둘 안에서만 주고받는 갇힌 세상이다. 상호의존하는 관계라면 실패하고 갈등하며 관계를 새로 조정하는 과정에서 또 다른 관계성을 형성한다. 공의존 관계에서는 '저 사람 없으면 나도 없고 내가 없으면 저 사람도 없다'는 식으로 폐쇄 공간 속 미러링의 나선형 심연이 깊어진다.

돌봄이 힘겨울수록, 독박의 늪에 빠질수록 '나 아니면 누가 이 일을 할 수 있겠는가'라는 절망의 심정은 '너를 돌봐줄 사람은 나밖에 없다'는 일종의 소유권 주장으로 이행할 위험이 크다. '대체 불가능성의 위험한 환상'이 발생하는 것이다. 돌봄 받는 사람의 주체성을 '압류'한다고 볼 수 있는 이러한 상황에서 돌보는 사람 역시 자신도 모르게 의존자에게 의존하는 공의존 상태에 고착되기 쉽다.

공의존은 의존자에 의해서 초래되거나 강화되기도 한다. '네가 돌봐주지 않으면 나는 어떻게 하느냐'는 호소와 간청은 윤리적 책임감을 촉구하는 정도를 넘어 심리적 협박 단계로 이동할 수 있다. 돌봄이 놓인 '취약한' 실존적 상황은 세심하게 관리되지 않으면 언제든 이처럼 크고 작은 심리적 폭력을 행사하는 쪽으로 미끄러질 수 있다.

두 번째로 언급할 독박 돌봄의 위험은 돌봄의존자의 비시민화다. 돌봄이 한 사람에게만 몰리는 상황이 지속되면 주변에서는 돌봄자에게 모든 책임을 전가하고 돌봄 받는 이를 '비시민'으로 간주하게 된다. 이때 돌봄자의 책임은 비시민의 존재가 여타 시민들의 삶을 방해하지 않도록 관리하는 역할이다. 더 잘 돌보려는 돌봄자의 애씀을 달가워하지 않는다. 그저 비시민인 돌봄의존자가 시민들의 이쪽 세계로 넘어오지 않도록 돌봄자를 감시원으로 세워둔다. 이때 경계를 만드는 시민들은 비시민의 안위보다는 비시민이 자신들의 안위를 교란하지는 않는지 더 신경 쓴다. 결과적으로 고립은 '정상'이 되고 시민들은 고립된 이들을 의식에서 지운다.*

　돌봄 자체가 위기에 처하는 상황을 종합하여 보자. 돌봄자가 할 일은 그야말로 태산이다. 돌보는 일은 직장의 직무조사표 항목과는 비교할 수 없을 만큼 총체적이다. 직접 몸으로 돌볼 뿐 아니라 매 시간 매 초 마음으로 헤아려야 하는 일이다. 아동의 양육·교육이든, 장애인, 노년 돌봄이든, 환자 돌봄이든 직접 돌봄 이전에도, 직접 돌봄을 하는 와중에도 예상한, 예상치 못한 많은 일을 함께 알아보고 처리하고 해결해야 한다.

　기본적으로 모든 돌봄에는 복지제도·사회서비스 알아보기, 법 제도 알아보고 서류 떼기, 적절한 돌봄 장소(어린이집·병원·요양원·휠체어 사용 가능한 장소 등) 찾기, 경제적 지원을 구하거나 돈벌이 병행하기, 돌봄 받는 사람을 중심으로 나머지 가족이나 돌봄 제공자들의 시간과 행위 조정하기, 보호자 역할 수

---

* 코로나 재난 시기에 광범위하게 진행된 노인요양시설의 예방적 코호트 격리와 코호트 격리는 이와 관련해 여러 논쟁 지점을 내포하고 있다. 현장에서 (예방적)코호트 격리를 실행한 원장 이하 돌봄 종사자들은 본인들의 가족과 사생활을 위험에 처하게 하면서까지 함께 격리된 상태에서 최선을 다해 입소 노년들을 지켰다. 요양시설은 신체적으로, 정신적으로 매우 '취약한' 노인들의 집합 거주지다. 여기서 일단 확진자가 한 명이라도 나오면 집단 감염의 위험이 크다. 그리고 요양시설 안팎을 연결하는 돌봄 종사자들은 감염원이 될 수 있다. 바이러스가 이동하는 위험한 노선이 안에서 밖으로인지 아니면 밖에서 안으로인지가 (예방적)코호트 격리에서 은폐된 질문이다. (예방적)코호트 격리는 방역지침 명목상 밖에서 안으로 이동하는 위험을 막겠다는 것이었지만, 그 반대의 가정을 지울 수 없다. 격리는 형식상 시설 책임자들이 (예방적)코호트 격리를 신청하고 지자체에서 허락하는 형태를 취했으나 실제로는 정부 명령에 따르는 것과 같은 권력 효과 안에서 실행되었고, 궁극적으로 누구를 보호하기 위한 격리였는가, 요양시설 안 취약한 노년 집단이었나 아니면 시설 밖 소위 '시민들'이었나 하는 무거운 질문을 남겼다.

행하기 등이 병행된다. 각종 보조기구·장비 등을 찾고 구비하고 유지·관리하기, 치료·훈련 알아보기, (노인 요양의 경우) 요양등급을 받고 적절한 지원 서비스 찾기도 필수다. (장애인의 경우) 거절당하고 항의하고 싸우기도 한다.* 거리로 나가 삭발하고 단식하거나 농성하기도 한다. 생계부양자, 사회복지사, 물리치료사, 교사, 간호사, 법 전문가, 인권활동가 역할을 동시에 수행하며 때로는 어느 전문가보다도 더 전문가가 돼야 한다.

이 모든 걸 혼자서 해내야 한다면? 독박 돌봄은 소진을 부른다. 또 부정확하고 불안한 상태에서 혼자 내리는 결정은 위험할 수 있다. 결국 버티지 못하고 해내지 못하면 돌봄의 끝에는 무서운 결과가 기다릴 수 있다. 이런 맥락에서 예컨대 중증·발달장애인 자녀를 살해한 후 자살하는 부모들 이야기가 끊이지 않는 현실을 어떻게 시민 모두의 문제로 의식화할 것인가는 중요한 시민사회 의제다.**

돌봄의 사회화: 시민의 자리에서 돌보다

고립된 독박 돌봄으로 돌봄 당사자들이 위험한 상호구속으로 내몰리지 않으려면 그 돌봄의 현장에 다양한 형태로 개입

---

* 다큐멘터리 〈학교 가는 길〉(2021, 감독: 김정인)은 발달장애학교 건립을 둘러싸고 발달장애아동 학부모와 지역 주민 사이에서 벌어진 갈등을 다면적으로 탐색한다.
** '김예지, 왜곡된 연민 때렸다 '장애아동과 동반자살? 죽인 것'", 〈중앙일보〉, 2022. 6. 4. 참조.

하고 참여하는 또 다른 돌봄자들이 필요하다. 돌봄의 분산 혹은 배분이야말로 공의존의 위험을 예방하는 가장 확실한 길이다. 이것의 기초는 사회적 돌봄으로 마련될 수 있다.

사회적 돌봄을 하자는 건 비용만 사회화하자는 게 아니다. 그 관계가 독박에서 풀려나 사회적 관계 속에 있도록 만드는 것이 핵심이다. 공의존이 아닌 상호의존으로 만드는 것, 고립과 독박에서 해방돼 공동체로 진입하도록 하는 것이 시민들이 할 일이다.

드라마 〈사이코지만 괜찮아〉(2020)에서 발달장애가 있는 형 문상태를 정신병원에서 지원사로 일하는 문강태가 헌신적으로 돌본다. 형제는 어려서부터 둘레 세계의 개입 없이 둘이서만 살아왔다. 형을 돌보느라 삶의 다른 것들을 외면한 동생, 그런 동생만 의존하고 살아온 형이다. 어쩔 수 없이 빠져든 공의존 상태에서 벗어나려고 몸부림치다가 둘은 어느 날 처절한 몸싸움을 한다. 그러다 '전적인 의존자'로 여겼던 형 상태가 말한다. "나는 내 거야, 네 거 아니야." "문상태는 문상태 거야."

그렇게 공의존의 관계를 찢고 나오면서 두 사람은 상호의존 상태로 넘어간다. 이것은 두 사람을 독박 돌봄 관계로 내버려두지 않은 주변 사람들의 개입과 조정으로 가능했다. 극중에서 정신과 의사, 동료 간호사, 환자, 하숙집 주인 등 주변 인물들이 모두 개입과 조정에 나선다. 돌봄 관계에 드나드는 개입과 조정, 이것이 시민의 자리에서 수행하는 돌봄이다.

특히 코로나 재난 시기를 통과하며, 그리고 저출생 고령화라는 인구 구조 변동의 맥락 속에서 '돌봄의 위기' 논의가 빈번하다. 돌봄이 처한 상황은 일시적인 위기의 문제가 아니다. 사회문화적으로, 나아가 정치경제적으로 구조화된 문제다. 극심한 돌봄 부정의의 문제다. 돌봄이 개인의 문제가 아니라 개인들이 서로 연결되어 있는 몸체, 즉 사회의 문제라는 시각은 돌봄을 사회 정의 내지는 사회 부정의의 관점에서 살피게 한다. 이러한 관점에서 떠오르는 제안들이 돌봄의 탈가족화, 탈여성화, 사회화 내지는 공공화다.

이런 상황에서 정의로운 돌봄 사회를 구축하는 것은 모든 시민이 함께 고민할 의제다. 돌봄과 무관한 삶은 없기 때문이다. 앞서 8장 '보편적 돌봄을 상상하기'에서 살펴본 것처럼 돌봄 관계에 대한 인정과 지원을 같이 하면서 개별적인 독박 책임의 공포를 함께 벗어나야 한다. 그러니 어떤 형태로든 자신의 삶이 돌봄과 연루되어 있다는 인식이야말로 시민됨의 출발점이어야 한다. 돌봄 정의는 국가가 공공 돌봄을 폭넓게 구현하는 것과 모든 시민이 바로 그 시민의 자리에서 돌봄의 공공화, 사회화를 모색하는 것이 동시에 이루어져야 가능하다. 이를 위해서는 '시민'과 '시민사회', '시민권'에 대한 어느 정도의 합의가 필요하다.

시민사회와 시민

시민사회라는 개념은 18-20세기 도덕적 권위로 응집된 공동체의 상실에 대한 대응으로서, 즉 세속화된 소속의 형태로서 고안되었다. 국가에 대한 법적, 정치적 소속보다는 재산과 인격적 자립성을 획득한 중세의 도시 거주자를 가리킨다. 이들이 모여 구성하는 사회, 게젤샤프트(Gesellschaft)*는 게젤레(Geselle), 즉 '친구나 동료'라는 용어에서 파생되었다. 즉 사회는 친구나 동지들이 서로 어울리는 공간을 뜻한다.**

퇴니스는 공동체주의적 사회(게마인샤프트, Gemeinschaft)를 이해관계에 따른 계약사회(게젤샤프트)에 대비시켰고 베버와 짐멜은 이를 사회형성 이론으로 발전시켰다. 명사 형태가 아니라 형성중인 동명사 형태(Vergemeinschaftung, Vergesellschaftung)로 만듦으로써 베버와 짐멜은 사회/공동체는 역사 속에서 끝없이 변형, 형성되는 과정임을 강조했다.

사회/공동체는 언제나 새롭게 다시 창안될 여지가 있다.

---

* 역사적 측면에서 시민사회는 특히 유럽 부르주아 사회의 산물이었으며 어원상으로는 헤겔이 공민(citoyen/citizen, 국가에 대한 법적 · 정치적 소속성과 관계되는 단어. 권리 · 의무와 연결)과 구별했던 시민사회(Bürgerliche Gesellschaft/bourgeois, 재산과 인격적 자립성을 획득한 중세의 도시 거주자. 이후 유산계급과 자본가계급을 가리킴)라는 관념을 통해 시민 문화와 연결된다.

** 아리스토텔레스에게 이런 관계는 폴리스의 진정한 기초다. 우정의 정치적 중요성인 것이다. 따라서 국가의 행정 내부에서 만들어진 시민권인 법적, 정치적 소속보다는 어울림, 관계가 폴리스에서 더 중요한 것이고, 이때 동지애나 우정이 돌봄의 윤리보다 법적 도덕적 정의에 더 기초할 필요는 없다. 역사적으로 그렇게 구성된 것일 뿐이다.

변신을 위한 가능성이 열려 있는 것이다. 변신 또는 쇄신은 관계/성, 그것이 형성되는 맥락으로서의 의미 추구, 그것이 형성하는 소속감, 규칙을 누구와 어떻게 함께 세우느냐에 따라 달라질 것이다. 소속감과 진정성, 자발성, 파편화되고 분산되는 행위들을 의미 있고 인정받는 서사로 엮을 수 있게 해주는 지침이 물론 필요하다.

'사회라는 것은 없다. 개인들과 가족들만 있을 뿐이다.' 대처의 이 말은 개인주의가 번성하고 공동체적 연대는 메말라버린 소비주의 시대를 단도직입적으로 요약 정리한다. 사회적 신뢰는 힘을 잃고 사회적 관계는 시장화된다. 복지시민권이라는 사회적 모델의 활동적인 시민은 후기 자본주의의 수동적인 소비자 시민이 되었다. 물질적 이해관계가 초래하는 분열과 공동의 가치가 빚는 연대 사이의 투쟁은 분열 쪽으로 승세가 기운 듯 보인다.

시민적 연대를 계속해서 실패시키는 자본주의의 이러한 구조적 모순은 한편으로는 '시민적 영역'의 재개념화를, 또 다른 한편으로는 '시민권'의 올바른 정초를 촉구한다. 시민적 영역이 공동체적 가치와 이를 뒷받침하는 제도로 구성된다고 할 때, 그 추구되는 가치가 무엇인가에 따라 시민적 영역의 모습은 달라질 수밖에 없다.

그러나 가족이나 종교, 그리고 여타의 특정 정체성을 중심으로 한 공동체 등 비시민적 제도들이 안고 있는 특수성과 부분성을 비판적으로 지양한다는 공통분모는 확인될 수 있을 것이다.* 독일어의 시민과 시민사회 용어의 본래 뜻 그리고 시민사회를 형성 과정으로 이해하는 베버와 짐멜의 견해가 시민적 영역 논의에도 유효할 수 있다. 시민은 동료나 친구이며, 시민사회는 동료나 친구가 서로 어울려 지내는 공간이다. 이 어울림의 주체들이 어울림의 형태와 내용도 정할 것이다. 그런 의미에서 시민적 영역은 하나의 기획이고, 논쟁 내지는 토론의 대상이다.

가족의 자리 대신 시민의 자리를 상상하는 이유

시민과 시민사회에 관한 이해를 토대로 '시민의 자리에서 돌본다'는 명제를 이해해보자. 이것은 돌봄 관계를 독박과 고립에 처하지 않도록 한다는 데서 출발한다. 당신은 돌봄을 통해서 존중받아야 하는 시민이고, 나는 돌봄 필요자에게 돌봄을 제공하는 한 명의 시민이기에 나는 당신을 돌본다. 돌봄으로써 나는 시민적 덕성을 구현한다.

아동학대나 아동살해를 떠올려보자. 이런 일들은 아동을 시민이 아닌 내 소유물처럼 생각하기에 발생한다. 시민으로 돌본다면, 질문이 많아진다. 시민에 관해, 시민으로 돌볼 때의 형식과 내용에 관해 질문하게 되고, 이것은 다시 시민사회에 관한 질문으로 이어진다. 돌봄과 가족의 관계에서도 마찬가지다. '딸

---

* 제프리 알렉산더의 『시민적 영역』 논의 참조. 앤서니 앨리엇·브라이언 터너 (2015), 『사회론: 구조, 연대, 창조』, 김정환 옮김, 이학사, 143–155쪽.

이니까 돌보는 거 당연하지'라는 혈연주의적 관점과는 달리 돌봄이 어때야 하는지, 돌봄이 사회 형성과 어떤 상관관계에 있는지를 묻게 만든다. 사회를 정의로운 돌봄 사회로 형성하겠다는 의지와 선순환 관계에 놓는다.*

　이런 전환이 필요한 것은 인류 역사상 가족이라는 용어만큼 구체적 현실 속에서나 비유로서나 중요성을 획득한 말은 없을 것이기 때문이다. 생존이 핵심 문제였던 인류의 초기 역사 시기에 가족은 가장 중요한 안전망이자 지지 기반이었다. 이후에도 사회적·경제적 안전망이 무너질 때마다 가족은 돌아갈 (수 있는) 곳으로 부상한다. 가족이라는 용어에는 타의 추종을 불허하는 강력한 정동이 축적되어 있으며 이러한 정동은 상이한 문화적, 젠더적 형태를 관통하며 재활성화된다(re-vitalized). 가족(중심)주의와 이성애(중심)주의, 가부장제를 해체하는 운동에도 남아 영향력을 행사한다. 이성애(중심)주의 규범에 도전하는 성소수자들 중에는 '가족구성권'을 주장하는 운동 진영도 있다. 그만큼 가족이라는 용어는 현실과 비유를 명확히 가를 수

---

*　돌봄은 관계에서 통용되던 기존 문법과 어휘를 뒤집는 경향이 있다. 가령 프라이버시를 침해받을 때 흔히들 하는 말이 '나 좀 내버려둬'다. 그러나 돌보는 사람은 '나 좀 봐줘', '나에게 개입 좀 해줘'라고 말하고 싶을 것이다. 사회적 시민권 옹호자들은 '무임승차'라는 말을 쓰지 말라고 한다. 복지수급자 등에게 낙인을 찍는 정치적 용어이기 때문이다. 하지만 돌봄에서는 '돌봄 무임승차자'를 지적하지 않을 수 없다. 따라 배우고 싶은 인물에게 바치고 싶은 '숭고하다'는 말이 돌봄에서는 '그만 말 좀 그만둬줄래'가 된다. 결혼을 하든 안 하든 독박 육아라 부르는 '한 부모' 돌봄이 흔하다. 그래서 돌봄에서는 '아버지는 뭐하시노?'가 직업에 대한 질문이 아니라 돌봄 현장에 부재한 존재에 대해 묻는 말이 된다.

없는 지점에서 쓰임새가 매우 다양하다.

　가족이 가족을 돌보는 게 당연하다는 인식은 인류 역사에서 계속 전수되어왔다. 사람들은 가족과 돌봄을 연결하는 데 아무런 저항감을 갖지 않기 십상이다. 그리고 전수된 역사 속에서 돌보는 가족은 언제나 여성이었다. 나이가 어려도 아주 많아도, 장애가 있어도, 여자 가족에게는 돌보는 일이 맡겨지고 그들은 또 이 일을 해낸다. 어디서 행해지든, 어떤 노동 조건이나 제도에서든 돌봄은 주로 여성이 '가족이 하듯' 하게 된다.

　인류학적으로, 문화적으로 이처럼 뿌리 깊고 두꺼운 층으로 이루어진 '가족 돌봄'을 다른 방식으로 사유할 수 있기 위해 시민 돌봄을 제안하는 것이다. 가족과 돌봄의 '자연스러운' 연결고리를 끊어내는 것이 핵심 관건이기 때문이다.

　가족의 존재나 가치 자체를 부정하거나 가족 돌봄의 의미, 가능성, 가치를 부정하자는 것이 아니다. 앞서 한 말을 반복해서 강조하자면 가족이 돌봐도 '가족이니까' 돌보는 게 당연하다고 말하지 않기 위함이고, 한 명의 시민이 다른 시민을 존중하기에 '시민의 윤리의식으로' 돌보는 것이라고 말하기 위함이다. 그리고 시민됨, 시민으로 마주함, 동료로서, 벗으로서 서로 어울리고 연대하는 태도와 입장에서 돌봄을 주고받는다는 생각 자체를 가능케 하기 위해서다.

　그렇게 하면 가족 안에서 돌보더라도 돌봄의 사회화를 구현할 수 있다. 무엇보다 돌봄의 독박과 고립 현상에 대처할 수 있다. 당연하지 않으니 논의와 협의가 따를 것이고, 협의는 독박이 아닌 나눔과 분배, 협력으로 길을 낼 것이다.

돌봄에서 느끼는 감정은 기쁨과 슬픔, 긍정과 부정, 두 감정으로 나눌 수 없다. 보람, 벅참, 애틋함, 고마움, 미안함, 고통, 분노, 안타까움, 진저리, 신물…, 돌봄 관계가 어떤 상황에 놓였는지에 따라 돌봄 사전을 채울 단어는 차고 넘친다. 또 이 감정은 돌보는 이, 돌봄 받는 이의 처지에 따라 다르면서도 교차하는 감정이다. 감정은 전염되며, 또 다른 감정을 부른다. 시민의 자리에서 돌본다는 것은 이런 감정의 물꼬를 어떤 방향으로 트고 흐르게 만드는가이기도 하다.

돌봄 사회: 우리가 주고받는 돌봄이 만드는 사회의 모습

돌봄과 관련해 우린 이런 말을 할 수 있을 것이다. 돌봄을 쌍방향에서 행하기, 즉 호혜적으로 순환시키기, 돌봄이 필요한 의존적 사람을 돌봄 실천의 경계 밖으로 내치는 것을 금지하기, 돌봄 수행이 가능할 뿐 아니라 시민 개개인의 주체성 형성에 필수 요소가 되게 만들기 등등이 주관의 상태, 자발성, 처지, '숙명' 등을 넘어서 객관화를 동반하는 문화적 코드와 사회적 대본으로 조직되어야 한다고 말이다. 이 동학의 발전소는 '신뢰의 호혜성'이다. 상품의 교환을 넘어서 신뢰가 계속 호혜적으로 이어지고 파생됨으로써, 신뢰는 정동적으로 전염되고 더 많은 신

뢰와 사회적 관계/연대를 생산한다.* 이러한 사회적 관계에서 '사회적'은 societal(제도와 구조), socius(벗과의 교제)라는 두 측면을 동시에 지닌다.

　탈근대화 시대에 일관된 생애 서사를 통한 자아의 생산이 중요해진다면 이때 생산되는 자아는 돌봄을 축으로 생애 전망을 세우는 자아여야 자아일 수 있다. 돌봄 사회에서 가장 유동적이고, 계속해서 고민과 성찰, 재조직, 다른 형태의 수행성을 보이는 것은 돌봄 그 자체. 돌봄 사회가 돌보는 사회들의 연대체라면, 각 사회가, 그 사회 안의 구성원이 '어떤 돌봄'을 수행하는가에 대해서는 다양한 상상력이 지원할 수 있다. 좋은 돌봄에 대한 '토론'에는 각자가 소망하는 관계/성에 대한 상호 인정이 앞서야 할 것이다. 자립과 의존이 배타적 관계가 아닌 서로 정의 내리고 규정하는 관계인 사회들의 느슨한 연합체. 그러나 이 연합체들을 지탱하는 힘은 돌봄이 부여하는 소속감일 것이다.

돌봄 받을 용기

　점점 더 많은 특정 그룹의 삶이 취약해지고 있다. 이동권을 비롯한 삶의 다양한 권리를 보장받지 못하는 장애인, 신체·인지 기능에서 장애를 겪는 노년, 빈곤하거나 어느 정도 경제적

---

*　관계(relation), 연대(solidarity), 결사체·공동체(association), 이 삼자 간의 관련성은 돌봄 사회에서 '사회적인 것'을 고민할 때 중요하다.

노후 준비가 마련된 상태에서도 불안과 두려움을 떨치지 못하는 노년, 지구적 차원의 자원 불평등이나 역량을 키울 수 있는 환경의 불평등 때문에 이주를 감행하는 이주노동자, 생산노동이 가능한 '건강한' 몸을 중심으로 설계된 자본주의 사회의 시간표를 지키지 못해 극심한 소외와 차별을 경험하는 환자, 의존자를 돌보느라 고립되는 돌봄 제공자 그리고 기후 위기가 초래한 재난 난민, 이들의 삶을 취약하게 만드는 구조적 조건이 무엇인가를 따져 묻고 해결책을 간구하는 일이 시급하다.

그러나 특수한 취약성의 문제를 해결하는 일은 근본적으로 취약성을 모든 인간이 공유하는 존재론적, 인류학적 보편성으로 인식하는 데서 출발해야 한다. 그렇지 않을 경우 '취약계층'이라는 범주화와 그에 달라붙는 도덕적·문화적 낙인의 폭력을 피할 수 없다. 이에 대해서는 취약성과 상호의존성, 상호돌봄의 관계를 살핀 3장에서 다루었다.

시민의 이름으로 돌보는 사회를 적극적으로 상상하고 도모하면서 한 번 더 환기하고 싶은 것은 취약성과 돌봄 정의/부정의의 상관관계다. 돌봄 부정의를 해소하려면 돌봄을 받겠다는 용기가 필요하다. 시민의 자리에서 용기를 내고, 다른 이들이 시민의 자리에서 이 용기를 지지하는 환경이 필요하다.

돌봄자들은 돌보면서 공감, 친절, 인내 그리고 타자를 이해하는 역량이 성장했다고 말한다. 그러면서도 내가 할지언정 받고 싶지는 않다고 하는 것이다. 그 정도로 취약한 사람은 되고 싶지 않다는 마음의 반영일 테다. 돌봄의 자질을 끌어올리고 사회적으로 확산하는 일에서 더욱 강조해야 하는 것은 돌봄을 제공할 용기보다 '돌봄 받을 용기'다. 자신의 취약성을 스스로 인정하고 다른 이들 앞에 드러내는 건 취약계층을 향한 시혜적 시선에 저항하는 행동이기도 하다.

취약계층이라는 용어 자체를 사용하지 말자는 목소리, 인권과 사회정의 차원에서 더 적절한 용어를 발견하고 발명해야 한다는 목소리가 커질 정도로 취약함은 낙인과 결부되어 있다. 자신이 취약한 사람으로 불리는 것에 저항하는 '취약계층'의 증언을 찾는 일도 어렵지 않다.

그런데 돌봄이 필요한 사람, 타자의 돌봄에 의존할 수밖에 없는 사람은 '취약한 사람'이다. 사회(심리)적으로 '낮은' 자리에 배치된 사람이다. 그런 그가 자신보다 사회적 위치가 명백히 낮은 사람으로부터 돌봄을 받을 때는 모멸감, 수치심을 느끼지 않는다. 사회심리적으로 볼 때 '우리'는 특히 간병이나 수발에 집중하는 돌봄 제공자가 낮은 사회적 인정, 낮은 경제적 보상의 덫에 갇혀 있는 것을 은근히 다행으로 여기는 건 아닌지 냉정하게 물어볼 수 있을 것이다.

자신이 누군가의 돌봄에 의존하는 '취약한 사람이 된다'는 것에 두려움을 느낀다면 그 두려움은 의존하는 모든 취약한 사람에게 투사될 수밖에 없다. 그것에 뒤따르는 자명한 귀결은 돌봄 자체에 대한 오인과 이중 도덕의 잣대다. 의존하는 존재, 심지어 전적으로 의존하는 취약한 존재임을 인정하고 돌봄 받을 용기를 내는 것은 돌봄 사회로 전환하는 대기획의 문이다. 누구나 자신의 문을 열고 나서야 한다. 더욱 더 많은 문이 열리면 열릴수록 돌봄 사회로 가는 길은 환하게 분명하게 드러날 것이다.

한 번 더 환기하자. 돌봄은 근본적으로 복잡하고 위험하다. 이것은 생명의 연약함을 직면하는 일에서 필연적으로 발생한다. 돌봄을 지속하는 힘은 개인 차원에서는 '돌보며 배우며 성장하는' 선순환에 있다. 사회 차원에서는 '세대 간 돌봄 역량을 유산으로 물려주는' 선순환에 있다. 그럼으로써 돌봄이 시장화되거나 사유화되는 것을 막고(돌봄의 사유화는 돌봄의 위계만큼이나 사회적인 것을 해친다), 사회화와 공공화의 과정 안에서 공유재가 되도록 한다. 공공/성이라는 개념 자체를 돌봄의 지평에서 재인식하고 또한 갱신하는 일이 가능해질 것이다.

지연된 혁명을 완수하려면

낸시 프레이저는 세기 전환기에 '보편적 돌봄 제공자(universal caregiver)' 모델을 포스트산업사회가 지향해야 할 전망으로 제시했다. 이 모델은 성별 구분에 따른 생산노동과 재생산노동 이분법을 넘어서 젠더 평등의 지평 아래 모두 돌봄 제공자가 될 것을 제안한다.* 젠더에 따른 구분 없이 모든 시민이 돌봄 제공

---

*   Fraser, Nancy (1997), *Justice Interruptus: Critical Reflections on the "Postsocialist" Condition*, New York and London: Routledge.

자가 되려면 노동 생활 구조의 근본적 변화가 전제되어야 한다.

이것은 이중의 나선으로 진행되어야 한다. 우선 생산노동과 재생산노동이 긴밀하게 연결되어 있음을 이해함으로써 사회적 노동으로서 재생산노동의 가치를 올바르게 인정해야 한다. 그래야 주로 무임금으로 수행되는 재생산노동이 공공화나 시장화를 통해 임금의 대상이 될 때 경제적으로 합당한 보상이 가능하다.

앞서 7장에서 살펴보았듯이 현재 한국 사회에서 재생산노동의 핵심인 돌봄노동은 (공공화의 경로에서든 시장화의 경로에서든) 매우 싼값으로 '유통'되고 있다. 어떤 형태의 돌봄노동이건 실천으로서 돌봄 일반이 갖는 사회적 위상, 돌봄노동에 부여되는 경제적 보상, 돌봄노동의 주 전담자로서 여성의 주체적 권한, 돌봄 실천이나 노동이 수행되는 주 장소로서의 가정/가족은 너무나 긴밀히 연동되어 있다. 구별하기가 불가능할 정도다. 돌봄노동은 어린이집·방과 후 학교·요양원·방문요양가정·데이케어센터 등 가정 밖으로 나가기도 한다. 방문요양·가사도우미·아이돌보미·학습지 교사 등 형태로 외부에서 가정 안으로 들어오기도 한다. 이렇듯 안과 밖의 경계, 가정과 시장, 제도적 공간의 경계는 쉽사리 사라진다. 남는 건 '여자면 누구나 할 수 있고 또 실제로 그렇게 하고 있는 돌봄', '여자가 유사가족의 정체성으로 하는 일'이라는 이데올로기뿐이다.

지금의 사회나 국가는 암묵적으로 전문성도 특수성도 없

고 경력도 인정하고 싶지 않은 이 '여자들 일, 가족의 일'에 경제와 정치가 진지하게 주목하는 것은 '논리적으로' 맞지 않는다고 주장한다. 그래서 언제 어디서 행해지고 있는 돌봄 실천/행위이든 그것의 의미나 가치를 둘러싼 논의는 문화투쟁, 무엇보다 젠더문화투쟁일 수밖에 없다.

두 번째로 노동 생활 구조의 근본적인 변화는 생산노동 시간과 생활/돌봄 시간의 조율 측면에서, 그리고 이것과 연결된 성역할의 재구성 측면에서 일어나야 한다. 혹실드에 따르면 전근대 1차산업 시기에 노동의 세계와 생활세계의 장소는 구별되지 않았다. 노동과 생활의 구분도, 노동하는 사람과 생활하는 사람 간의 젠더 구분도 명확하지 않았다. 이런 구분은 근대 산업화와 함께 시작되었다. 남자들은 '집 밖 공장으로 나갔고', 여자들은 '집 안에 머물면서' 남자들이 집 밖에서 생산노동을 잘 할 수 있도록 지원을 아끼지 않았다. 이 구분이 일/노동의 성별 분업과 가치의 위계로 고착된 것은 전혀 자연스러운 일이 아니다. 매우 불쾌한 인위적인 일이다.

이러한 고착화 현상을 비판하면서 여성들은 노동과 생활, 일터와 삶터의 관계를 새롭게* 조직해 변화를 꾀하려 했다. 여전히 사회적 합의를 얻지 못하고 있는 이 변화 내지는 전환을 혹실드는 '지연된 혁명'이라고 부른다. 게다가 그동안 생산노동

---

* 앨리 러셀 혹실드 (2001), 『돈 잘 버는 여자 밥 잘하는 남자』, 백영미 옮김, 아침이슬.

은 한편으로는 자본의 이윤 추구 욕망에, 다른 한편으로는 더 많은 임금을 향한 노동자의 욕망에 부응하느라 장시간 행해질 수밖에 없었다. 이것은 필요한 만큼 제공되는 재생산노동의 지원이 있었기 때문에 가능한 일이었다.

젠더불평등, 생산노동-재생산노동의 불평등한 위계가 자본주의, 발전주의 신화와 만나 지금의 이 정의롭지 못한 사회를 형성했다. 그리고 전 지구적으로 단 20퍼센트에게만 안락을 제공할 뿐 나머지 모두를 위험과 불안정, 불확실성으로 내몬다. 더 큰 문제는 지구생태계 또한 위기에 직면했다는 사실이다. 일터와 삶터, 지구생태계 간의 평화로운 조율은 생산노동시간을 조율하지 않고서는 불가능하다.

특히 남성 중심으로 설계된 노동권은 돌봄권과 충돌한다. 돌봄을 중심축으로 일-삶 균형을 새롭게 짜려는 전환이 전면적으로 추진되지 않으면 개인의 돌봄 실천만으로 젠더화된 노동권과 노동의 과도한 사회적 가치를 균열시키기 어렵다. 생산노동시간을 조율하지 않고서는 생산노동자 남성이 돌봄을 실제로 행하며 경험치를 쌓기가 어렵다. 기존의 가부장제가 부추긴 지배적이고 통제적인 남성성에 맞서 '돌보는 남성성'이 일종의 대항적 남성성으로 힘을 얻고 파급 효과를 내려면 재생산/돌봄노동에 오롯이 '전념'할 시간이 확보되어야 한다. 장시간 노동 체제의 변화 없이 자발적 돌봄 실천을 활성화하기란 불가능하다. 코로나 재난 시기를 통과하면서 '돌봄 위기' 언설이 무성했다. 그러나

돌봄 위기는 자본주의에 내재한 사회적 모순과 관련된다.[*]

직장생활 하는 사람은 죽었다 깨어나도 못해요. 직장 그만 둬야 해요. 정해진 시간에 일을 해야 되는데 그러면 부모님 돌아가시게요? 직장생활 하는 사람들은 절대 할 수가 없어요. 어느 한쪽을 포기해야 합니다.

그전에는 우리 집사람이 주 돌봄자였는데 거의 그쪽에 올인하다시피 했거든요. (…) 그때 당시에는 내가 회사를 다녔어요. 3년 전에는. 그러다가 교대를 하게 된 거죠.[**]

이처럼 노동시간을 조절하며 돌봄을 선택하는 남성들이 점차 늘고 있다. 시간과 노력을 기울여 돌봄을 수행하는 남성의 경우 여성적인 특질로 간주된 속성들(친밀함, 관계성, 정서적 마음 씀 등)이 돌봄 제공자의 성별과 무관하게 돌봄 실천/행위에 내재하는 속성임을 분명히 드러냄으로써 여성성을 돌봄 행위의 본질적 토대로 삼는 이데올로기를 해체할 수 있다. 돌봄은 여러 행위자들 사이에서 여러 방향으로 진행되는 복합적인 실천이

[*]   낸시 프레이저 (2017), '자본과 돌봄의 모순', 문현아(역), 『창작과비평』, 제45권 제1호 (통권 175호), 329-353쪽(Fraser, Nancy,"Contradictions of Capital and Care", *New Left Review*, 2016, 100 July Aug, pp. 99-117.
[**] 부모 돌봄을 수행하는 두 남성의 사례, 문현아 (2021), '돌보는 남성성의 가능성 모색: 남성의 가족돌봄 사례를 중심으로', 「한국여성학」 제37권 3호, 33-63쪽. 50쪽에서 재인용.

다. 돌봄을 수행하는 남성은 헤게모니적 남성성과 돌보는 남성성이 모순되고 중첩된 방식으로 얽혀 있는 맥락 속에서 움직인다.* 보편적 돌봄자의 이상(ideal)은 남성성과 여성성이 다양하게 재배치되는 과정을 통과하면서 서서히 현실이 될 것이라고 전망할 수 있다.

생산과 돌봄을 이분화하는 기존 시스템을 벗어나 가족노동과 유급노동 사이의 균형 속에서 돌봄 책임이 평등하게 순환해야 한다.** 이것은 생산노동에 쓴 시간에 대한 보상으로 더 많이 소비하고, 또 더 많이 소비하기 위해 더 오래 일하는 악순환에 갇힌 생산-소비중심 사회에서 적절하게 일하고 '덜 소비하고 더 존재하는',*** 더 오래 관계 맺고 돌보는 사회로 전환하는 것을 의미한다. 부문별, 영역별로 개선하는 것이 아니라 통째로 바뀌어야 한다는 것, 전면적인 돌봄 사회로 전환되어야 한다는 명제가 시민 모두의 집단적 의식화로 점화되어야 한다.

가족 내에서 친밀성을 바탕으로 수행되는 젠더 평등 돌봄 실천은 긍정적인 돌봄 문화를 형성하는데 기여할 것이다. 그러

---

*   Hunter, Sarah C., Riggs, Damien W. and Augoustinos, Martha (2017), "Hegemonic masculinity versus a caring masculinity: Implications for understanding primary caregiving fathers", *Social and Personality Psychology Compass*, 11*3, pp.1-9 참조.

**   Folbre, Nancy (2021), "Reflecting on the COVID-19 Response: The Significance of Care and Gender Equality", The Care Economy in Korea: Beyond COVID-19 and Towards a Sustainable Caring Society, 2021 International Care Policy Conference June 2, Plenary Session Presentation(2021. 6. 2.)

*** 여성환경연대 (2016), 『덜 소비하고 더 존재하라』, 시금치.

나 친밀성과 가족이 돌봄 실천 행위의 시작점이자 종결점일 수는 없다. 친밀성 너머에서, 친밀한 관계와 무관하게 사는 사람들에게도 돌보고, 돌봄을 받을 자격(entitled) 내지는 권리(right)를 부여할 수 있어야 한다.

그것은 '시민적 덕성' 차원에서 논의할 수 있다. "어쩔 수 없어"서가 아니라 "기꺼이"하는 돌봄이* 꼭 친밀한 관계 안에서만 가능하다면 (개인적 차원에서건 사회적 차원에서건) 돌봄 '자원'의** 정의로운 확산이나 배분이라고 할 수 없다. 시민으로서, 시민적 덕성으로 돌본다는 것은 개인의 선한 인성이 아니라 (개별적으로 수행되지만 시민사회라는 집단적 연대, 협력, 신뢰의 토대에서 자양분을 얻는) 사회적 돌봄 역량으로 돌보는 것을 가리킨다.

시민사회 모든 구성원의 사회적 돌봄 역량을 강화하려면 우선 누가 시민인지, 시민'들' 사이에도 위계가 있는 것은 아닌지 질문해야 한다. '시민'의 다양한 위치, 정체성 간의 평등을 먼저 충분히 숙고해야 한다. 이것은 일-삶 양립을 지원하는 정부정책(내지는 정치적 입장)과 그것이 구현될 수 있는 직장 문화 등 사회 구조의 변화와 함께 돌봄 사회로 전환하는 데 필수다.

---

*   전희경 (2020), '시민으로서 돌보고 돌봄 받기', 메이 편, 『새벽 세 시의 몸들에게』, 봄날의 책, 29-80쪽, 77쪽.

**   캐슬린 린치 (2016), 『정동적 평등』, 강순원 옮김, 한울아카데미.

12장

국가의 자리
취약성에 적극적으로 반응하는 국가

돌봄을 인권으로 인정하라! 돌봄에 대한 권리와 포괄적인
돌봄 시스템은 인권이다.

인권의 관점을 돌봄 의제를 이행하려는 모든 노력에 포함
하라.

이중의(double) 돌봄 개념을 가시화하라. 돌봄은 모든 사람
이 접근해야만 하는 권리이다. 동시에 돌봄 행위는 사회 재
생산의 핵심 기능이다.

-돌봄을 위한 지구동맹(Global Alliance for Care)

2021년 12월 10일, 세계인권의 날을 기념하는 유엔 무대
에서 울려 퍼진 말들이다. 코로나19의 한복판에 선 지구 사회
가 이 위기를 돌봄 정책과 시스템을 강화하는 기회로 삼지 않으
면 안 된다는 다짐을 드러낸 것이다.

돌봄이 모든 사람의 보편적 권리라면 국가는 누구나의 권

리라는 감각으로 돌봄을 제도화해야 한다. 국가는 무엇보다 정치공동체다. 공동체(community)란 서로(com) 선물(munus)을 나누는 관계이고, 정치란 공동체 내에서 핵심 가치를 정하고 그에 따라 자원을 어떻게 나눌지 의논해 결정하는 것을 말한다.

여러 공동체 중에서도 국가라는 정치공동체의 의미가 각별한 것은 국가가 나눌 수 있는 정치·경제·문화적 자원이 어마어마하기 때문이다. 그리고 그 자원을 조성하고 동원하는 정당성은 구성원의 인권을 보장하기 위한 것이라는 데 있다. 세금을 걷고 법제도를 제정하며 무력을 독점하는 국가 권력의 근거가 구성원의 인권 보장에 있다. 따라서 돌봄 정치를 수행하는 국가는 돌봄에 어떤 가치를 부여하고 돌봄 책임을 어떻게 지며 자원을 어떻게 배분할지를 결정하는 과정과 그 결과, 그에 대한 평가를 가시화해야 한다.

그렇게 하지 않고 국가가 자원을 제공하는 것만으로 돌봄이 잘 되지는 않는다. 정책의 가짓수도 많고 쓰는 예산이 적지 않은데 국가의 실패가 지적된다. 지적 내용은 다양하다. 국가가 마련한 260여 가지 서비스가 존재한다고 하나 중앙정부의 기준에 따라야 하기에 지자체 현장 공무원의 재량으로 통합 연계가 어렵다. 통합적으로 접근해야 할 한 사람의 삶을 장애 따로 노인 따로, 치료 따로 돌봄 따로 식으로 조각조각 분리해 다룬다. 국가의 정책이 개인의 권리를 존중하고 억압적인 관계를 해체하는 대신 낙인을 강화하고 억압을 공고히 한다. 사회적 관계를 바꾸려는 진보적 시도가 아닌 지원은 곪은 것을 더 곪게 만들기도 한다.

공유된 가치를 천명하는 국가의 언어

국가는 지금 어디에 있을까? 2022년 코로나19 위기가 재고조되는 시점에 확진 자체보다 걸린 후의 돌봄 부재가 더 두렵다면서 한 장애인이 인터뷰를 했다. 코로나19 초기에 격리되면서 돌봄 위기를 뼈저리게 겪었기 때문이다. "지금 가장 시급한 걸 하나만 꼽는다면요?"라고 묻자 그는 이렇게 답했다.

질문 자체가 틀렸어요. 뭐 하나 바뀐다고 해결되는 것은 없어요. 재난을 겪어보니 상황은 개별적이고, 누군가가 나서서 책임지고 판단해야 하는데 그런 주체가 있느냐가 제일 중요하죠. 줄기차게 컨트롤타워 좀 만들자고 한 게 벌써 2년이 흘렀는데, 대책 없이 또 대유행이 오네요.[*]

국가의 책임은 컨트롤타워와 같다. 어떤 권리도 국가의 조정이나 매개 없이 저절로 보장되지 않는다. 당장 일상생활에서 누리는 권리 가운데 어떤 것도 공적인 매개 없이 누릴 수는 없을 것이다. 누구나 국가의 공적인 매개를 통해 기본권을 누리고

---

[*] "'코로나 재유행' 중증장애인 24시", 〈한겨레〉, 2022. 7. 30.

있고, 돌봄도 거기에서 예외여서는 안 된다. 그런데 자꾸 예외로 배제하려는 기류가 있다. '국가가 기저귀까지 갈아줘야 해?' '부모나 자식이 해야 할 일까지 국가에게 떠맡으라는 건 너무 심한 것 아냐?' '돌봄의 어려움에는 공감하지만 그렇다고 국가가 책임지란 건 곤란하다.' 돌봄을 둘러싼 요구에 냉소적인 사람들, 특히 일부 정치인들은 이런 말들을 대놓고 한다. '애들 밥 챙기는 것도 국가가 해줘야 하느냐'는 아동 돌봄 관련 흠집 내기, '시설로 보내면 될 걸 왜 사회화가 힘든 사람을 끼고 사느냐'는 장애인 추방 선동, '노인 수발하느라 청년들 허리가 휜다'는 식의 세대 전쟁 부추기기 등이 이어진다. 이런 언사가 최종적으로 노리는 바는 국가라는 정치공동체의 자원을 돌봄 같은 데 소진하지 말고 경제 발전을 위해, 경제 발전에 기여하는 특정 세력을 위해 쓰라는 것이다.

이런 말들이 돌봄 시스템 구축을 막아서고 있다. 국가의 책임성은 이런 언사에 맞서 돌봄의 언어를 구축하는 데서 출발한다. 국가는 무엇보다도 돌봄이 국가의 핵심 가치이자 운영 원리라는 것을 천명하고 거듭 선언해야 한다. 국가의 개입과 조정을 저지하려는 이데올로기와의 싸움에서 방벽을 쳐야 한다. 모든 사람의 보편적인 취약성, 특히 긴급하고 집중적인 돌봄을 필요로 하는 특수취약성에 어떻게 응답할 것인지 질문이 던져졌다. 이에 대해 돌봄을 보편적으로 공유할 가치로 수용한다고 응답해 국가의 책임을 알려야 한다. 그렇지 않고 돌봄의존자에 대한 차별과 혐오의 이데올로기에 올라타 돌봄에 대한 국가 책임을 국가의 '너그러움'으로 소모하거나 정치 세력의 홍보용 레토릭으로 소비하는 것은 돌봄의 언어를 왜곡한다. 치매국가책임제, 발달장애인국가책임제 같은 언어가 소리만 요란한 빈 깡통이 아니라 돌봄의 철학과 가치를 담은 국가의 책무로서 구체적으로 표현돼야 한다. 여기서 돌봄의 언어란 돌봄의 가치와 원리를 녹인 정치의 언어를 말한다.

국가 책임은 누구를 '대신'하는 것이 아니다. 언론에서 흔히 '돌봄을 포기한 가족을 대신해'라는 표현을 쓰고, 정치인들은 선거 국면에서 '돌봄 부담으로부터의 해방'을 외치곤 한다. 하지만 국가 책임은 누구 대신이 아니라 국가 고유의 역할을 수행하는 것이다. 돌봄은 부담이기만 한 것이 아니라 인간의 호혜적인 필수 활동이기도 하다. 더 잘 돌볼 수 있도록 시민들의 돌봄에 참여할 자유를 보장하는 것이 중요하다. 국가적 책임이라는 생각의 중심에는 인간의 보편적 취약성과 인간이 얼마나 제도 의존적인가에 대한 문제의식이 담겨 있다.

발달장애아동이나 그 양육자, 거동이 어려운 노년만이 아니라 모든 사람은 사회제도에 의존하여 살아간다. 인간은 누구나 취약하기에 숱한 제도에 기대어 생존할 수밖에 없다. 이러한 보편적 취약성에 더해 제도가 일부 사람만을 기준으로 설계되어 있기에 더 취약해지는 사람들이 있다. 보편적인 취학 제도가 발달장애를 고려하지 않고 설계되었기에 발달장애아동이 겪는 교육권의 침해가 그러하다. 이런 취약성은 사회제도에 대한 평등한 접근과 이용을 보장하려는 세심하고 특별한 제도로 보완되어야만 한다. 국가적 돌봄은 모든 시민의 보편적 취약성 그리고 제도로 인해 조장된 특별한 취약성, 둘 다에 대한 응답이다.

복지 확충을 넘어 돌봄국가로

돌봄에 대한 국가의 책임을 강화하자고 할 때 흔히 복지확충, 사회권 강화를 말한다. 사회권은 자유를 보장하는 실질적 조건으로 인권의 태동 때부터 주장되었다. 그러나 실질적인 제도화는 양차 세계대전을 계기로 일부 유럽 국가들이 사회적 법치국가(일명 복지국가)로 변화를 추구하면서 이뤄졌다. 특히 2차 세계대전을 계기로 확산되었다. 사회적 기본권으로서 생존권, 노동권, 교육권, 주거권, 여성·아동·노년 등에 대한 보호를 표방한다. 국가의 개입을 문제 삼는 자유주의의 오랜 위세에 도전하면서 국가의 모든 개입이 문제가 아니라 개입의 성격이 중요하다면서 사회권의 요구가 치고 나왔다. 자유방임이 아니라 국가가 나서서 자유의 실질적 조건을 보장하라고 촉구했다. 그 결과 사민주의 정당 집권, 노동계급 세력화, 경제적 호황 등을 배경으로 유럽식 복지국가가 출현했다. 하지만 복지국가는 식민지 수탈을 기반으로 산업화된 발전국에 국한됐고 그 황금기는 짧았다. 1970년대부터 각종 위기가 불어닥치자 국가의 과도한 개입과 복지가 위기의 원인이라 성토하는 신자유주의의 공세가 거셌다. 세계 곳곳에서 인간다운 삶에 대한 위협은 거세졌고 선진 복지국가도 예외는 아니었다.

간단하게 살펴본 역사적 복지국가는 해당 사회의 경제사회적 관계의 역동을 반영한 것으로 고유한 문제점을 노출한다. 임금노동자 중심의 사회안전망은 법적으로 노동자가 아닌 사람, 기여적인 활동임에도 임금노동이 아니면 존중받지 못하는 상황을 낳았다. 이주 배경을 가진 사람들(이주노동자, 난민 등)을 배제하면서 보편성을 저버리는 사회권의 모순이 적나라했디. 성장을 통한 분배라는 성장지상주의의 위험과 어리석음은 기후생태 위기로 드러났다. 대표적인 문제 중 하나는 복지국가 내부의 젠더화와 성차별이다. 전일제(풀타임) 노동을 하는 남성 가장과 그 피부양자를 표준으로 삼고 급부와 서비스를 결정해온 것이 복지국가의 틀이다. 이런 젠더화 문제를 그대로 두고 복지만 확충해서는 돌봄 위기를 해결할 수 없다. 복지 강화를 찬성하지만, 그것이 역사적 복지국가를 한국 사회에 재현하자는 말은 될 수 없다. 불가능하고 바람직하지 않을뿐더러 우리는 더 나은 체제를 만들 필요가 있기 때문이다.

한국의 사회복지 현황은 '복지를 확충하기만 하면 되는 걸까?'란 질문을 더욱 곱씹게 한다. 일제로부터의 해방과 미군정, 분단국가 수립, 한국전쟁을 거치는 동안 한국에는 해외원조기관 중심의 복지 체제가 주를 이루었다. 경제가 성장하면서 원조는 줄어갔고 국가 중심의 체계적인 복지 체제를 구축하는 대신 민간 기관이 전면화됐다. 시설 중심의 잔여적이고 임의적인 복지서비스가 대세를 이루었다. 국가가 주도한 복지 체제는 역진적이었다. 대기업 정규직부터 기여식 사회보험을 중심으로 복지 제도가 도입되었다. 번듯한 직장과 사회보장제도가 한편에, 그렇지 못한 사람들에게는 선별적인 공공부조가 이뤄졌다. 민주화 이후 국민기초생활보장제도 등 제도적 틀이 마련되기 시작했으나 사각지대는 여전하다. 특히 돌봄과 관련 깊은 사회서비스는 민간 중심으로 구축돼 있다. 복지급부와 사회서비스는 개인의 기본권이라기보다는 여전히 선별적인 구제에 가깝다. 사회 환경이 급변하면서 돌봄 관련 사회복지서비스의 탈가족화, 탈젠더화, 탈중앙화(지역 중심 통합 접근)가 이루어져야 하는 데 길은 여전히 안갯속이다.

이런 이유로 단순히 '복지 확충'이 아니라 '돌봄 국가'를 요구하는 것이다. 돌봄은 일방적이지 않고 상호의존적·호혜적인 활동이며, 자율성을 가능케 하는 활동이다. 돌봄 국가에 대한 요구는 시혜적이고 잔여적인 복지 지원을 늘리는 데 머무는 것이 아니다. 사회적 관계를 돌봄을 중심으로 급진적으로 바꾸자는 것이다. 돌봄 제도가 튼실하면 그것에 기대어 사람 사이 관계가 달라질 수 있다. 튼실한 돌봄 제도 안에서 우리는 서로를 믿고, 서로에게 기댈 수 있다.

관계를 바꾸는 책임

돌봄 상황은 평소 평범하게 쓰던 말의 의미를 바꾼다. 가령 고독이나 공공장소의 의미가 달리 보인다. 일터, 학업, 정치 등 이런저런 사회적 관계에 치여 사는 사람들은 타자로부터 물러나 혼자만의 시간을 간절하게 원한다. 그러나 돌보고 있거나 돌봄 받는 사람은 타자의 부재가 고통이다. 독박 육아나 장기간 간병 등은 덩그러니 둘만 남겨지는 상황이 많다. 고립된 돌봄 관계는 마음 편하게 이야기 나눌 소재를 고갈시킨다. 주변 사람들은 미안하고 애틋한 마음, 외면하고 싶은 마음이 뒤섞인다. 말을 조심하다가 아예 외면하게 된다. 돌봄 관계에 지친 이들은 이런 주변 사람들이 서운하고 원망스럽다. 고독과 고립은 천지 차이다.

지치고 마음이 복잡하면 기분 전환 삼아 어디론가 향할 수 있다. 복잡한 쇼핑몰에 가고 영화관에 가고, 낯선 타인들로 가득찬 거리를 걷기도 한다. 카페에 가서 음악 속에 차를 음미할 수도 있다. 돌봄 상황에 있는 사람들은 자유롭게 낯선 타자들 속에 등장하기가 어렵다. 돌봄의존자나 돌봄자가 불편해하는 시선을 의식하지 않고 마음 편하게 누빌 곳은 어디 있을까? 치료나 보호를 위해 특정된 시설 말고 이들이 마음 편하게 등장할 공적 장소가 얼마나 될까?

국가는 돌봄 상황의 사람들이 등장할 수 있는 공적 장소를 마련할 책임이 있다. 여기서 공적 장소는 공원, 도서관, 체육시설 등 물리적 시설만을 가리키는 게 아니다. 돌봄을 시민 사이의 공통 관심사로 여기고 공적인 사안으로 받아들이는 관계를 말한다. 사람의 몸은 일차적 장소다. 서로의 다른 몸을 받아들일 수 있는 관계야말로 공적 장소의 출발점이다.

사회 속의 관계는 권리에 의해 구성된다. 권리란 타자와의 관계에서 무언가를 할 수 있는 힘이다. 권리는 타자 중에서도 국가의 권력과 책임의 관계 속에서 구성된다. 주눅들지 않고 눈치 보지 않고 당당하게 공적 장소에 등장할 수 있는 힘이 권리다. 그리고 권리 중에서도 인권은 사람의 권리다. 언제 어디서나 사람으로서 존재할 권리, 사람으로서 존중받을 권리가 인권이고 공적 장소에 등장하는 데 어떤 출입 자격도 요구하지 않는 것이 인권이다. 공적 장소에 등장할 권리를 다른 말로 하면 보편적인 정치 참여의 권리다. 시민이자 인간으로서 사회에 속할 권리다. 돌봄을 위한 제도를 만들고 국가예산을 할당해 공적인 돌봄서비스를 제공하는 근거는 돌봄 상황에 놓인 사람들이 여전히 당연히 시민이요 인간이라는 존중에서 나오는 국가의 책임 활동이다.

돌봄에 대한 국가 책임은 어떤 상태의 사람이든 그 사람의 존엄성을 존중한다는 가치를 드러내고 강조하는 데서 출발한다. 국가가 돌봄 상황의 존재를 존중받아 마땅한 시민으로 대우한다고 선명하게 표현해야 한다. 이런 가치가 법제도에 담길 때 정부기관의 활동뿐 아니라 다양한 행위자들을 규율할 수 있다.

국가가 직접 설립하고 돌봄서비스를 제공하는 기관뿐만 아니라 민간 기관이나 기업의 사회공헌사업 등도 이런 가치의 적용을 받는다.

법제도가 있음에도 규범성이 잘 드러나거나 작동하지 않는다면 구체적인 정책이나 예산으로 뒷받침되지 않기 때문이다. 인권은 규범력에 더해 구체적 실현 방안이 있을 때 체감된다. 모든 사람은 돌봄을 누릴 권리가 있다는 규범은 구체적인 예산이 투입된 정책으로 나타나야 한다. 유엔인권최고대표사무소에서는 국가예산을 통해 인권을 보장해야 할 국가의 책임을 규정했다. 실효성 있고 적절한 예산 편성이 정부의 인권 책임의 출발점이라 했다. 시민이 정부의 예산 편성에 개입하고 의견을 내는 것 자체가 인권의 행사다.*(이런 점에서 볼 때 2022년 현재 장애권운동단체들이 계속해서 기획재정부를 찾아가는 시위를 하는 것은 아주 합리적인 판단이다.)

예산 편성과 집행에서 더 나아가 돌봄이 공적 가치로 주류화돼야 한다. 건물을 지을 때도 교통정책을 펼칠 때도 노동정책에도 돌봄이 스며들어야 한다. 돌봄을 주변부 사람들에게만 국한된 시혜적이고 잔여적인 조치라 여기지 말고 돌봄을 국가 행위에서 주류화해야 한다. 보건복지부나 여성가족부의 관할 사항이라고만 여기지 말고 기획재정부 같은 곳의 주무 사항이 돼

---

*   UN High Commissioner for Human Rights(OHCHR) (2017), Realizing Human Rights through Government Budgets.

야 한다. 정부의 모든 행위에 돌봄을 중심 요소로 들어앉히고 특정 정책이 돌봄을 무시하고 훼방하는지 혹은 돌봄을 촉진하는지를 검수해야 한다.

아주 오래전 배우 조승우가 주연한 〈마의〉라는 드라마가 있다. 조선시대에 외과술을 시도하는 의원 이야기다. 사람의 몸에 칼을 대는 것을 의술이라 여기지 않는 시대에 조승우는 적극적인 의술을 펼친다. 칼로 종기를 째고 도려내는 것을 두려워하는 사람들을 살리기 위해 세자에게 치료를 감행한다. 누구는 출세를 위한 거냐고 의심하지만, 조승우의 의중은 다른 데 있었다. 사가의 의술은 왕가의 것을 따라간다며, 세자가 받는 시술이라면 백성들도 안심하고 받으려 하지 않겠냐는 것이었다. 민주공화국에서 국가의 책임을 말하는데 웬 조선시대 얘기냐고 할지 모르지만, 이치는 비슷하다.

국가의 돌봄 책임이 관계를 바꿀 책임이라는 것은 민주주의사회에서 시민들 사이의 관계가 배제와 차별로 왜곡되지 않도록 존엄을 존중하는 관계를 형성시키는 책임을 말한다. 국가의 존재 이유가 모든 구성원의 존엄성을 존중하고 보호하는 데 있음을 보여주는 것이다.

무엇보다 국가는 정치공동체로서 '누구나 시민'이라는 관계를 수립하고 늘 재확인해야 한다. 국가의 제도나 정책이 소위 '정상성' 기준을 충족시키지 않는 사람들을 시민의 바깥에 놓이도록 내치지 말아야 한다. '새벽 세 시의 몸'들도 시민의 몸이라는 것을 국가는 늘 확인시켜야 한다. 돌봄에 관한 반향을 불러일으킨 책『새벽 세 시의 몸들에게』*에서 '새벽 세 시'란 표현에서 떠올릴 수 있는 광경은 무궁무진하다. 경직된 몸을 돌려 누이고 이마를 짚어보는 돌봄자의 시간이기도 하고, 통증이 있는 사람이라면 깊은 잠에 들지 못하고 깨어서 고독 속에 뒤척거리는 시간이기도 하다. 24시간 돌봄이 필요하지만 시간이 제한된 지원밖에 없어서 아침에 돼야 나타날 활동지원사를 기다리며 축축한 기저귀 위에서 밤을 지새야 하는 상황일 수도 있다. 아침까지 자고 싶어도 세 시쯤 깨서 다시 잠들지 못하는 갱년기 상태의 사람이기도 하다. '새벽 세 시'에 해당하는 몸들은 다양하다.

어떤 상태의 몸이든 여전히 시민의 몸이다. 새벽 세 시의 몸들이 정치적 목소리 없는 '노바디(nobody)', 몸 없는 존재가 되지 않도록 해야 한다. 국가의 책임은 새벽 세 시의 몸들이 시민의 자리에서 내쳐지지 않도록 시민으로서 호명하며 정치적 주체로서 존중해야 한다. 새벽 세 시의 몸들이 누리는 돌봄은 비정상이고 '비천한' 자들에 대한 자선이나 구제가 아니라 시민이자 인간의 권리로서 간주돼야 한다. 돌봄은 정치적 구성원으로서 민주주의적 삶을 공유하는 것으로 간주돼야 한다.

돌봄 현장의 관계를 바꾸는 것 또한 국가의 책임이어야 한

---

*   김영옥·메이·이지은·전희경 (2020),『새벽 세 시의 몸들에게』, 봄날의책.

다. 돌봄 현장에서는 돌봄 실천을 둘러싼 험악한 관계와 대립이 잦다. '왜 우리더러 돌봄까지 하라고 하느냐'는 직무 범위와 할당을 둘러싼 대립이 학교, 병원 등을 가리지 않고 발생한다. 정부기관 중에서 관할의 책임 주체를 정하는 문제를 둘러싼 칸막이 정치가 곤란을 야기한다. 돌봄 대상자를 중심으로 한 통합적 돌봄이 아니라 정부 편의대로 칸막이로 분류해놓고 알아서 찾아가라 하니 우왕좌왕한다. '사람 목숨이 왔다 갔다 하는데 얼마 줄 거냐고 그것부터 묻더라', '맞벌이해봤자 한 사람 월급이 모두 돌봄 비용으로 나간다', 돌봄이용자의 이런 불만과 성토의 다른 한편에는 불안하고 열악한 돌봄노동자의 처우가 있다. 돌봄서비스를 제공하는 각종 기관, 학교나 병원 같은 곳에서 일하는 사람들 사이에서 돌봄 업무를 놓고 서로 척지는 일도 많다. 여기 등장하는 사람들이 포악하고 무책임하기 때문일까? 서로 갑질을 하기 때문일까?

더 잘하고 싶고, 돌봄의 가치를 자기 일에 녹이고 싶어도 그럴 수 없게끔 쥐어짜는 환경이 문제다. 자기 노동에서 돌봄의 가치를 녹이는 것은 물론 모든 일하는 노동자는 돌봄을 수행할 시간자원을 가져야 하는데, 노동 환경은 그렇지가 못하다. 이들 사이의 관계나 자기 일의 직업인이자 전문가로서의 윤리적 가치를 높이는 것은 경제적 차원에서 공공자원의 공유 수준에 달렸다. 국가가 인건비를 비롯한 예산을 쥐어짜면서, 최소한의 필요 인원도 충원해주지 않으면서, 돌봄에 필수적인 공적 공간도 마련하지 않으면서, 국가가 자원제공을 늘리는 대신에 해당 분야 종사자에 대한 감시와 처벌을 강화하는 것은 문제다.

시스템을 구축할 적극적 의무

모든 인권은 국가의 자기 억제 의무와 적극적 의무를 동시에 발생시킨다. 국가의 불간섭과 적극적 간섭, 국가가 하지 않는 것과 적극적으로 하는 것은 선명하게 분리되지 않는다. 오히려 밀접한 관계에 있다. 그런데 전통적이고 협소한 인권관에서는 국가가 불간섭하고 뭔가 하지 않는 것을 선호하곤 한다. 국가가 끼어들면 개인 시민의 자유가 침해되는 것이므로, 국가가 최대한 개입과 간섭을 자제해야 한다고 본다. 이런 인권관에서는 인권 침해를 특정 가해 행위로 인한 피해로 보는 경향이 있다. 하지만 이런 관점으로는 인권 문제의 뿌리가 되는 사회의 근본 조건을 문제 삼을 수 없다.

돌봄에 대입해 생각해보자. 돌봄 과정에서 학대가 발생했거나 심지어는 살인이 발생했다 할 때 그 가해자를 찾아내 처벌하면 인권 문제가 일단락될까? 왜 돌봄 상황이 그 지경이 됐는지 진단하고 해석하고 고칠 방안을 찾아내야 하지 않을까? 인권에 기반한 접근이란 가해, 피해의 구도에 머물지 않는다. 구조적 원인을 찾아낸다. 돌봄 위기는 개인적 곤란이 아니라 구조적 문제다. 누구에게 우연히 벌어진 일회적인 사건이 아니라 구조 내에서 반복적으로 나타난다.

돌봄을 받지 못하는 발달장애 청년이 노숙을 하다 음식을 훔쳤다. 이 청년을 체포하고 재판한 법집행 공무원들은 발달장애에 대해 알고 있었을까? 풀어주면 다시 노숙할지 모른다고 이 청년에게 징역형을 선고한 판결은 어떻게 생각해야 할까? 이 경우 국가가 발달장애 청년에게 법을 집행했다고 해서 할 일을 다 했다 할 수 있을까? 재산에 피해를 가한 가해를 넘어선 문제가 있고, 돌봄을 구조적으로 회피하는, 연결된 행위들이 있다.

국가가 공적 돌봄기관을 만들지 않는 것은 돌봄을 영리화하는 돌봄시장을 적극적으로 조장하는 것과 같다. 생산노동의 노동시간을 줄이기는커녕 장시간 노동을 유도하는 것은 시민이자 노동자가 돌봄에 참여할 자유를 방해하는 것과 같다. 돌봄노동자의 노동 조건을 아주 박하게 정해놓고 경력불인정(단절) 여성의 일자리 정책으로 삼는 것은 돌봄노동의 성차별성을 조장하는 것과 같다. 인권에 대한 국가의 의무 수준을 단순한 법적 권리에만 두고 법만 어기지 않으면 된다고 여기면, 숱한 무책임이 빠져나갈 수 있다.

국가가 하지 않는 것과 적극적으로 하는 것의 차이는 자원을 더 쓰느냐 안 쓰느냐의 문제라기보다는 무엇을 중심에 두고 행위하느냐 하는 문제다. 특히 돌봄을 중심으로 한 구조 변경을 적극적으로 사유해야 한다. 돌봄에는 돌볼 시간이 필수적이다. 시간과 관계된 노동생활 구조의 변화를 중점에 놓고 국가의 고민이 시작돼야 한다.

상상의 공동체

민족 국가(nation state)에 대한 오랜 별칭 중에 '상상의 공동체'란 것이 있다. 상상적인 것이 존재하지 않는다면 지금 모습의 국가가 존재할 수 없었을 것이라고 한다. 서로 전혀 모르는 남남인 사람들이 국기, 국어, 국가대표팀, 역사교육, 국가 영웅들에 대한 기억과 숭배 같은 것들을 통해서 '한국 사람'이란 감각을 공유한다. 이런 것들을 통해 매개되기에 관계를 맺지 않은 사람들을 나와 같은 한국인으로 상상한다.

마찬가지로 아무런 관계를 맺지 않은 사람들을 '돌봄'을 매개로 나와 같은 사람으로 상상할 수 있지 않을까? 어느 곳에서 어떤 관계 속에서 살아가든 돌봄을 필요로 하고 돌보는 사람으로서 서로를 상상한다면? 누구나 애도받을 수 있어야 한다고, 애도받기 위해서는 존중받는 삶이 먼저 존재하며, 인간이라면 누구나 애도할 대상과 관계 맺는 존재라고 상상한다면? 이런 상상 속에서 국가는 안보와 경제의 컨트롤타워만이 아니라 돌봄을 책임지며 기저귀를 가는 모습을 띨 수 있다.

각종 집계에 따르면 65세 이상 노년은 800만 명 이상이고, 18세 미만 아동은 700만 명 언저리에서 줄어가고 있다. 전체 인구의 5퍼센트가량으로 추정되는 260여만 명은 장애인이다. 돌봄노동자는 100만 명 이상으로 나날이 늘어날 것이다. 광장으로 모이면 정권을 바꿀 수 있는 압도적인 영향력을 지닌 다수지만, 시설·요양원·병원 등의 침상에서는 조직이나 네트워크로 세력화되지 못하는 약세자다. 또 돌봄 상황에 있더라도 동질적이지 않고 다층적인 권력 관계 속에 놓여 있다.

침상으로 다가와 이 약세자들의 목소리를 들으려는 정치, 약세자들이 자신들의 목소리에 힘이 있다는 것을 감각하는 정치를 상상할 수는 없을까? 인권은 관계적 개념이다. 인권에 기반한 돌봄은 우리가 인간으로서 공유하고 공통적으로 지켜야 하는 것이다. 돌봄을 인권의 언어로 말할 때 돌봄으로 인한 타자화와 비인간화에 대항한다. 그저 인간이라는 사실만으로 가치 있고 존중이 담긴 대우를 받을 자격이 있는 존재로 돌봄 관계의 사람들을 바라볼 수 있다. 국가의 돌봄을 자비로운 정책의 수혜자로서 논하는 것이 아니라 정치적 행위주체성을 고취하려는 방식으로 국가를 압박할 수 있다.

세계인권선언을 기초한 유엔인권위원회 의장이었던 엘리너 루스벨트는 선언 제정 10주년을 기념하는 연설에서 '위대한 의문'이라고 명명한 질문을 던졌다.

보편적 인권은 결국 어디에서부터 연유하는 것일까요? 인권은 우리 집과 가까운, 너무 작아서 세계지도에서조차 표시되지 않을 정도로 작지만, 한 개인에게는 그의 공간, 동네, 학교, 일터인 곳으로부터 시작할 것입니다. 남녀노소 모두가 차별 없이 공정한 정의, 기회, 존엄을 구하는 그러한 곳에서 시작할 것입니다. 만일 이러한 작은 곳에서부터 인권이 중요

하게 여겨지지 않는다면, 그 어느 곳에서도 인권의 의미를 찾을 수 없을 것입니다.[*]

침상, 어린이집, 요양원, 병원 등은 '세계지도에서 찾아보기 어려운 작은 공간'일 것이나 취약하고 통증을 겪고 고립된 존재들이 그곳에 있다. 그곳에, 그들에게 다가가지 않는 인권은, 정부는, 민주주의는 무슨 의미가 있을까?

일상의 존엄을 지켜주는 것이 돌봄이라면 일상적인 비존엄을 만들어내는 것도 돌봄이다. 돌봄의 양가성은 국가의 책임성이 어떤 식으로 발휘되느냐와 직결된다. 인권으로서의 돌봄의 기초 원리는 존엄성 존중이다.

2019년 노벨 경제학상 수상자들은 공공정책에서의 존엄성 존중을 이렇게 강조했다.

우리가 종종 잊곤 하지만, 도움을 줄 때는, 특히 위기에 처한 사람들에게 도움을 줄 때는, 도움받는 사람의 존엄을 최대한 지켜주는 것이 매우 중요하다는 점이다. (…) 우리는 사회정책을 고안할 때 '돈'과 '존엄' 사이의 긴장 관계를 핵심적으로 고려해야 한다고 주장하고자 한다. (…) 한쪽은 공공 정책 수혜자들의 자존감은 우리가 고려할 문제가 아니라고 생

---

[*]   U.S. National Archives, Eleanor Roosevelt and the United Nations, https://artsandculture.google.com/story/RAWBRWzRig8A8A

각하고, 다른 쪽은 그들의 자존감 따위에는 아예 관심이 없거나 그들이 공공정책의 도움을 받기를 원한다면 자존감을 버리는 대가를 치러야 마땅하다고 생각한다. (…) 하지만 존중받고 싶다는 욕망이야말로 사람들이, 특히 그 프로그램을 가장 필요로 하는 사람들이 사회적 프로그램을 지지하지 않게 만드는 중요한 이유다. 그 때문에 이러한 정책은 종종 실패한다.*

---

*   아비지트 배너지 · 에스테르 뒤플로 (2019), 『힘든 시대를 위한 좋은 경제학』, 생각의힘, 474-475쪽.

나가며

돌봄 사회로의 전환을 향하여

돌봄 사회는 어떤 사회인가. 어떤 관계들로 이루어진 사회인가. 사람들의 행위들이 무엇을 축으로 엮여야 의미 있는 개인의 삶, 공동체 삶의 서사로 나아갈 수 있는가. 무엇을 지향하고 실천해야, 또 서로 요구해야 '소속'될 수 있는가. 사상적으로, 또 현실 속에서 구체적으로. 이 책은 이러한 질문에 답하려는 시도다.

'우리'는 정의로운 돌봄 사회로의 전환을 원한다. 진심이다. 매 상황 간절하게 가능성을 탐색한다. 상황이 요청하는 또는 열어주는 질문이 무엇인지 제대로 알아차리려고 애쓴다.

사람들은 저마다 자신이 처한 (적이 있는) '특수한 돌봄 상황과 해결 모색' 이야기를 들려준다. 부모가 아프고, 아이를 낳아 길렀고, 서로 '평등하게' 돌보는 일터를 꿈꿨는데 매번 실패했다. 생애 전체를 돌봄으로 전망하고, 전면적으로 돌봄의 이념과 실천 속에서 삶을 감각하고 반성하는 시대를 살아본 적이 없기에 돌봄 사회로 가는 길은 아직 명료하게 보이지 않는다. '의미'를 질문하는 삶 안에서 돌봄이 여전히 사소하고 부수적인 일들로 느껴지고, 그렇게 간주하는 동안 돌봄은 다양한 서비스 상품으로 개발되어 시장으로 진출하고 있다. 질이 중요한 삶에 돌봄이 필수라면 돈 있는 사람은 시민으로서 돌봄 논의에 진심으로 참여할 필요 없이 그냥 자원으로 해결하면 된다. 일종의 무임승차다. 그들의 돌봄 필요를 다면적으로 충족시키는 상품의 개발은 돌봄 논의에 깊숙이 관여하고 있는 사람들의 고민과 질문과 해결 모색의 결과를 재빠르게 채간 결과이기 때문이다. 일종의 '도둑질'이다.

그래서 그냥 '돌봄 사회로의 전환'이 아니라 '정의로운 돌봄 사회로의 전환'이다. 시민들 '모두'가 참여해 실패를 거듭하며 살아가면서 고치고, 또 새로운 상상력으로 다른 질문을 진지하게 던지는 사회, 시장으로 빠르고 넓은 길이 나는 것을 막고, 작은 모색의 골목들을 만드는 사회가 돌봄 사회이기 때문이다.

그동안 다양한 의제가 인권 감수성을 촉발하며, 각성의 시급함을 호소하며 등장했다가 사라지곤 했다. 코로나 재난 시기에 제법 커졌던 돌봄 위기 담론 역시 한때의 유행으로 끝나고 말 것인가. 코에 걸면 코걸이, 귀에 걸면 귀걸이처럼 정황의 물질적·이데올로기적 맥락을 따지지 않고 '돌봄'을 대입시키는 만능키로 소비되고 있는 것은 아닌지 염려스럽다. 국가의 구성원리가 되어야 하는데, 새로운 헌법적 가치로서 여타 논의에 방향을 제시하는 좌표가 되어야 하는데, 오히려 시장 논리에 따른 '현명한 소비 능력 있고 교양 있는 시민의 선택'의 알리바이가 될 확률이 높다.

코로나 재난이 한창 심각할 때, 연로하고 취약한 부모를 둔 자식들은 전전긍긍했다. 혹시라도 부모가 확진되면, 황망한 가운데 격리 입원되면, 경과도 제대로 전달 받지 못하는 상태에서 속수무책으로 병의 진행을 바깥에서 기다려야 하면, 그러다 정말 '무슨 일'이 생기면, 의례를 갖춘 작별조차 하지 못하고 방역의 이름으로 '처리'되는 것을 '당해야' 한다면. 그렇다면 부모님의 생은 무엇이 되며 그 모든 과정에 외부자로 있을 수밖에 없던 '나'는 과연 사람이라 할 수 있는가. 실제로 코로나 재난 동안 이런 방식으로 부모를 잃은 자녀들은 그 '불가능했던 애도'의 실체가 무엇인지 공적인 질문을 던지며 국가를 향해, 다른 시민들을 향해 답변과 애도의 연대를 요청하고 있다. 죽음은 삶에서 '잘라낼 수 있는 것'이 아니다. 죽음은 단순히 인구학적 차이를 기록하기 위한 수치로 취급될 수 없다.

돌봄은 급진적인 전환의 문제

사람은 헐벗은 상태로 태어나지 않는다. 한 겹의 옷을 입고 태어난다. 그 옷이 시민권이다. 그러나 법적, 행정적 절차의 결과로서 시민권을 말하는 데 멈춰서는 안 된다. 시민권은 서로 '얼굴'을 지켜주며 관계를 맺는 벗들/구성원들 사이의 '자리'다.

그때 비로소 헐벗은 삶(bare life)이 아닌 살 만한, 거주할 만한 삶을 살게 된다. 개인은 의식하든 의식하지 못하든 매우 유기적인 소속의 망 안에 위치한다. 이 '유기적 함께'가 살 만한 삶, 거주할 만한 삶이 되려면 돌봄이 반드시 필요하다. 돌봄은 사람들 사이를, 사람과 사물 사이를, 사람과 다른 종 사이를 연결하는 필수 접착제다. 그런 의미에서 근간이 되는 활동이다.

　　누구나 정치 공동체의 구성원일 권리가 있다. 현실은 다르다. 많은 사람이 국적, 인종, 성정체성, 젠더, 지역, 신체 상태 등을 이유로 정치 공동체에서 배제된다. 이 배제는 구조(societal, 통합된 사회적 체계)와 벗들과의 관계(social, 사회적 교제), 두 차원에서 일어난다. social 차원의 두툼한 연결을 통해서 societal 차원의 방어벽을 뚫을 수 있을 것이다. 벗들이 함께 하는 장소인 사회에서는 ~하기(doing)와 있기/존재하기(being) 사이에 적대적인 경계를 세우지 않는다. 신자본주의 문화에 물든 우리는 임금 생산노동을 하는(doing) 사람만이 존재한다고(being) 생각한다. '그냥 있을 뿐인' 사람은 사회구성원으로 세지 않는다. 그러나 '하기'와 '그냥 있기' 사이를 돌봄이 매개할 때, 존재는 실존이 된다. '그냥 있기'란 없으며 존재하기의 무수한 형태 중 하나일 뿐이라는 게 분명해진다. 하기와 있기가 돌봄을 통해 비로소 하나로 통합되어 '삶'을 이룬다. 그렇기 때문에 돌봄을 어딘가에 뚫린 구멍, '하기'를 좀 더 강화하기 위한 대책쯤으로 여기는 건 심각한 오류다. 쓸모 있는 생산을 하는 사람도 하지 않는 사람도, 서로 맺고 있는 관계를 통해 존재한다. 이런 존재는 관계적 실존을 산다.

'돌봄 위기를 복지 확충으로 극복하기'는 물론 필요한 조처이고 정책이다. 그러나 돌봄의 결핍이나 위기를 복지를 확충해서 극복할 수 있는 특정 영역의 문제가 아니라, '사회적인 것의 재생산'에 대한 급진적인 전환의 문제로 이해할 수 있어야 한다.

정치적 주체로서 행위성을 발휘하기 위해 '광장으로 나오라'고 시민들에게 국민들에게 촉구한다. 돌봄 사회에서라면 우리는 '왜 당신들이 병상으로, 침상으로 오면 안되는가'라고 질문할 수 있다. 장애인차별반대 운동을 펼치는 사람 중에는 취약성, 의존, 돌봄으로 인권을 재구성하자는 주장에 반대하는 사람도 있다. 그동안 장애(인)차별반대 운동이 자기결정권을 확보하기 위해 그토록 가열하게 투쟁해왔는데 왜 다시 돌봄이 필요한 의존적 존재의 자리로 돌아가라는 말이냐 따진다. 그러나 인간은 모두 취약하며 그 보편적 취약성의 상태에서 상호돌봄이 필요한 삶을 산다는 '사실'을 의식화하는 것이야말로 자기결정권의 토대가 된다. 취약성을 인류학적·존재론적 보편성으로 인지하지 못하고 특정 계층의 특수한 문제로 취급하는 오류를 바로잡아야 충분히 다양한 선택지 중에서 최적의 의존을 선택할 수 있는 권리로서 자기결정권을 행사할 수 있다.

돌봄의 차원을 확장하는 상상과 욕망

2022년 현재 중후년의 사람이라면 학창 시절에 '너희가 어른이 되면 외국처럼 생수병을 들고 다닐 것'이라는 얘기를 들어본 적이 있을 것이다. 말을 듣기는 해도 돈을 주고 가게에서 병에 든 물을 사 먹는 모습을 상상하기는 어려웠다. 각자 전화기를 손에 들고 다니며 어디서나 통화할뿐더러 얼굴을 보면서 먼 외국의 사람과도 통화할 수 있다는 식의 미래가 차라리 더 상상하기가 쉬웠다.

플라스틱 물병이 차고 넘치는 시대가 거짓말처럼 도래했다. 기후와 생태에 위기를 초래한 상징 중 하나가 됐을 정도로 많다. 다시 장바구니를 들고, 비닐이 아닌 신문지에 둘둘 말고, 일회용은 생각도 못했던 시대로 되돌리려는 움직임들이 있다. 이때의 되돌림은 과거로의 회귀가 아니라 부정의 부정으로서 새로움이 돼야 한다. 불편하고 소박하고 아끼는 삶을 구박하며 편리와 화려함과 성장을 위해 치달렸던 성장제일주의를 부정하면서 새로운 가치로 전환하는 부정이 요구된다. 그리고 그런 전환은 '생수병'의 등장과 퇴출처럼 물질적인 모습을 동반한다. 이 세계를 거주 가능한 곳으로 지켜내려면 앞서의 부정보다 훨씬 더 센 부정이 필요한 시대다.

이런 부정을 위해 인간의 활동을 전환하는 것이 무엇보다 중요하다. 생산중심사회에서 돌봄 사회로의 전환이다. 덜 만들고 덜 쓰면서 다른 식으로 풍요로운 삶이란 어떻게 가능할까?

경제라는 큰 원 속에 임금노동과 생산활동을 배치하는 구도가 아니라 인간을 포함한 생명들의 삶을 큰 원으로 그리고 그 안에 경제를 작은 원으로 두는 구도가 돌봄 경제의 틀이다.

돌봄 사회로의 전환을 얘기하는 사람들은 하나같이 노동시간 단축을 강조한다. 이때의 노동시간이란 소위 생산노동/임금노동을 하는 시간을 말한다. 임금노동시간을 줄이면서 시간은 다른 가치를 위해 쓰일 것이다. 육아, 간병, 활동지원 등 직접 사람을 돌보는 노동을 포함하여 세계를 돌보는 활동(협동조합, 시민사회조직, 정치운동, 예술문화활동 등)을 말한다. 이러한 전환은 단지 '시간 줄이기'만으로는 불가능하다. 노동의 가치와 위계가 그대로라면 돌봄노동으로 흔쾌히 옮겨 갈 사람이 있을까?

굶어 죽지 않으려고 노동한다는 강제적 측면보다 사람들을 더 노동으로 밀어붙이고 자발적으로 노동에 몰두하게끔 만들어 온 것은 노동의 이상이다. 물론 이때의 노동은 임금노동이다. 더 많은 화폐를 얻는 것은 사회적 지위와도 연결된다. 사회적 자원의 분배 또한 그에 따라 위계화된다. 경제적으로 가치 없으면 존재 가치가 없다는 눈치와 눈총을 벗어나는 것은 노동 중심 가치를 근본적으로 돌아보는 데서 출발한다. 더 나은 대가와 평가를 받는 노동은 인간이 자기를 구현하는 핵심 동력이 된다. 이때의 '자기' 구현의 주체는 타인과 근본적으로 무관한 독립적 자아다. 상호의존적 자아로 인간을 달리 이해하면 노동도 달라져야 한다. 임금노동이 아닌 돌봄노동이어야 한다.

노동의 이상과 노동의 현장을 바꾼다는 것은 쉬운 일이 아니다. 하지만 상상해본다. 새로운 것에 대한 상상은 현실에 대해 질문하고 현실을 치고 나갈 가능성을 연다. 지금과 같은 노동 중심 사회에서 우리는 어떤 말을 주고받아왔는가?

'공부 잘하니? 어느 학교 가려고?'

'어느 학교 나왔어? 어느 회사 다니니? 월급은? 4대 보험은 되고?'

'월급만 바라보고 어떻게 살아. 재테크는 뭐가 좋을까? 투자하기 좋은 것 좀 알려줘봐.'

일상적인 상호의례의 문답이 바뀌는 사회를 상상해본다.

'어떤 돌봄을 주로 하고 있나요?'

'좋은 돌봄을 위한 커뮤니티 활동에 참여하고 싶어요. 어디를 추천하고 싶으세요?'

'돌봄 베테랑에게 훈련 받고 싶어요. 저도 돌봄 베테랑이 되고 싶어요.'

또 교육, 의료, 주거, 복지 등에서 돌봄의 철학과 가치가 뿌리 내린 훈련과 운영이 중심을 이룰 것이다. 정량평가에 따른 순위 매기기, 관리나 서비스 평가, 효율성 경쟁이 아니라 돌봄이 각 분야에서 추구하는 지평으로 자리잡고 있느냐를 성찰할 것이다.

돌봄은 육아, 간병, 활동지원 같은 구체적인 접촉을 포함하되, 세계를 돌보는 일 또한 포함할 것이다. 어떤 노동으로 임금을 벌고 있고 그 노동으로 어떤 사회적 지위를 차지하고 있는지가 아니라, '이런 돌봄으로 세계를 구성하고 세계를 거주 가능한 곳으로 가꾸는 일에 참여하고 있다'는 이야기들을 나누는 일상, 그것이 돌봄 사회일 것이다. 돌봄을 억지로 받아 마셔야 하는 잔으로 여기는 것이 아니라 돌보는 삶을 욕망하고 열망할 수 있을까? 임금노동을 열망하고 스스로 번 돈으로 자립하고 있다는 욕망이 우리를 지배한 것이 가능했다면, 돌봄을 주로 하면서 살 수 있는 삶에 대한 욕망은 왜 안 될까? 덜 일하고 더 돌보는 삶으로의 전환하려면 서로에게 돌봄권을 인정하고 부여하는 사회 체계를 수립해야 한다.

이를 위해 각자의 돌본 경험, 돌봄 받은 경험을 조직하자. 본격적으로 상상하고 욕망하자. 겹치고 퍼지는 여러 돌봄 동심원으로 이루어진 삶이 넉넉하고 즐거울 것이라는 상상이 욕망을 결집하고, 욕망은 돌봄권이 '자연스러운' 사회의 도래를 앞당길 것이다. 돌봄 사회로의 전환이라는 집단 소망을 조직하는 데 이 책이 몫을 충실히 하길 희망한다.

감사의 글

책을 마무리하는 지금, 10·29 참사로 슬픔의 장막이 두텁
다. 애도와 돌봄의 공동체가 절실하다. 국가는 막중한 책임을
지는 돌봄의 주체다. 국가가 제대로 돌보지 않을 때 참사를 피
할 수 없고, 애도의 자유와 권리조차 빼앗긴다. 돌보지 않은 국
가를 비판하기보다는 희생자를 비난하는 것이야말로 돌봄 문
화가 정착되지 않은 사회에서 벌어지는 일이다.

돌봄의 렌즈로 보면 우리 사회가 얼마나 취약한지 또렷이
보인다. 우리는 모두 몸의 존재로서 취약성을 보편적 속성으로
갖는다. 그러나 삶의 조건과 환경 때문에 더 취약해지는 소위
특수취약계층이 있다. 돌봄과 인권을 연결해 사유할 때 취약성
의 이 두 측면은 중요한 안내판이며, 이때 확실히 꼼꼼하게 짚
어야 할 게 사회나 국가의 돌봄 역량이다.

코로나19를 겪으며 돌봄 위기가 도드라졌다. 돌봄과 관련
한 많은 경험과 정보를 담은 책들이 출간되고 있다. 고통과 감

동이 버무려진 돌봄담도, 각성과 전환을 촉구하는 연구서도 적지 않다. 그 논의들은 다 어디에 뿌려지고 있을까. 여전히 옥토가 아니라 가시밭길에 뿌려져 전환의 싹을 틔우기 어려운 현실로 보인다.

돌봄을 언급하면 돌볼 수 있는 돈과 시간을 어디서 구할지를 묻는 다급한 목소리들이 넘친다. 안타깝고 속이 탄다. 이 책의 논의가 돈과 시간을 주는 건 아니다. 당장 돌봄서비스 창구로 안내하는 것도 아니다. 돌봄은 영역별로 분리해서 고찰할 수 있는 게 아니라 모든 영역과 활동이 서로 긴밀히 연결되고 얽혀 있는 총체적인 묶음이요 다발이다. 누구나 그 관계의 한복판에 놓여 있다. 돌봄의 현실은 나무와 숲의 관계와 비슷하다. 나무 하나하나를 섬세히 보되 동시에 숲에 대한 조망이 필요하다. 개별적인 돌봄뿐만 아니라, 사회 속에서 돌봄이 어떤 형태로 구조화되어 있는지 동시에 봐야 한다.

이 책은 돌봄담도 아니고 실용서도 아니다. 돌봄에 대한 논의가 싹이 나고 뿌리 내릴 사회적·국가적 책임의 밭을 일구고, 돌봄을 인권의 문제로 정초하는 데에 목적을 두었다. 이 책은 출발점일 뿐이다. 구체적인 돌봄 현장과 정책 대안의 연결을 후속 작업으로 약속드린다.

이 책은 돌봄과 상실의 사건에서 시작됐다. 세미나 성원 중한 사람의 가족 돌봄 이야기다. 아픈 어머니를 아버지가 정성껏 돌봤고, 집을 떠나 사는 자식들이 주말마다 방문해 두 분을 살폈다. 어머니의 상태가 집에서는 감당하기 어려울 정도로 악화하자 요양병원으로 모시게 되었는데, 얼마 안 있어 예방적 코호트 격리로 면회가 금지되면서 어머니와 가족은 생이별을 해야 했다. 가족들이 노심초사하는 가운데 어머니는 음식을 거부하셨고, 긴급한 상황이 되니 응급실로 이송되셨다. 딸은 어머니가 스스로 탈출을 계획하신 것 같다고 여겼다. 응급실에서 더 이상 해줄 게 없다는 말에 집으로 돌아오신 어머니는 온 가족과 작별 인사를 나누며 죽음을 맞이하실 수 있었다. 때마침 방역 조치가 완화되면서 장례식이 재개됐다. 벗과 이웃, 친지와 함께 어머니를 보내드릴 수 있었다. 천운이었다고 여겼다.

장례를 치른 후 유족은 인권연구소 '창'을 방문했다. 돌봄이 얼마나 중요한지를 절감한 시간이었다며, 왜 돌봄을 인권 문제로 다루지 않는지 질문했다. 그 자리에 함께 한 사람들은 당장 무엇이라도 시작하자며 '노인·인권·케어 모임'이라는 대화방을 만들었다. 일단 돌봄과 관련된 뉴스와 자료를 보면 무조건 공유하기로 했다. 그 모임이 지금까지 세미나로 이어졌다. 그리고 일단 밭갈이를 한다는 생각으로 그 결과를 이 책으로 엮게 됐다. 공동 필자인 김영옥과 류은숙은 책에 꼭 담아야 할 질문과 의제, 집필 방식과 내용을 함께 논의하고 결정했다. 각 장별로 주 집필자가 있었지만 여러 번 주고받으며 수정하는 단계를 거쳐서 '공동' 집필의 의미를 살리고자 했다. 자신의 경험과 생각을 아낌없이 보태준 세미나 성원들(이상희, 곽지영, 랑희, 정용

욱)과 돌봄과 인권 현장의 숱한 사람들이 있었기에 가능한 일이었다. 특히 특강과 토론으로 귀한 생각을 보태주신 김유심, 김혜진, 서보경, 아해, 엄기호, 오동석, 이태인, 정은정, 한지원 님께 감사드린다.

돌봄과 인권

돌봄으로
새로 쓴
인권의 문법

1판 1쇄 발행 2022년 12월 1일

지은이　　김영옥 · 류은숙
기획　　　국가인권위원회
편집　　　이정규
디자인　　이지선

발행처　　코난북스
발행인　　이정규
출판등록　2013년 9월 12일 (제2013-000275호)
주소　　　서울 마포구 모래내로1길 20 304호
전화　　　070-7620-0369
팩스　　　0505-330-1020
이메일　　conanpress@gmail.com
홈페이지　conanbooks.com

© 김영옥 · 류은숙, 2022
ISBN 979-11-88605-24-8　03300
정가 17,000원